HISTOIRE
DE LA RELIGION
ET DE LA PHILOSOPHIE
ZOROASTRIENNES

DU MEME AUTEUR

VOCATION SPIRITUELLE DE LA CHEVALERIE, Ed. Traditionnelles, 1969.

L'EPOPÉE DE L'ANCIEN IRAN AUX TEMPLIERS, Ed. Bordas, 1972.

ZARATHOUSTRA ET LA TRANSFIGURATION DU MONDE, Payot, 1978.

HISTORIA DEL JARDIN BORDA, Etat de Morelos, Mexique, 1978.

ZARATHOUSTRA ET LES PRÉMICES D'UNE PHILOSOPHIE DU DROIT ; Z., ET LA PHILOSOPHIE ORIENTALE, UNAM, Mexique, et C.P.U., Université de Californie, 1979.

ZOROASTRIAN LECTURES, K.R. Cama Oriental Institute, Bombay, 1980, 82.

LE ZOROASTRISME, collection « Que sais-je ? », P.U.F., 1982.

PAUL du BREUIL

HISTOIRE DE LA RELIGION ET DE LA PHILOSOPHIE ZOROASTRIENNES

EDITIONS DU ROCHER
28, rue Comte-Félix-Gastaldi, Monaco

Le violet favorise la méditation et la concentration. Symbole de l'équilibre, cette couleur essentielle en Alchimie est particulièrement adaptée à la lecture d'ouvrages de fond. Aussi la collection « Gnose », à la recherche de la vérité, se devait-elle d'être imprimée en violet.

© Editions du Rocher, 1984.
ISBN : 2-268-00270-5

LIVRE I

Zarathoustra - Zoroastre
Prophète de la sagesse divine

> « *Je suis né parmi les Guèbres, d'une religion qui est peut-être la plus ancienne qui soit au monde.* »
>
> Montesquieu,
Lettres Persanes.

INTRODUCTION

On reste encore stupéfait devant l'abondance de publications ressassant des études sur l'histoire et la pensée des religions majoritaires, christianisme, judaïsme, islam, bouddhisme, alors que bien peu d'exposés de lecture abordable sont disponibles sur le *Mazdéisme* (la religion de Mazdâ), et moins encore sur le *Zoroastrisme*, la religion sortie de la réforme de Zarathoustra/Zoroastre dans le mazdéisme proto-iranien.

Pourtant, non seulement cette carence culturelle s'avère surprenante de la part d'Occidentaux issus d'un fond ethnique indo-européen parent du monde indo-iranien d'où sortirent les anciens Perses et les Parsis modernes, mais elle néglige de retenir l'influence notable que de nombreux concepts zoroastriens ont joué sur le développement de la pensée du judaïsme post-babylonien, sur les idées philosophiques grecques et sur les origines du christianisme.

Le présent livre ne se propose pas de revenir sur ce qui a été largement exposé en détail par ailleurs [1].

---

[1]. *Zarathoustra et la transfiguration du monde*, Payot, Paris 1978, *Le Zoroastrisme*, Presses Universitaires de France, coll. « Que sais-je ? », Paris 1980.

On trouvera ici pour la première fois en français une histoire générale du zoroastrisme ancien, pré-islamique, et du monde des Parsis. Que le lecteur veuille bien mesurer déjà l'importance du sujet traité dans ces pages, par cette conclusion tout à fait vraisemblable de l'Orientaliste Max Müller :

« Si les batailles de Marathon et de Salamine avaient été perdues et que la Grèce eût été vaincue par la Perse, la religion de l'empire de Cyrus pourrait être devenue la religion de tout le monde civilisé... et si, " par la grâce d'Ahura Mazda " Darius avait écrasé l'indépendance de la Grèce, la pure foi de Zoroastre aurait pu aisément submerger les fables de l'Olympe. »

Au cours de mes recherches sur l'histoire de la civilisation zoroastrienne, je me suis aperçu que les pays latins restaient moins ouverts à sa connaissance en raison de deux faits importants. D'une part, la culture latine assimila à tort le prophète du parsisme Zarathoustra/Zoroastre au dualisme théologique des mages, en lui attribuant l'origine de « l'hérésie dualiste » dont le manichéisme et surtout le catharisme porta le courant en Europe méridionale du haut Moyen Age. *Mais surtout notre approche de cette spécialité de l'orientalisme est demeurée invariablement limitée depuis la fin du XVIIIe siècle aux études purement philologiques,* celles sur l'histoire de la civilisation, de l'ethnologie et de la philosophie étant minimes.

Le monde anglo-saxon ne connut pas de réserve culturelle envers l'histoire ancienne indo-iranienne ni à l'encontre de l'ethnie des Parsis. On sait l'intérêt précoce que les Allemands portèrent à tout ce qui touchait à la culture de l'ancien monde indo-européen en raison d'une revendication idéologique que le pan-germanisme prétendait établir entre les premiers Germains et les Indo-Iraniens de l'antique culture *âryâ* (aryenne), c'est-à-dire *proto-iranienne*. Mais, surtout, l'ouverture de l'empire britannique des « Indes orientales » aux cultures exotiques avec l'établissement des premiers comptoirs commerciaux de la fameuse *East-India Company*, amena les Anglais à connaître et à estimer, en raison de leur remarquable adaptabilité socio-économique, les lointains fidèles de Zoroastre qui se désignaient comme *Parsees* (Parsis, de *Pars*, la Perside des Grecs).

*
* *

Il est vrai aussi que les Anglais ne facilitèrent pas les choses aux chercheurs français depuis Anquetil du Perron dont on connaît les démêlés qu'il subit de la cabale montée contre lui par William Jones de l'université d'Oxford. On sait depuis que le fougueux disciple anglais de Voltaire entendait garder l'exclusivité des études avestiques et des rapports avec les Parsis, comme la célèbre Compagnie des Indes orientales tenait à conserver le monopole du commerce européen avec les Indes. Depuis la publication de son *Zend-Avesta* en 1771, Anquetil a heureusement eu d'éminents successeurs français, mais dans le seul champ des études linguistiques du zoroastrisme, où le pourcentage des chercheurs étrangers (allemands, anglais, américains, suédois) a d'ailleurs dépassé de beaucoup celui de nos compatriotes. Tandis que d'Anquetil du Perron à Darmesteter, en passant par Haug, et Bartholomae, de Spiegel à Jackson, la plupart des chercheurs occidentaux furent considérés avec intérêt et bienveillance par les Parsis qui produisirent eux-mêmes des savants renommés en études avestiques, certains contestent aujourd'hui et la valeur des traductions des textes avestiques et pehlevis, et leur utilité. Il est vrai que les transcriptions de l'avestique et du pehlevi sont loin de s'accorder entre elles et qu'on trouve difficilement deux traductions des *Gâthâs* (les hymnes de Zoroastre) restituant le même sens. Mais si la critique occidentale se plaît à faire remarquer ces contradictions, on oublie trop souvent qu'aucune autorité ecclésiale ni aucune entente inter-académique n'ont existé à l'égard des textes anciens du zoroastrisme pour en imposer une traduction commune comme ce fut le cas avec la version biblique des *Septante* ou de la *Vulgate*. De plus, on veut oublier que les études rationalistes sur les origines du christianisme restent loin de s'accorder avec les versions classiques et canoniques du Nouveau Testament. Si Antoine Meillet avait quelque raison d'avouer que l'Avesta est illisible, il n'en reste pas moins vrai que si la lettre a souvent tué l'esprit d'une religion, c'est particulièrement exact pour celle des Parsis, tant l'intérêt des philologues s'éloigna souvent du contexte culturel et religieux dans lequel les textes de l'Avesta furent élaborés, pour ne se préoccuper que de strictes questions de grammaire et de vocabulaire. En outre, attachés à leurs textes sacrés par un réflexe conservateur identique à celui des Juifs de la Diaspora pour la Thora, et influencés par l'exemple des savants occidentaux rivés à l'aspect littéraire de leur religion, les mobeds eux-mêmes sont restés prisonniers de la lettre de l'Avesta tardif et des traités de ritualisme religieux sassanides et post-sassanides.

A cet égard, deux réactions, l'une européenne, l'autre parsie, se recoupent étrangement pour conclure que certains travaux ont dénaturé l'image du zoroastrisme en lui prêtant l'aspect d'une religion archéologique minuscule dont les langues mortes restent en proie à des contradictions insurmontables.

La première critique s'élève de la plume même de l'auteur d'*Ainsi parlait Zarathoustra*. Si le génie de Nietzsche a dressé un Surhomme très différent du personnage historique, il a néanmoins senti quelle dimension philosophique se dissimulait derrière l'éthique de Zarathoustra. Partant en guerre contre les philologues allemands de son temps, l'auteur de *Sur l'avenir de nos établissements d'enseignement* tançait vertement cette race de savants qui « édifie ses misérables nids au beau milieu des temples les plus grandioses ». Les qualifiant de « petits sanscritologues, diablotins étymologiques, libertins à conjectures », il leur reproche de tout détruire et de ne rien construire, de mener une vie de fourmis en passant à côté de la vraie culture et, finalement les laissant à leurs exercices de linguistique comparée, Nietzsche leur crie : « Loin d'ici, profanes, vous qu'on ne devra jamais initier, fuyez en silence ce sanctuaire, en silence et couverts de honte [1]. »

De son côté, un inspiré parsi, Minocheher N. Pundol dénonce les traductions avestiques occidentales dont deux ne sont pas semblables ni parfois même approchantes et il dénie aux savants européens la capacité de traduire la langue avestique puisqu'ils n'ont aucune véritable connaissance de l'esprit de la religion zoroastrienne [2]. Bien entendu ce point de vue exagéré ne fait aucun cas de la disponibilité intellectuelle et de la cordialité que des chercheurs comme Max Müller, Martin Haug, Spiegel, Mills, Moulton, Jackson et d'autres ont manifesté très sincèrement envers le parsisme. Par ailleurs, cette critique, sévère pour de nombreux Orientalistes, ne remporterait sûrement pas l'adhésion des grands érudits parsis qui savent bien ce que leur religion doit aux connaissances des spécialistes occidentaux. Nous pensons principalement aux Parsis versés en études avestiques tels que K. R. Cama, M. N. Dhalla, B. N. Dhabbar, Minochehr Homji, Phiroze J. Shroff, F. A. Bode, N. F. Kanga, K. M. Jamaspasa, pour ne citer que ces sympathisants des recherches européennes qui, souvent, comme K. R. Cama et Dhalla, furent longtemps à l'école de chercheurs d'universités occidentales.

---

[1]. 1872, Troisième conférence.
[2]. M. N. Pundol, 1908-1975. *The True knowledge which Minocheher Pundol Saheb acquired from the Sahebs of Demavand Koh*, Udvada, 14 nov. 1976.

Le parsisme doit d'ailleurs tant aux travaux des chercheurs européens quant à l'histoire ancienne du zoroastrisme qu'il était déjà remarquable à la fin du siècle dernier de constater qu'une autorité parsie comme J. J. Modi dut se référer à une dizaine de savants européens pour conforter sa description du *Système religieux des Parsis* [1] !

En revanche, à l'exception de timides informations de seconde main données ici et là sur le parsisme moderne, aucun travail sur les Parsis n'a été fait en France depuis l'œuvre de Mlle Delphine Menant (*Anquetil Duperron à Surate*, Paris 1907 ; *Les rites funéraires des zoroastriens de l'Inde*, en Annales du Musée Guimet, 1910 ; et surtout son ouvrage le plus important, *Les Parsis, histoire des communautés zoroastriennes de l'Inde*, Paris, éd. Leroux 1898). A cet égard, il est significatif de considérer les bibliographies des articles documentaires passés dans les grandes encyclopédies depuis le début du siècle, en France et même à l'étranger, à la rubrique « Parsis » (Annexe I, p. 313).

Les plus grandes encyclopédies en sont réduites à citer pour seules références des ouvrages étrangers ou parsis sur le parsisme et à répéter le seul travail de fond de D. Menant de 1898, parce que c'est un fait qu'il n'en existait pas d'autre sur l'histoire récente du zoroastrisme.

Quant aux gros dictionnaires de noms propres, les rubriques ci-dessous reproduites ne font que confirmer l'indigence des connaissances françaises en ce domaine :

● *Focus* (Encyclopédie internationale), Bordas, Paris 1967, en 4 volumes (vol. 3, p. 2612) :

---

1. *The Religious system of the Parsis*, Bombay, 1893-1903. (Müller, Haug, Darmesteter, Lang, Harles, Spiegel, Windischmann, Geiger, Meurin, West, etc.).

« *Parsis*, à l'origine, secte religieuse indienne. Disciples de Zoroastre, les Parsis descendent des Perses qui fuirent l'occupation musulmane (VIIIe siècle). Ils gagnèrent l'Inde se concentrant dans la région de Bombay à partir du XVIIIe siècle. Ils fournirent la majorité de ses membres à la caste des commerçants et des banquiers. Ils sont aujourd'hui moins de 100 000. »

● *Larousse*, Paris 1966, en 3 volumes (vol. 3, p. 137) :

« Parsis, e ou *parse* n. Sectateur, sectatrice de Zoroastre, dans l'Inde. (Les Parsis sont d'anciens Perses émigrés pour échapper aux persécutions des musulmans. Ils sont aujourd'hui 90 000 environ, établis dans la région de Bombay.) [1] »

● *Robert*, Paris 1974, en 4 volumes (vol. 3 page 643) :

« Parsis, n. m. pl. Descendants des zoroastriens de Perse qui émigrèrent en Inde à partir du VIIIe siècle pour échapper à la persécution musulmane... Ils conservèrent leurs particularités, notamment la coutume de ne pas enterrer les morts mais de les exposer sur des « tours de silence » pour ne pas souiller la terre. C'est auprès d'eux qu'au XVIIIe siècle Anquetil-Duperron recueillit l'Avesta. Ils forment aujourd'hui une communauté prospère et européanisée d'environ 100 000 personnes. »

En résumé, les Parsis constituent une ethnie si méconnue qu'elle prête aux articles de sensation journalistique au même titre que toute autre ethnie oubliée de Bornéo, d'Australie ou d'Amazonie :

« *Les fils de Zarathoustra ... laissent leurs morts sans sépulture et les exposent sur des " tours du silence " pour être la proie des rapaces du ciel... A Bombay, du haut des immeubles neufs, la vue plonge sur le festin des vautours... Une tunique blanche et un cordon de laine pour éloigner le mal des enfants*

---

[1]. La dernière encyclopédie Larousse traite plus largement du sujet.

parsis... Le prêtre masqué voit dans la flamme sacrée l'esprit du dieu vivant... Ces jeunes parsis seront peut-être les derniers prêtres du feu, etc. [1]. »

Les chercheurs et les historiens sont contraints de se pencher sur les études faites par des Parsis sur leur propre histoire et sur leur communauté et qu'on peut bien sûr lire en anglais quand elles sont accessibles [2]. *Mais aucune publication de première main n'a été entreprise par la recherche française sur l'histoire moderne et contemporaine des Parsis en Inde*, et après les Anglais, les Canadiens et les Américains, ce sont les Japonais qui s'en préoccupent le plus aujourd'hui.

La lacune est d'autant plus tragique que dans des domaines précis nous manquons complètement d'informations authentiques. Déjà à son époque, même Delphine Menant observait qu'en ce qui concerne *les fêtes*, elle avait dû suivre les indications données par M.D. Karaka dans son *History of the Parsis, op. cit.* [3].

Même observation en ce qui concerne le *rituel* où on ne peut que reprendre ce qu'en dit l'auteur ci-dessus ou se reporter encore aux descriptions qu'en donnait à son époque James Darmesteter (op. cit.). Aujourd'hui encore, les rares études ethnologiques et sociologiques sur les zoroastriens subsistants, *Zartoshtis* d'Iran musulman et surtout *Parsis* de l'Inde, restent et demeurent l'apanage de rares chercheurs britanniques. Au reste, ces travaux ne tiennent encore qu'une place mineure dans les études orientalistes anglaises et américaines [4].

---

1. *Géo*, n° 6, août 1979 ; article par ailleurs remarquable.
2. Sohrab K.H. Katrak, *Who are the Parsees?* Karachi 1965 ; *Who are the Parsees by Sohrab K.H. Katrak?* R.J. Dastur, Karachi Educ. Press, 1967. E. Kulke, *The Parsees in India,* Munich 1974, etc.
3. *Les Parsis, op. cit.*, p. 109.
4. Seul un chercheur contemporain anglais, John R. Hinnells, élève de l'iranisante Mary Boyce, a commencé des études novatrices sur les Parsis grâce à l'aide de l'Université de Manchester auprès de l'Université de Bombay. K.R. Cama, Oriental Institute de Bombay. (*Journal*, n° 46, 1978).

La carence constatée dans la connaissance du parsisme est aggravée par le fait que cette ethnie est démographiquement en diminution alarmante et que beaucoup de ses représentants sont en train de perdre leur identité culturelle.

Pourtant, une part considérable revient sans conteste à la minorité indienne des Parsis dans l'histoire moderne et contemporaine de l'Inde. On en jugera par cet exposé qui, établi tant sur nos travaux précédents que sur des sources nouvelles de première main, grâce à des amitiés parsies et à des recherches accomplies sur place, tend à combler une lacune culturelle grave, encore que nous ne saurions prétendre être exhaustif dans un domaine aussi vaste et où il reste encore beaucoup à découvrir.

Evitant de trop encombrer le texte avec des notes infra-paginales et des références nombreuses, une bibliographie assez fournie, tant sur le zoroastrisme que sur le parsisme, trouvera par contre sa place en fin de volume.

En s'efforçant d'être clair dans un domaine où trop de spécialistes ont trouvé goût à y maintenir une obscurité qui se veut savante à la manière de l'académisme allemand du XIXe siècle, le présent ouvrage envisagera en dernière partie l'avenir religieux de la communauté parsie.

On tentera ensuite de dégager quel peut être le devenir spirituel d'une pensée philosophique aussi exotique dans le monde chaotique de la présente humanité, alors que la réflexion occidentale n'en a pratiquement jamais tenu compte dans ses méditations. Pourtant, on verra combien la place tenue dans l'Histoire par la religion née de Zoroastre, mazdéenne et parsie, s'est finalement révélée modeste par rapport à la destinée prodigieuse des idées zoroastriennes au sein d'autres systèmes de pensée et de philosophie étrangères au monde perse.

P. d. B.

LES TEXTES MAZDÉO-ZOROASTRIENS

L'œuvre de Zoroastre nous est connue par les Gâthâs, textes archaïques qui lui sont formellement attribués, par des textes contemporains (Yashts) dans lesquels on trouve des éléments polythéistes de la religion populaire de l'Iran ancien, enfin par les textes postérieurs de l'Avesta tardif qui regroupèrent l'ensemble des traditions aux époques parthe, sassanide et post-sassanide. Ce second Avesta, dû en grande partie aux mages, introduit dans le zoroastrisme originel des éléments extérieurs du zervanisme, du mithraïsme et de la religion populaire.

Le terme de « Zend-Avesta » repris par Anquetil du Perron et Darmesteter est impropre pour désigner l'Avesta, mot dérivé du pehlevi *apastâk*, d'où la forme persane *âvastâ* : prescription, fondement. Zend signifie « connaissance » en dialecte moyen-parthe et désignait non un livre mais la glose du texte sacré. *Apastâk u-Zand* « Avesta et Zend » fut longtemps et abusivement attribué à l'ensemble de la littérature avestique et de son commentaire traditionnel (Haug). La langue des Gâthâs originaux est du vieil iranien oriental, vague parent du sanscrit des védas et de certains vieux dialectes afghans, comme celle, quoique différente, d'autres anciens textes (yashts). Les textes postérieurs de l'Avesta furent rédigés en pehlevi littéraire d'époque sassanide ou, plus tardivement, en persan.

Peu après Zoroastre, le premier Avesta comprenant ses Gâthâs, certains Yašts anciens et des textes perdus auraient été transcrits en lettres d'or sur du cuir. Il est vrai que dès l'époque achéménide les rois perses conservaient leurs archives sur des peaux et les témoignages ne manquent pas pour attester l'usage de textes écrits détenus par les mages à haute époque [1], contrairement à ce qui a été dit et répété par exemple par saint Basil (377), que les mages de Mésopotamie n'avaient ni livres ni dogmes.

Ce qui reste de l'Avesta ne comprend que le quart de l'Avesta primitif qui comptait vingt et un livres (nasks). L'ensemble de l'Avesta se compose des principaux textes suivants dont nous simplifions l'exposé par souci de clarté :

Gâthâ (chant), formant la partie la plus ancienne et la plus sainte du *Yasna* (sacrifice) contenant les 72 hymnes du rituel. Les Gâthâs comprennent les chapitres 28 à 34 et 43 à 53, soit 17 « Gâthâs » ou hymnes de poésie sacrée, dues à Zoroastre lui-même et partagées en cinq parties : Gatha Ahunavaiti, Gatha Ushtavaiti, Gatha Spenta Mainyû, Gatha Vohukhshathra, Gatha Vahishtôishti.

Yast (adoration) ou Yasht, recueil de 22 hymnes imitant le lyrisme des Gâthâs. Certains de ces hymnes de louanges aux divinités furent écrits dans une langue aussi archaïque que les Gâthâs : Yasht 5, 8, 10, 13, 14, 15, 17 aussi selon Wikander et 19. Ces anciens yashts renferment des allusions précieuses à l'histoire de l'Iran oriental pré-

---

1. Hérodote V. 58, 3 ; Diodore II.32,4 ; Ctésias ; fouilles de Dura-Europos ; Lucien ; Pausanias V. 27,5.

zoroastrien. Les Yashts 13 (Farvadin Yasht) et 17 (Ard Yasht) ont très tôt déifié Zoroastre.

Vidêvdât (loi contre les démons) ou Vendidad, seul livre ou *nask* (bouquet) complet qui soit resté : code religieux, dogmes et règles ; l'ouvrage contient des informations médicales de l'époque parthe (Arsacides, —250/—208).

Vispered (tous les seigneurs), petit recueil très ancien de textes liturgiques.

Niranganstân, code rituel — *Agêmodaêca*, liturgie des morts — *Hadôxt Nask*, voyage de l'âme au ciel, furent écrits dans une langue avestique différente des Gathas.

Viennent ensuite des textes plus tardifs, généralement rédigés en pehlevi [1] d'époque sassanide (212/642) ou post-sassanide, au IXe siècle sous l'Islam et en réaction apologétique.

Bahman Yasht (adoration à la Bonne Pensée) ou Vohuman yašt, apocalypse pehlevie du monde et de ses âges remontant également à des traités avestiques perdus. Source de prédictions zoroastriennes diffusées à l'époque arsacide pré-chrétienne.

Artâ Virâf Nâmak, livre de la descente d'Arta Viraf aux enfers, voyage mythique d'un fidèle, ancien précurseur de Dante (*Divine Comédie*).

Mainyô i-Khard (esprit de sagesse), livre qui répond à 72 questions de doctrine zoroastrienne.

Bundahišn (livre de la création) ou Bundahishn, manuel de cosmologie religieuse. Ramené en Europe par Anquetil du Perron et traduit par lui dans son *Zend-Avesta* (1771), le texte complet du Bundahishn dit « Grand Bundahishn » fut retrouvé en Iran et publié dans sa version originale en 1908 par Anklesaria.

---

1. Après l'*avestique*, vieux dialecte iranien oriental parent du sanscrit, langue utilisée par Zoroastre dans les Gâthâs, le vieux-perse ou viel-iranien occidental fut la langue des premiers Achéménides. Le *pehlevi*, moyen-iranien occidental, apparaît avec les Parthes arsacides (pahlavîk) et sous la forme du moyen-persan (parsik), deviendra la langue des Sassanides. Le pehlevi littéraire naîtra de la fusion de ces deux dialectes et sera suivi dans les textes zoroastriens par le *persan* et plus tardivement par le *gujarati* en Inde.

Vicitakihâ i Zâtspram, les Sélections de Zatspram, de tendance zervanite accentuée.

Dênkart (œuvre de la religion), analyse de l'Avesta, y compris des nasks perdus de l'ancien Avesta, qui date du IX⁰ siècle.

Dâdistân i Dênik, de la même époque, relate les réponses d'un éminent dastour, Mihr Xvaršêt, sur 92 questions de liturgie et de dogmatique.

Škand Gumânik Vicâr, la « Solution décisive des doutes », ouvrage d'apologétique zoroastrienne de Martânfarrux, et de polémique doctrinale contre les religions étrangères (manichéisme, christianisme, judaïsme et Islam) et les hérésies.

Sâyast Nê Šâyast, « de ce qui est propre ou impropre », est un traité de casuistique touchant aux questions de rituel et de prières.

Saddar, sorte de manuel du parfait croyant mazdéen. Premier ouvrage mazdéen à être connu en Europe, il fut traduit par Thomas Hyde (Oxford, 1700) et cité par Voltaire (*Les Guèbres ou la tolérance*, 1769).

La partie la plus sacrée de l'Avesta est aussi la plus ancienne. Les *Gâthâs* originaux de Zoroastre restèrent jusqu'à nos jours dans la tradition des Parsis les textes les plus saints, et vénérés comme paroles directes du Sage.

A l'encontre des Evangiles qui sont des récits de la vie de Jésus rapportés par des témoins ou par leurs chroniqueurs répétant parfois des paroles dites à telle ou telle occasion, les Gâthâs nous livrent la pensée d'un seul auteur, directement à la première personne du singulier, mais la tradition pense que c'est Jamaspa, le disciple du Sage qui en fit la première rédaction [1].

Zoroastre nous parle soit en des invocations adressées à Dieu ou à ses Expressions spirituelles au cours de véritables entretiens mystiques avec ses Archétypes

---

1. Jackson, *Zoroaster*, p. 117 ; *Les Mages Hellenisés, op. cit.*, p. 90 n. 1 ; p. 96 n. 1 ; *cf. Zamasp-Namak*.

de la Sagesse, de la Bonne Pensée, de l'Ordre, de la Puissance, de la Piété, de la Santé et de l'Immortalité, qui se présentent comme les Archanges de l'humanité [1]. Le Sage de l'ancien Iran s'exprime aussi par souhaits adressés à des personnages contemporains ou par déclamations d'articles de foi ou de sentences morales contre les kavis et les karapans qu'il traite à la manière dont Jésus réprouvera les Pharisiens et les Sadducéens.

Rivâyats, recueil de correspondance en persan entre les Parsis de l'Inde et les Zartoshtis d'Iran, échangée du XVe au XVIIIe siècle, sous forme de questions et de réponses sur le rituel, les coutumes, les prescriptions, cérémonies, usages, cultes, etc.

Enfin, d'autres textes épiques d'époque persane comme le *Shâh-Nâmeh* de Firdousi, *Wîs et Râmîn* de Gorgâni (X^e, XIe siècles) et le *Zarathusht Nâma* de Zarathushtî Bahrâm î-Pazdû, rapportent des récits anciens d'époque pehlevie ou parthe. Précieux témoignages auxquels s'ajoutent les indications parallèles de l'archéologie achéménide, parthe, sassanide et de la numismatique.

---

1. G. Dumézil fut bien inspiré de nommer *Naissance d'archanges* son remarquable petit traité sur les entités zarathoustriennes (1945).

ORIGINES DU SAGE DE L'ANCIEN IRAN

Zoroastre fut-il un prophète ? Si le prophète est un devin qui annonce des événements dictés par les décrets divins dont rien ne peut modifier le cours, rien n'est plus éloigné de son message. La seule prophétie que l'Auteur des Gâthâs inaugure, c'est l'avènement de la conscience humaine et de sa responsabilité spirituelle. Le mal n'est pas une fatalité inéluctable et la volonté éthique peut en réduire les manifestations dans l'espoir d'une victoire d'un Bien inconcevable, grâce à la prédominance divine sur l'ordre naturel, produit dévoyé d'une création idéale. Affirmant qu'un propos éthique transcende la création, Zoroastre réalise avant Socrate la transition entre pensée naturaliste et *ethica*. Avant Platon, il délivre le divin de tout anthropomorphisme et l'identifie au Souverain Bien (Y. 31. 8). Il définit le *Logos* avant l'heure grecque (Vohu Manah), annonce les Idées platoniciennes et les hypostases de Plotin.

Hermodore, Plutarque, Pline l'Ancien, font remonter la fondation de la secte des mages à Zoroastre et citent Eudoxe qui le fait vivre 6 000 ans avant la mort de Platon, et Hermippe dit que Zoroastre composa 2 millions de vers et que Azonacès (Agonacès), qui fut le maître de Zoroastre, vécut 5 000 ans avant la guerre de Troie.

Plutarque répète que « Zoroastre le Mage » vécut 5 000 ans avant la guerre de Troie.

Des auteurs le plaçaient sur un trône de Bactriane où il fut vaincu par Ninus d'Assyrie et Séminaris (Arnobe, Justin, Diodore). Bérose crut que Zoroastre vivait 2 000 ans avant notre ère. Bactrien, on dira Zoroastre aussi perse, chaldéen ou mède et on vantera sa sagesse comme antérieure à celle des Egyptiens (Eudoxe).

Héraclite du Pont le vit en survivant de l'Atlantide et Hermippe l'affirmera descendu du ciel. Le mot *Perse* couvrant le nom de l'ancien empire iranien, c'est finalement comme perse que le Sage s'imposera à l'histoire. Le prestige prioritaire que les mages entendirent lui donner sur la mythologie grecque, les porta à en faire le fondateur de leurs sciences « magiques ». De même, une chronologie mythique d'un cycle cosmique de six millénaires, justifia la datation fabuleuse prêtée à celui dont ils firent leur prophète. Cette datation audacieuse eut ses supporters dont les hypothèses se fondèrent sur la tradition de l'Hyperborée d'où était censé venir le peuple *arya* (aryen) après la dernière époque glaciaire [1].

L'époque de la vie de l'auteur des Gâthâ(s) prend place après le schisme indo-iranien (v. —1400/—1200) et la plupart des spécialistes se rallient à une date postérieure à l'an mille [2]. S'ils situent la prédication du Sage avant l'époque des grands Achéménides, on peut difficilement en reculer la date avant le bouleversement climatique de l'Asie centrale au IXe siècle avant J.-C., désertification qui ira s'accentuant jusqu'à l'épo-

---

1. B.G. Tilak, *Artic Home of the Vedas*, Poona, Bombay 1903.
2. Geiger, Barr, Christensen, Henning, Messina, Meyer, West, Widengren, etc.

que sassanide[1]. Xénophon, mercenaire grec de l'armée de Cyrus le Jeune (—401), relate que le roi de Perse chassait l'ours et le tigre dans de grandes forêts qu'on ne trouve plus guère qu'en bordure de la Caspienne.

Une tradition mazdéenne situe l'expansion de la doctrine zoroastrienne 300 ans avant l'invasion de l'Iran par Alexandre (Artâ Virâf Nâmak), ce qui donne —630 comme date ultime de décès du Sage. On ne peut guère se fier à la légende rapportée par Eusèbe de Césarée qui conte que la cité de Ninive fut nommée ainsi par Ninus qui fut un contemporain de « Zoroastre le Mage, roi de Bactriane », pas davantage qu'aux dires de Moïse de Khoren sur « Zoroastre Mage et chef religieux des Mèdes » placé par la reine Sémiramis comme gouverneur de l'Assyrie et de Ninive, ou de Théodore bar Kônaï sur le Mage Zoroastre identifié à Azaziel et présent à Ninive avec ses mages turcs (*sic*) ! Tout au plus la référence à Ninive pourrait-elle jouer pour l'époque de l'histoire glorieuse de cette ville lorsque l'Assyrie étendit ses frontières orientales en Iran sous le règne de Sennacherib (—704/—681).

La tradition parsie retient par d'autres calculs, les dates extrêmes de —583/—511 pour sa mort, le mettant contemporain de Solon (—640/—560). Une autre version du Dênkart, plaçant Zoroastre 400 ans avant la victoire d'Alexandre, soit vers —730, répondrait mieux au contexte climato-écologique que nous avons étudié par ailleurs. Voir surgir Zoroastre entre le XIIIe et le XIIe siècle avant J.-C., antérieurement à l'arrivée des Saces en Iran oriental et aux campagnes de Cyrus, répond mieux à la propagation fulgurante par les mages d'un renom connu très tôt des Hellènes (Xanthos). Or, les mages furent en contact avec les Grecs d'Ionie au plus tard dès la prise de Sardes (—546), bien qu'ils durent les connaître antérieurement par

---

[1]. P. du Breuil, *Zarathoustra*, Payot, 1978, p. 47 s.

l'Assyrie médisée depuis —612. A. Christensen définit assez bien l'époque et le lieu d'existence de Zoroastre en le situant en Afghanistan au VIIe siècle avant J.-C.

Pour l'histoire contre la légende, Zoroastre aurait lancé sa prédication peu après la grande sécheresse qui, vers —800, entama la désertification de l'Asie Centrale et il serait donc un contemporain des derniers Assyriens et des premiers Achéménès, ancêtres de Cyrus et de Darius.

L'identification du roi protecteur de Zoroastre, Vishtaspa, avec le père de Darius, qui porte le même nom, se heurte autant aux oppositions linguistiques qu'aux deux généalogies différentes auxquelles appartenaient ces deux princes, celle des Kayanides pour le contemporain du Prophète et celle des Achéménides qui lui est nettement postérieure.

Après bien des controverses, la philologie avestique localise maintenant l'origine de la langue des Gâthâs en Iran oriental. Si des parallèles s'établissent avec les Védas sur l'origine d'un fond commun indo-iranien, ce n'est pas à l'Inde que les Gâthâs doivent leur inspiration, contrairement à Ammien Marcellin qui fit de Zoroastre un disciple des Brahmanes.

On a tenté de dater les Gâthâs, selon le Rig-Véda qui en serait contemporain, entre le XVe et le VIIIe siècle avant J.-C. et dont certaines formes grammaticales se trouvent éclairées à la lumière du livre iranien [1].

Mais la tradition védique ignore le Sage et l'oppo-

---

[1]. Irach J.S. Taraporewala « Gatha Metre and Chanting », *in Bulletin of the Deccan College Research Institute*, vol. III, pp. 219-224. Voir aussi *Avesta* (en hindi), Ed. M.F. Kanga et S.N. Sontakke, Poona 1962, part I., pp. 30 s.

sition des dieux et des démons démontre assez que les Gâthâs s'inscrivent dans un contexte proprement iranien et postérieur à la scission du peuple arya dont une ethnie émigra en Inde dravidienne de culture avancée. Cette civilisation de l'Indus était en rapport avec celle de Sumer dès le III⁰ millénaire et constitua, avec des rameaux vers la Chine une grande civilisation pré-indo-européenne. Dans l'Inde aryanisée, la société brahmanique restera très attachée au glorieux passé des Aryas (Rig-Véda, Arthava-Véda). Fidélité plus spirituelle qu'ethnique d'ailleurs, comme le vit lumineusement Aurobindo Ghosh. La racine *aryâ* n'a d'ailleurs signifié « noble » qu'en référence à la domination postérieure des Brahmanes sur les Dravidiens, l'étymologie première de « paysan » découlait de la vocation agricole d'une ethnie indo-iranienne en voie de sédentarisation depuis le début du II⁰ millénaire. De ces premiers Aryas sortirent les royaumes des Hittites (Asie Mineure) et des Hourrites (Haute Mésopotamie) qui furent en relations précoces avec les peuples sémitiques de Canaan, Sumer et de Babylonie ainsi qu'avec les Pharaons d'Egypte, avec lesquels ils pratiquèrent des alliances familiales, les qualifiants de « frères ».

La langue du royaume hourrite de Mitanni étant similaire à celle des tribus aryennes avant leur dispersion, on peut dater de 1500 à 1370 avant J.-C. l'établissement définitif des tribus aryennes venues des steppes asiatiques, du Caucase à la mer d'Aral, d'Iran oriental à la vallée de l'Indus.

On trouve alors les Aryas fixés sur tout le plateau iranien (Sialk) parmi les peuples asianiques, enrichissant leur propre culture de celles très avancées de Sumer et de l'Elam. Si le *Bundahishn* ou livre de la genèse mazdéenne, place le « Pays des Aryas », *Aryana Vaêja* (pehlevi *Irân-Vej*) dans une région proche de l'Azerbaïdjan et de la mer Caspienne, il cite aussi des lieux qui le délimitent à l'ouest par le bassin caspien, au nord-ouest par l'Iaxarte (Syr Daria), au sud-est par l'Hindou Kouch et, au-delà, jusqu'à la contrée des cinq fleuves (Pendjab). Selon la légende de Zoroastre, on a cherché à identifier la rivière Dâitya avec l'Araxe qui divise l'Azerbaïdjan de la Médie, en raison de la postlocalisation des mages faisant de la Médie le cœur de l'Iran par géocentrisme culturel. Mais, si l'Araxe est infesté de serpents comme le veut la tradition, il ne connaît pas les dix mois d'hiver et deux mois d'été que connaît l'Oxus (Amou Daria) près de la mer d'Aral, qui arrose les contrées communes de l'Aryana Vaêja comme la Sogdiane, la Margiane, la Bactriane.

Nommée *Bakdhî* par les Aryas, Bactres est qualifiée par l'*Avesta* de « création d'Ormazd » et de « belle couronnée de bannières ». La légende avestéenne rapporte qu'un prince sémite du nom d'*Azhi Dahâk* (forme arabisée en *Zohâk*) détrôna alors Yima, le premier roi des Aryas, qui venait de perdre sa protection divine symbolisée par la Gloire lumineuse du *Xvarnah*[1]. Mais *Atar*, le Feu céleste, sauve cette lumière divine des mains ténébreuses du dragon Zohâk « aux trois gueules » (Yt. 19.45/54). Alors l'astucieux bandit touranien *Afrâsyâb* chercha aussi à s'emparer de la Gloire des peuples aryens et, n'y parvenant pas, il lança ce défi démoniaque : « *Soit ! Je n'ai pas réussi à m'emparer de la Gloire qui appartient aux peuples Aryens, nés et à naître, et au saint Zarathushtra, eh bien ! je corromprai tout, grains et liqueurs, toutes les choses de grandeur, de bonté, de beauté qu'Ahura Mazdâ peine à produire, toujours ardent à créer* » (Yt. 19. 57, 58). La citation de Zoroastre est allégorique, les démons Zohâk et Afrâsyâb étant nés de personnages antérieurs au prophète. La légende de la lutte entre le serpent à trois têtes et la lumière est parallèle au conte védique

---

1. Voir pp. 59, 66, 98, 99, 103, 106, 133.

des luttes entre *Ahi* et *Indra* qui, lui, ne connaît pas Zarathoustra, preuve d'un développement différent dans les deux traditions. Dieu de l'orage, Azhi Dahâk/ Zohâk s'efforce de dépeupler la terre en invoquant Anahita, la déesse des eaux et Vayu, le dieu des vents. Zohâk commet le premier inceste avec sa mère Uda et reçoit l'empire sur le monde aryen durant mille ans des mains d'Ahriman lui-même. Zohâk est finalement enchaîné par les forces de lumière sur le mont Demâvand jusqu'à la fin des temps. Délivré par Ahriman pour ravager le monde, le dragon sera alors tué d'un coup de massue par Karsâsp, un des rois immortels de la geste aryenne. Connu aussi sous l'autre nom de *Vadhaghanô*, Azhi Dahâk Zohâk désigna plus tard le peuple chaldéen puis le peuple arabe. Identifié souvent par les auteurs juifs avec Nemrod, la légende postérieure situa aussi le palais de Zohâk à Babylone [1]. Sans doute faut-il transposer cette légende de la domination d'un peuple sémitique sur le monde aryen, sur la suprématie de l'empire assyrien que le puissant royaume des Mèdes, descendant d'un antique clan aryen, finira par écraser au VIIe siècle avant J.-C.

En outre, l'affirmation de la supériorité des Aryens, de société nomade patriarcale, fidèles à l'Ordre cosmique (le *Rta* indien, *Arta* iranien, *Kronos* grec), attachés à l'usage précoce du fer et nantis d'une impressionnante cavalerie, s'édifiera sur les sociétés matriarcales et agraires de Babylonie, de l'Elam, du Séistan ; comme en Inde celle des Brahmanes que la division sociale tripartite placera avec la caste guerrière de *Kshatriyas* au-dessus de celles des *Çudras* et des *Vaiçyas*, marchands, paysans, artisans, serviteurs des castes inférieures. L'Avesta, de son côté, énoncera une différence radicale entre Aryens et non-Aryens : la religion et la royauté aryennes sont les meilleures qui

---

[1]. Rhéal, Sébastien, *Les Divines Féeries de l'Orient et du Nord*, Paris 1843.

soient, la *Bonne Religion* étant celle des descendants de Yima (indien Yama), la mauvaise celle des peuples arabes descendants de Dahak/Zohak.

*
**

Les deux ethnies aryas (entendez *proto-iraniennes*) qui, sédentarisées, vont former les colonnes de l'ancien Iran d'où sortira l'empire achéménide, furent les Perses, très élamisés depuis Achéménès (v. —700) et Teispès (—675/—640), et les Mèdes, *Madaia* (Daïakhu, v. —715). Au ixe siècle, les Perses, *Parsua*, sont vassaux de l'Ourartou et se fixent le long des Monts Zagros et de l'Elam (Parsumash), y formant le premier royaume de *Parsa*, la *Persis* des Grecs et future province du *Fârs*, la Perse proprement dite qui donnera son nom à tout l'Iran ancien, avec pour voisin du nord le puissant royaume des Mèdes, leurs cousins également adversaires et victorieux des Assyriens (Ninive —612).

Venus probablement du bassin de la Volga, au nord de la Caspienne comme leurs prédécesseurs de la fin du IIIe millénaire qui s'étaient établis dans les royaumes antiques des Hittites, de Mitanni et des premiers Kassites (Asie Mineure, Mésopotamie, Babylonie), ces Aryens d'Iran occidental sont déjà connus des Assyriens dans le Zagros septentrional, au sud du lac d'Ourmia, comme « Parsua » (—844) et « Madaia »(—836), tandis que d'autres tribus proto-iraniennes (Parthava, Zikirtu, Haraiva) se fixaient à l'est de la Caspienne. De type brachycéphale, comme les Celtes d'Europe, ces Indo-Européens durent toutefois se mêler assez rapidement, en deux ou trois siècles, aux populations autochtones, adoptant souvent la langue locale, apportant leur soutien militaire aux petits royaumes, et subissant l'intense brassage de peuples des campagnes assyriennes. S'établissant sur le fond ethnique suméro-babylonien et élamite des *Asianiques* de type dolichocéphale, on retrouve ces nobles aryens, Mèdes et Perses, sur les sculptures des fresques de l'*apadana* de Persépolis aux côtés du roi Darius (—521/—486), qu'on sait être fier de se dire *Aryen et descendant d'Aryens* (Bisutun). Or, ces figures offrent un profil identique à ceux des gardes susiens et des sujets syriens et babyloniens. Tous portent un long nez busqué, de grands yeux noirs dessinés à l'égyptienne, les cheveux et la barbe bouclés et noirs.

Si le grand roi avait été « raciste » au sens où nous l'entendons aujourd'hui, qu'il se fût montré les cheveux blonds et lisses comme le dieu Indra en Inde qui donna la victoire aux Aryens sur les guerriers de peau sombre, au lieu d'avoir les cheveux et la barbe très bouclés alors que les Bactriens et les Chorasmiens de l'est iranien les portent lisses, le souverain et ses dignitaires auraient fait reproduire leurs traits sous un aspect différent de ceux des sujets venant des quatre coins du grand empire. Or, issus de tribus aryennes, c'est-à-dire indo-européennes de Russie méridionale, ces visages achéménides, perses et mèdes (malgré l'endogamie de ces derniers), offrent une morphologie très différente de celle de l'Européen nordique, dolichocéphale et blond aux yeux bleus, comme Tacite se plaît à le décrire dans sa *Germanie* ou comme les poètes grecs, d'Homère à Euripide, en dressent l'image des héros mythologiques. Cela montre à quel point la revendication du terme d'*aryen* par le pangermanisme pouvait être abusive. Les Aryens, ou premiers habitants indo-européens de l'*Iran* intérieur et extérieur, pays qui tire son nom de ces peuples, Perses et Mèdes, Cimmériens et Scythes, et, à l'est, ceux de l'Inde brahmanique, n'avaient plus qu'un très lointain cousinage ethnique avec les Indo-Européens qui fondèrent les peuples d'Europe occidentale. Seuls actuellement les Ossètes du Caucase représenteraient le dernier îlot des anciens Aryens.

***

D'autres clans, réfractaires à toute sédentarisation, nomadisent aux confins des steppes d'Asie centrale et du monde sino-mongol, vivant d'élevage extensif et de pillage, entamant cette lutte permanente du nomade contre le sédentaire. « Scythes nomades qui ne sèment rien du tout » (Hérodote), ces *Touraniens,* comme les nomme l'Avesta, vivent de lait et de viande crue, émigrent constamment devant les âpretés du climat, ou sont refoulés par les nomades de l'Altaï ou par l'avant-garde chinoise.

Pour les Aryas sédentarisés, le Touranien désigne le nomade irréductible aux travaux de culture, et l'Avesta, *véritable bible de l'agriculture,* appelle *Touran* les contrées désertiques s'étendant de la mer d'Aral aux montagnes de l'Altaï. Mais les futures provinces achéménides intégrées par Cyrus (— 545/— 539) de Chorasmie, de Sogdiane et de Bactriane, resteront partagées entre ces deux modes d'existence, de nomades pillards tourbillonnant autour des demi-pasteurs et agriculteurs, leurs deux schémas s'opposant tout autant.

Atmosphère pathétique qui baigne toute la prédication de Zoroastre, prophète du travail ennoblissant de la terre, seul garant de la paix sociale et de stabilité territoriale, alors que chaque razzia touranienne massacre les paysans, dévaste les cultures, vole le cheptel, ensable les canaux d'irrigation.

Face aux incursions nomades, partout les Aryas construisent des villes fortifiées en terre battue, d'Ecbatane (Médie) à Bactres. Cyrus édifiera des forteresses sur l'Iaxarte (Syr Daria), limite nord de l'Iran extérieur d'alors. L'agriculture se développe en parallèle d'une vie pastorale, tandis que les nouveaux *Iraniens* restent de grands éleveurs de chevaux et de redoutables cavaliers. Un système féodal érige les chefs de clans en souverains locaux, comme Vishtaspa, le protecteur de Zoroastre et dernier roi de la quasi-légendaire dynastie des Kayanides, confondue avec les Achéménides par Ammien Marcellin et avec plus d'hésitation par Agathias, alors qu'on doit la situer comme régnante sur une contrée orientale de l'ancien Iran entre le XVe et le VIIIe siècle avant J.-C.

Son origine remonte à un forgeron du nom de Kava qui releva la bannière des tribus aryennes et unifia l'Iran sous les souverains glorieux comme le Kavi Husravah (Kai Khosraw), le Kavi Usan (Kai Kaus) et le Kavi Vishtaspa (Kai Gushtasp) dont les noms illustrèrent la geste iranienne louée par le Shah Nameh de Firdousi.

Mais c'est la puissance des Mèdes et des Perses de —708 à —558 qui édifia véritablement les bases de l'Iran historique d'où naquit l'incomparable empire achéménide.

Certaines oasis fortifiées par les Aryas et dont l'archéologie soviétique a révélé d'intéressants sites de l'âge du Bronze, devinrent d'importants centres urbains à l'époque achéménide (Khiva, Boukhara, Maracanda/Samarcande, Merv et Bactres). Toutefois, les Gâthâs n'indiquent aucune vie urbaine et décrivent un milieu spécifiquement champêtre qui ignore la chasse et la pêche et ne connaît qu'élevage pastoral et agriculture.

Sédentarisée dès l'époque du Harappa, puis envahie par les nomades, la Bactriane est mentionnée sous les Achéménides et dans les chroniques des historiens d'Alexandre. Contrée jouissant d'une réputation de riche fertilité, la Bactriane recelait dans chacune de ses vallées des bourgs antiques, châteaux forts et palais construits en briques séchées au soleil et en gros blocs d'argile, dont les fouilles stratigraphiques ont retrouvé les sites.

Avec une agriculture proverbiale, elle étendait ses

plaines irriguées par les affluents de l'Oxus (Amou Daria), avant d'être régulièrement ensablées par les invasions. Un chapitre de l'Avesta (Yt. 5) célèbre les vertus aquatiques d'Anâhita, la déesse antique de l'Oxus, avec des références au Séistan, à Boukhara (Sogdiane), ville légendairement fondée par le roi Siyavush de Chorasmie selon Biruni. A Boukhara se serait trouvée la forteresse de Kandizh où naquit le roi idéal Kai Khosraw de la dynastie Kayanide qu'aurait précédée la dynastie des Paradhâta dont l'Avesta vante la geste mythologique, comme celle de féodalités protoiraniennes tout aussi oubliées. Le *Shâh Nâmeh* (Livre des Rois) de Firdousi chante l'épopée de Kai Khosraw contre le roi du Touran, Afrasyâb, figure d'Ahriman, là où la cosmologie avestéenne se conjugue avec la légende historique. Les Kayanides sont généralement localisés en Chorasmie et si Vishtaspa, le bienfaiteur de Zoroastre, fut identifié à tort avec Hystaspe, père de Darius Ier, l'antériorité de Vishtaspa et de Zoroastre sur les Achéménides n'est aujourd'hui plus mise en doute.

L'examen du contexte écologique des Gâthâs, qui implique la présence des bovins, limite la géographie de la vie et de la mission de Zoroastre aux seules et rares régions est-iraniennes où un tel élevage fut possible, la province est-iranienne du *Khorassan* s'étendant alors bien au-delà des limites de la province de l'empire perse, du Séistan en Chorasmie et de Sogdiane en Bactriane où le Sage connut le succès de sa doctrine.

*
* *

Selon Diodore de Sicile (60-30 av. J.C.) *Zathrautès* aurait vécu dans une contrée de l'Ariane, c'est-à-dire une région voisine de la Bactriane.

La Chorasmie, où l'on a souvent situé le milieu

d'origine du clan *Spitama* de la famille du Prophète, parfaitement désertique, n'offre que de rares régions propices au milieu agricole et bucolique des Gâthâs, comme à l'état ancestral d'éleveurs de chevaux des Spitama.

Charles de Mytilène pensait que « Zariadès » était le frère cadet d'Hystape et qu'ils étaient fils d'Aphrodite et d'Adonis. Selon ce compagnon d'Alexandre, Hystape devint souverain de la Médie et Zariadès du pays du nord des portes caspiennes (Athenaeus, *Dipnosophits*).

On est tenté de limiter la scène où naquirent les Gâthâs à la civilisation des premiers agriculteurs de l'Oxus, en Turkménie méridionale où l'archéologie soviétique a révélé les premières méthodes d'irrigation de l'âge du Bronze, et aux grandes oasis de Sogdiane, de Bactriane et aux piémonts et vallées fertiles du Pamir. On ne doit pas non plus écarter le Séistan, région qui, à cheval sur l'Iran oriental (sud-Khorassan) et l'Afghanistan occidental, était alors prospère grâce à une remarquable infrastructure de canaux d'irrigation. La destruction de son barrage principal par Tamerlan en 1363 entraîna la ruine de cette contrée désormais désertique. C'est d'ailleurs à partir d'un lac du Séistan que la mythologie iranienne fera naître le futur sauveur eschatologique, héritier de Zoroastre. La fragilité de la mutation difficile du nomadisme à l'agriculture et à l'élevage pastoral, aux limites des steppes, autant que la connaissance des mœurs des Scythes orientaux, présente la toile de fond parfaite de toute la révolte des Gâthâs, les nomades brigands vivant en parasites des paysans et des pasteurs. A l'est, les Sauromates, les Massagètes et les Saces (Sakas) inaugurent une culture originale (fouilles soviétiques et Trésor de l'Oxus). Hérodote remarque que les Scythes orientaux nommés *Saces* par les Perses, sont communs aux Scythes occidentaux. Trois tribus dominent alors l'est du bassin aralo-caspien ; les Saces *Taradaraia* au nord de l'Iaxarte, les *Tigrakhauda*, « aux bonnets pointus » en Sogdiane et les *Haumavarga*, « buveurs de *haoma* », (et *Varka* : « loup »), l'élixir extatique de la religion indo-iranienne (le *soma* indien) réformée par Zoroastre, qui habitent tous le bassin méridional de l'Oxus.

Cette époque de haute féodalité où les sédentaires s'abritaient dans les oasis fortifiées et dans les châteaux forts des montagnes, connut à la fois les pilleurs nomades et les bandes fanatiques de confréries masculines qui propageaient leurs sévices dans le monde indo-iranien. Ces jeunes guerriers qualifiés de « loups », vivant nus ou vêtus de noir (*Mairya* en Iran et *Marya* en Inde), mêlaient leurs rites chtoniens de sacrifices sanglants à des cérémonies orgiaques sous l'emblème du loup, du dragon et de l'invocation de Mithra. Hérodote (IV, 105) fait état de mœurs semblables chez les Scythes et le chamanisme jouait un rôle important par la domination psychologique du chaman sur ces loups-garous qui, au culte viril du soleil, ajoutaient l'ambroisie du haoma/soma. Chez Zoroastre, ces bandes paraissent dépendre des prêtres-sorciers, les *karapans*, et des seigneurs-despotes, *kavis*, qu'il unit dans une même réprobation en raison de mœurs identiques : oppression sur le pasteur et le paysan et immolations de bovins, suivies d'orgies et de soûleries de haoma.

Le taureau jouait un rôle essentiel de très haute antiquité, de la Méditerranée (Dionysos) jusqu'en Inde (Nandî), comme principe fécondateur. Mithra (sansc. Mitra), divinité préhistorique liée au soleil fécondateur de vie, associé au taureau, se trouvait souvent accouplé avec Anâhita, la divinité des eaux dans l'ancien mazdéisme et dans le mazdéisme non réformé. Pratiques courantes des steppes asiatiques, ces hécatombes de bœufs seront sévèrement condamnées par Zoroastre qui rejettera aussi vivement l'extase artificielle des drogues hallucinogènes (haoma, chanvre).

L'évolution d'une société nomade vers la stabilité agricole, la fait passer d'une conception animiste à une vision plus naturelle, plus universaliste, plus sage et plus ordonnée, d'où également l'adoration d'une divinité céleste plus pacifique (Murphy). Chez Zoroastre, cet événement a été valorisé dans le sens de l'abolition des sacrifices d'animaux et de l'élévation spirituelle (M. Eliade), encore que ce phénomène historique reste très insuffisant pour expliquer l'importance de la réforme zoroastrienne au plan théologique et surtout éthique. Assimilant toutes les implications morales de la métamorphose sociale, Zoroastre en fit la clé d'une transfiguration permanente de l'humanité vers plus de conscience, plus de responsabilité et d'élévation spirituelle.

Les légendes de la vie de Zoroastre, nées très tôt mais consignées longtemps après sur la tradition orale, comme les Védas, ne furent regroupées en forme de biographie qu'au XIIIe siècle par Zarathushtî Bahrâm î-Pazdû dans le *Zarâthusht-Nâma* (1278).

L'ouvrage, empreint de mythologie, relate que l'iniquité régnait sur la terre soumise à Ahriman quand le Seigneur décida d'incarner l'âme de Zoroastre :

« Je le créerai dans le monde pour prêcher la sollicitude pour tous les êtres. » Confrontée avec ce qu'on sait par les Gâthâs, la biographie se relate ainsi : Zoroastre naquit d'une riche famille d'éleveurs, les Spitama, de caste sacerdotale et héritiers d'une tradition de poètes inspirés. Il se dira lui-même *zaotar* (Y. 33.6), chantre de poésie sacrée, mais la tradition le louera comme premier prêtre, premier guerrier et premier laboureur (Yt. 13.88), selon la tripartition sociale indo-iranienne. Son patronyme Spitama est également celui de son cousin Maidyômâha, fils d'Arâsti Spitama, dont Haêcataspa fut l'ancêtre à la cinquième génération, prénom qui signifie « baignant des chevaux ». L'onomastique confirme l'origine est-iranienne des Spitama, parents des premiers kavis sédentarisés.

Le prophète fut le troisième fils de Dughdhôvâ, laquelle rayonnait de lumière durant sa conception, et de Pourushaspa, nom dont la terminaison « aspa » indique encore l'étymologie de *cheval* qui se retrouve aussi dans *Vishtaspa* ; signes d'une anthroponymie bien caractéristique du milieu d'éleveurs de chevaux des premiers clans sédentarisés aux confins des steppes et des régions irriguées.

En dehors de la geste fabuleuse prêtée au Sage, seuls les Gâthâs dont le propos se veut prioritairement éthique et spirituel, renseignent sur la personnalité de Zoroastre, mais celle-ci s'estompe derrière son message, qui reste au premier plan. Est-ce la raison pour laquelle il fut un des rares prophètes à avoir échappé à toute forme d'idolâtrie ? Toutefois, en nous informant sur des personnages contemporains du Sage, les Gâthâs laissent entrevoir une personnalité pleinement humaine, en qui palpite un génie aussi noble qu'original (Murphy). Force revient de se reporter aussi au Livre des Rois de Firdousi, rédigé trois siècles avant le Zarathusht-Nâma qu'utilisera Anquetil dans sa *Vie de Zoroastre* (1771), pour reconstituer une biographie qui emprunte autant à l'histoire qu'à la légende.

VIE ET VOCATION DE ZOROASTRE

Pline affirme avec la légende mazdéenne que Zoroastre vint au monde en riant et qu'il riait à chacun de ses anniversaires, mais il ajoute que les vibrations du cerveau de l'enfant étaient si fortes qu'on pouvait difficilement garder la main sur sa tête. Dès son plus jeune âge, Zoroastre fut assailli par des magiciens qui, jaloux de sa sainteté, le ravirent à son père. Puis, ayant allumé une flamme énorme dans le désert, ils y jetèrent l'enfant, auquel il n'arriva aucun mal. Ce fut son troisième miracle après le rire de sa naissance et après avoir échappé au glaive du kavi Dûrâsrab. Avant le septième et dernier miracle où il sortira vainqueur du poison, il fut précipité sans dommage sous les sabots des taureaux et abandonné parmi les loups. Dès l'âge de sept ans, son père le confia à un maître éminent, Burzin-Kurûs, avec lequel il fit des progrès étonnants. A l'âge de quinze ans, il faisait déjà beaucoup de bien autour de lui et s'abîmait dans de longues méditations. Sa réputation se répandit tant auprès des humbles que des grands tandis qu'il dénonçait les cruautés des *karapans* et des *kavis*, les uns pour leur magie et leurs immolations de bœufs, les autres pour leur injustice et leur protection des premiers. Zoroastre avait déjà coutume de s'isoler dans la montagne et d'y vivre de fruits et d'un fromage incorruptible, s'abstenant de toute nourriture animale. Quand il fut âgé de vingt ans, il quitta ses parents et se retira pour méditer dans une grotte. Son père voulut lui offrir des biens mais le sage ne conserva en mémoire de lui que son *kusti*, le cordon sacré indo-iranien.

Impuissant à répandre sa doctrine, à l'âge de trente ans, Zoroastre quitta son pays et sa famille : « Vers quelle terre me tourner ? Où aller porter ma prière ? Parents et amis m'abandonnent ; ni mes voisins ne me veulent du bien, ni les tyrans méchants du pays. Comment parviendrai-je à te satisfaire, ô Mazdâ Ahura ? Je me vois impuissant, pauvre de troupeau et pauvre d'hommes (sans disciples). Vers toi je pleure ; jette les yeux sur moi, ô Ahura ! » (Y. 46).

C'est là, avec la Gâthâ de la fuite, que la légende des mages s'est greffée sur l'histoire en restituant le Sage à l'Iran oriental par un voyage imaginaire depuis la Médie où ils l'avaient fait naître, jusqu'au Séistan et en Bactriane. Le véritable itinéraire le porta plus vraisemblablement de Sogdiane en Bactriane où Zoroastre se réfugia sur une montagne proche, haut lieu de l'Aryana Vaêja où, enfin, traditions et thèses s'accordent pour situer son succès en Bactriane auprès de Vishtaspa. N'est-il pas significatif que dans la même Gâthâ (Y. 46.1) Zoroastre réclame déjà le soutien du souverain qu'il nomme (Y. 46.14) : « O Zarathustra, qui est ton véritable allié pour le grand don ?... Oui, ce Kavi Vishtaspa que voici est en train de faire ses dévotions. » Et le traducteur H. Humbach commente : « Jetant un regard sur le passé, Zarathustra aperçoit le descendant de Fryâna, le Kavi Vishtaspa. Il prétend reconnaître que Vishtaspa est depuis longtemps prêt à l'accueillir et à faire de lui son prêtre, après être revenu du vaste monde inhospitalier vers sa tribu »

(14). Zoroastre invite ses parents (Y. 46-15) qu'il a quittés précédemment, à suivre de nouveau sa doctrine qu'ils avaient préalablement rejetée, comme il y invite Frashaoshtra (16) et Jamaspa (17), conseillers du roi Vishtaspa. Cela indique bien que sa fuite s'est faite sur une distance relativement courte sans avoir rompu totalement les liens familiaux. De plus, son cousin Maidyômâha deviendra son premier disciple (Y. 51.19). Le fameux voyage mythique interpolé par les mages, s'est tout au plus déroulé vers une retraite proche de l'endroit où vivaient les Spitama. Le fait serait confirmé par la traduction de Humbach de ce Yasna 46 des Gâthâs : « Comme il (Zarathustra) s'est levé avec véracité parmi les louables neveux et petits-fils du Touranien Fryâna... » Et la glose qui suit : « Des hommes bons se trouvent dans la tribu à laquelle appartient aussi Zarathustra, et dont l'ancêtre serait le Touranien Fryâna. Déjà du vivant de Fryâna, on s'évertuait là à utiliser la vache dans le sens d'Ahura Mazdâ, ce qui permet d'acquérir des mérites aux yeux de ce dernier et de s'assurer son aide dans le malheur » (12). Cette démonstration rejoint les conclusions de la magistrale traduction commentée des Gâthâs du savant parsi Bahramgore T. Anklesaria qui expose aussi qu'après dix ans de solitude et d'incompréhension, le Sage prêcha *de nouveau* à ses parents tout en rejoignant la cour de Vishtaspa [1] ; ce qu'il n'aurait pu faire si son pays natal était éloigné de plusieurs centaines, voire de milliers de kilomètres de la Bactriane.

Il faut retenir par cette fuite de sa région natale son opposition grandissante à ceux des karapans et des kavis, qui étaient incapables d'adopter sa réforme. « Par sa prédication (Zoroastre) apparut comme un

---

[1]. *The Holy Gâthâs of Zarathustra*, Ed. Rahmima-e-Mazdayasnan Sabha, Bombay 1931, 1953.

adversaire passionné de la religion aryenne traditionnelle[1]. »

Durant de nombreuses années, Zarathoustra et son cousin Maidyômâha voyagèrent de village en village pour convertir des chefs de tribus à leur cause, mais les kavis et les karapans des Bendvas, des Grehmas et des Ousikhushs ne voulaient rien apprendre d'eux.

※※※

Alors commença pour le Sage une longue retraite d'une dizaine d'années (vingt ans selon Pline l'Ancien) avec pour seul disciple ce cher cousin évoqué avec lui, Maidyômâha (Yt. 13.95). Un jour, les deux hommes rencontrèrent la rivière Dâitya (Oxus) et là le Prophète entra en profonde méditation jusqu'à ce que Vohu Manah, la Bonne Pensée divine, se révélât à son esprit. Zoroastre devait recevoir la révélation au cours de sept « entretiens » avec Ahura Mazdâ, sur cette montagne mystique dont parlent aussi Porphyre et Dion, et dans la « forêt des entretiens sacrés » (Vd. XXII.19).

Au seuil d'extases grandioses et authentiques (sans drogues), le Sage posait des questions pathétiques sous la forme suivante : « J'ai une chose à te demander, dis-moi la vérité, Ahura » (Y. 44), ou bien « Toi dont le regard protecteur veille de toute éternité sur l'Ordre et sur la Bonne Pensée, ô Mazdâ Ahura, enseigne-moi de ta bouche céleste les lois du monde primitif » (Y. 22.11). Au retour de chaque illumination, son âme

---

1. G. Widengren. Il est certain que Z. bouleversa les mœurs aryennes, en proscrivant les sacrifices, en protégeant l'agriculture contre le nomadisme, en libérant la femme du statut inférieur que lui gardait la tribu arya, tout en acceptant dans la sagesse d'Ahura Mazdâ aussi bien les Aryens zoroastrianisés que les barbares touraniens s'ils professaient bonne pensée, bonne parole, bonne action (la loi des Gâthâs, cf. Y. 46. 12 ; Yt. XIII, 143).

connaissait la réponse divine : « Je proclamerai ce que m'a dit le Très Bienfaisant » (Y. 45) ou encore : « C'est toi qui me l'a dit, toi Mazdâ, qui sait le mieux » (Y. 46). Et le dialogue mystique continuait : « Au commencement du monde, le plus saint des deux Esprits dit au Destructeur : " Ni nos pensées, ni nos enseignements, ni nos intelligences, ni nos choix, ni nos paroles, ni nos actes, ni nos consciences, ni nos âmes ne s'accordent " » (Y. 45.2). Ahura Mazdâ est occupé à accroître la vie, Ahra Mainyu (pehl. Ahriman) à la faire périr.

Parmi cent questions sur l'origine du monde et du bien et du mal, ses entretiens spirituels s'accomplissaient ainsi, jour après jour, mêlant parfois les questions cosmogoniques : « Qui a frayé un chemin au soleil et aux étoiles ? Qui a fait que la lune croît et décroît ? Qui, sans support, a tenu la terre sans tomber ? Qui a fait les eaux et les plantes, les vents et les nuées ? » « Quel est le créateur de la Bonne Pensée, ô Mazdâ ? » (Y. 44.4). Alors, il voyait le survol de l'humanité par des puissances angéliques dirigées par de prodigieuses Entités, répondant chacune à un domaine qu'elles gouvernent depuis le Royaume d'Ahura Mazdâ. Zoroastre les définira en sept expressions divines : Sagesse (Mazdâ), Bonne Pensée (Vohu Manah), l'Ordre juste (Asha Vahista), Royaume divin (Khshatra), Dévotion (Armaiti), Santé (Haurvatât), Immortalité (Ameretât). Archétypes suprêmes du seul Dieu Ahura Mazdâ : « C'est lui qui tout d'abord a pensé le monde, lui qui a mis la félicité dans la lumière céleste... Tu as fait divinement paraître les deux mondes (le spirituel et le matériel) et tu es toujours le Souverain universel » (Y. 31.7).

Quelle est la première des choses dans le monde du bien ? se demande Zoroastre : « La meilleure des bonnes œuvres, c'est à l'égard du ciel, d'adorer le Seigneur, et à l'égard de la terre, de bien traiter le bétail...

L'homme de dévotion est saint, par l'intelligence, par les paroles, par l'action, par la conscience, il accroît la justice... Celui qui fait le bien au juste, au parent, au confrère, au serviteur et veille activement au bien du troupeau, celui-là appartient au bien, est un ouvrier de la Bonne Pensée » (Y. 33.3). « Je te demande quelle est la punition de celui qui donne l'empire au méchant, du malfaiteur, ô Ahura Mazdâ, qui tue pour le plaisir de tuer, de celui qui opprime le laboureur qui n'a maltraité ni troupeaux ni hommes ? » « Puisqu'ils ne se convertissent pas, les sourds et les aveugles seront anéantis... » (Y. 31.15/32.15).

Zoroastre invective les hommes démoniaques, qu'il nomme aussi *daêvas*, lesquels méprisent la vie animale et humaine et dont les dévastations rendent la campagne inculte. Il se révoltait surtout devant les sacrifices de bœufs des karapans qui invoquaient *Aêshma*, la Fureur déifiée. Le Sage se faisait l'avocat du bétail persécuté dont il perçut la plainte silencieuse (Y. 29.1). C'est donc lui, le Spitama, qui fera connaître aux hommes leurs devoirs envers les animaux. Mais l'âme du bœuf (*sic*) gémit sur son impuissance à les défendre : « Quand viendra celui qui lui donnera toute puissante assistance ? » (Y. 29.9). Zoroastre pense que seul un pouvoir favorable à sa réforme pourra lui donner les moyens de faire entendre raison aux mauvais bergers, aux voleurs de bétail, aux prêtres magiciens et que seule une démonstration éclatante de sa doctrine décidera un kavi honnête à le protéger et à armer son pays contre la menace permanente des nomades pilleurs, tout en amenant la paix à l'intérieur par l'instauration d'un ordre nouveau. Pour le Sage, il était clair que le terrorisme des raids ruinant une économie agricole, massacrant chaque fois bêtes et gens au nom de sombres divinités anthropomorphiques, manifestait la permanence du mal. Mal constamment imbriqué au milieu de rares éléments bons, comme la dramaturgie de fréquents séismes, sécheresses et hivers rigoureux, traduisait le mal de l'univers. L'ensemble va créer la psychose de l'anxiété catastrophique des Gâthâs. Mais, transposée au plan éthique, elle stimulera l'action morale et transfiguratrice de l'homme, au lieu de sombrer dans l'écrasement d'une fatalité inéluctable. Portée au plan spirituel, cette angoisse du bien ouvrira les perspectives apocalyptiques d'un *nouveau monde*, transfiguré, héritage prodigieux de toutes les religions influencées par la gnose zoroastrienne.

Ayant longuement connu l'âpreté de l'exil, souffert du froid et de l'inhospitalité (Y. 51.12), Zoroastre avait quarante ans quand il se rendit à Bactres pour y rencontrer Vishtaspa, le kavi dont il vantait la vertueuse réputation (Y. 28.7,8). De la dynastie Kayanide, descendant de Fryâna le Touranien, Vishtaspa appartenait à un ancien clan que le savant Nyberg a situé entre la mer d'Aral et l'Iaxarte. Son ancêtre, Yôshta des Fryâna, fut admis dans la légende des « Rois immortels » de l'épopée proto-iranienne, bien qu'il fût touranien (Y. 46.12 ; Yt. 5.81 ; Gôshti Fryân). Autant de preuves de l'œcuménicité de Zoroastre et de sa tradition. Vishtaspa est ce protecteur susceptible de répondre à l'attente du Sage, puisque sa tribu protège de longue date le bétail. Le héros Frashaoshtra interviendra par son frère Jamaspa, conseiller de Vishtaspa pour introduire Zoroastre auprès du souverain (Y. 46.16,17). Frashaoshtra et Jamaspa, de l'illustre famille Hvôgva, seront les premiers prosélytes du prophète à la cour. Mais Zoroastre devra y affronter l'opposition des prêtres et des docteurs qui, pour le perdre, iront jusqu'à introduire dans sa chambre des reliquats de culte de magie noire. Sur ce, raconte le Zarathusht-Nâma, le cheval noir de Vishtaspa tomba subitement paralysé ! Ses pattes s'étaient atrophiées comme si elles allaient disparaître dans le ventre. Devant l'incompétence des karapans à soigner ce mal étrange, Vishtaspa fit appeler le Sage injustement emprisonné. Zoroastre examina la bête et posa quatre conditions au roi pour guérir son étalon favori *Aspa Siha* (« cheval noir ») :

1) reconnaître qu'il est incontestablement le Prophète d'Ahura Mazdâ ;

2) le fils de Vishtaspa, Ishfandyâr devra lui prêter serment d'amitié et de protection ;

3) la reine Hutaosa devra accepter les préceptes du Sage ;

4) enfin, le roi devra faire avouer aux mauvais conseillers, les pièges qu'ils lui avaient sournoisement tendus.

Vishtaspa s'étant engagé sur tous ces points, le miracle survint et fit apparaître chaque patte de l'animal pour chacun des serments, à la stupéfaction des fourbes dont le stratagème fut révélé.

Au récit spectaculaire de la conversion de Vishtaspa, les Gâthâs opposent que c'est par la persuasion de sa sagesse que Zoroastre gagna le soutien du souverain : « La sagesse d'une pensée sainte le roi Vishtaspa l'a réalisée dans une royauté de pureté, par sa conduite vertueuse. C'est un souverain sage et bienfaisant qui fera notre bonheur » (Y. 51.16). En prière, Zoroastre fait l'éloge de ceux gagnés à sa cause. Frashaoshtra ira jusqu'à donner sa fille en mariage au Sage. Zarathoustra avait quarante-deux ans quand il épousa la fille de Frashaoshtra dont il eut trois fils : Isatvastar, Urvatatnar, et Khirshid-Chichar, et trois filles : Freni, Trithi et Pouruchista. Jamaspa, lui, aimait une royauté sainte et les sciences de la Bonne Pensée. « Donne-moi pour lui, ô Ahura, tes dons de réjouissance, ô Mazdâ... Cette récompense la recevra aussi Maidyômâha le Spitama. Il dit la loi de Mazdâ et la pratique plus précieuse pour lui que la vie » (Y. 51.17,19). L'épouse de Vishtaspa, Hutaosa devint aussi une active protectrice de la nouvelle foi.

Zoroastre exhorta ses protecteurs à soutenir sa doctrine : « Que le roi Vishtaspa, disciple de Zarathoustra, et Frashaoshtra, enseignent par la pensée, la parole et l'action à satisfaire Mazdâ, à le prier, indiquant les chemins purs et la religion qu'Ahura a établie pour les saints » (Y. 53.2). Ayant marié sa propre fille Pouruchista au ministre Jamaspa, le Sage lui recommande d'être aussi bonne épouse qu'elle fut bonne fille (53.3).

La tradition relate ensuite l'extase à laquelle Zoroastre fit accéder Vishtaspa, sous la vision de quatre magnifiques cavaliers blancs personnifiant les principaux archétypes de Mazdâ. Au lieu de se contenter d'une vie aisée et confortable à la cour de Vishtaspa, Zoroastre parcourut sans cesse les régions alentour, à pied, à cheval, chameau ou yak, pour répandre la foi mazdéenne durant trente ans.

On dit encore que Zoroastre et son bienfaiteur érigèrent partout des autels du feu, reportant sur eux la propagation générale des temples du feu par Ardeshir (224.241) le premier souverain sassanide. Vishtaspa aurait envoyé son fils Ishfandyâr convertir les pays lointains à la nouvelle religion.

Tandis que Frashaoshtra, beau-père de Zoroastre, devint l'apôtre du Mazandéran (Tabaristan), contrée idolâtre du sud de la Caspienne, des disciples portèrent le message de Zoroastre jusqu'en Inde. Un brahmane nommé Tchengreghatchah serait venu à Bactres pour y confronter le Sage iranien. Mais, convaincu à son tour, l'Hindou serait reparti convertir quatre-vingt mille sages indiens [1].

Si l'histoire n'a rien retenu de ce prosélytisme en Inde, les premiers textes avestiques annonçaient la

---

1. Elliot, *History...*, p. 568 ; Haug, *Essays*, 1872. p. 299.

diffusion de la nouvelle foi dans toutes les contrées du monde (Yt. 13.94, 99, 100) et les Gâthâs exaltaient la conversion de tous les hommes à la parole de Zoroastre. Son premier disciple Maidyômâha voulait la répandre à tout l'univers (Y. 51.19).

※
※ ※

Les premiers disciples formèrent très tôt des troupes de « Pauvres » en qui certains voient les prédécesseurs des derviches. Si les premières sources de l'Avesta renseignent peu sur un « clergé » de la nouvelle foi dont le successeur de Zoroastre comme chef de la communauté fut Jamaspa, son gendre [2], l'ancien prêtre du feu, *l'âthravan* (skt artharvan), qui restera prêtre du feu en Iran (Strabon), devint aussi avec la réforme zoroastrienne, le prêtre ambulant porteur de la bonne parole. Pour la tradition, Zoroastre fut le premier parmi les athravans (Yt. 13.94). A soixante-cinq ans, Zoroastre aurait donné encore des leçons de philosophie à Babylone à l'époque de Cambyse mais il y a probablement confusion avec un certain Zaratas, le « second Zoroastre » qui aurait initié Pythagore. Huit années plus tard, de retour dans l'est-iranien, le Sage y aurait instauré un culte du feu près d'un cyprès sacré. Sur son conseil, Vishtaspa aurait repris la guerre contre le Touran, hostilités interrompues à Merv par la mort de Zérir, le frère du roi, et, victorieux cette fois-ci, le souverain aurait comblé d'honneurs Zoroastre. Mais, tandis qu'une campagne attirait le roi au Séistan, des Touraniens envahirent Bactres, profanèrent le temple et en exécutèrent les quatre-vingts prêtres. Poignardé dans le dos par Brâtraresh alors qu'il était en prière,

---

2. *Jâmâsp-Nâmak*. Zoroastre nomma Jamasp son *herbad*, du nom du prêtre du feu. *Cf.* W. Jackson, *Zoroaster,* p. 117.

Zoroastre lui projeta son chapelet au visage en lui disant « Puisse Ahura Mazdâ te pardonner comme je le fais », mais l'assassin tomba mort aussitôt.

Zoroastre aurait été alors mis en pièces par des loups-garous touraniens.

La légende classique aura aussi sa version de la mort du grand Sage. De Ctésias à Justin (Trogue Pompée) on répète que Zoroastre, « roi des Bactriens », premier fondateur des arts magiques et premier observateur des mouvements des constellations et de l'origine du monde, fut tué par l'armée de Ninus, roi des Assyriens, qui lui-même trouva la mort et laissa un jeune fils Ninyas et une femme Sémiramis.

Pour Plutarque, c'est Sémiramis qui fut le vainqueur de « Zoroastre le Bactrien ».

Selon Clément d'Alexandrie, Platon identifiait Er, le fils d'Arménios, né à Pamphylie, à Zoroastre, lequel après 12 jours dans le tombeau ressuscita selon les 12 signes du Zodiaque.

Et pour le *Chronicon Paschale* (écrit vers 629), Zoroastre, « le fameux astrologue perse », sentant la mort venir, conseilla à ses proches que lorsque le feu l'aurait brûlé, ils recueillent ses cendres et les gardent précieusement afin que le royaume ne leur échappe jamais. Ce récit ne satisfait guère les Parsis orthodoxes qui considèrent que l'incinération souille l'élément sacré du Feu...

LE NOUVEL ORDRE DU MONDE

Avec Zoroastre, la pensée religieuse effectue un progrès tel que l'idée d'en faire une simple réforme dans le mazdéisme traditionnel cède la place à celle d'une véritable révolution théologique et éthique. Zoroastre innova un ordre entièrement nouveau et stigmatisa les mœurs cruelles et magiques des prêtres de son temps. Mais, soucieux d'être compris de tous, il utilisa les noms du polythéisme aryen pour le transposer dans le domaine abstrait d'une révolution spirituelle où les nouvelles entités servent uniquement à désigner les qualités du seul dieu Ahura Mazdâ. La récupération de l'ancien fond religieux fit longtemps apparaître le zoroastrisme comme un événement réformateur de l'ancien mazdéisme, alors qu'il l'avait totalement métamorphosé.

De l'ancien panthéon indo-iranien, le Sage ne conserva que l'unique grand Ahura/Varuna, divinité ouranienne dont le corps, identifié à la voûte céleste, est parsemé d'yeux-étoiles qui voient tout et observent toutes les actions terrestres. Varuna apparaissait déjà dès —1380 aux côtés de Mithra, d'Indra et des dieux jumeaux Nâsatyas (*Mitra, Uruwna, Indara* et *Nashationna*) dans un traité conclu à Bogazkeuy (Anatolie) entre le roi des Hittites et celui des Mitannis, Indo-Européens parents des Aryas indo-iraniens. En parallèle du tandem Mithra-Ahura en Iran, s'est élaboré en Inde, celui de Mitra-Varuna. Mithra/Mitra, divinité solaire, n'était pas limité à l'astre lumineux et fut assimilé à « l'œil d'Ahura Mazdâ » (Yt. 13), tandis que les étoiles représentaient ses « espions ».

En Egypte, l'innovation monothéiste d'Aménophis IV dans le culte d'*Aton* symbolisé par le disque solaire n'eut pas les lendemains du monothéisme zoroastrien d'Ahura Mazdâ, parce que là où le nouveau clergé fut intolérant jusqu'à la persécution envers les polythéistes égyptiens, les fidèles de Zoroastre inaugurèrent une dimension religieuse nouvelle sans opposer un nouveau sacerdoce théocratique aux prêtres des cultes populaires de l'ancien Iran. En outre, en Egypte comme en Iran, les préoccupations de la vie dans l'au-delà tenaient une importance que négligea le pharaon réformateur, ce qui lui fut fatal, alors que l'Auteur des Gâthâs épura l'autre monde en en moralisant l'accès tout en réaffirmant son existence.

Ahura/Varuna gardait avant Zoroastre les caractères naturalistes et anthropomorphes de la mythologie archaïque, traits partagés avec ses cruels associés, Indra en Inde et Mithra en Iran, lesquels embarrassaient l'œuvre moralisatrice du Prophète.

**

Les cultes solaires égyptiens de Râ, d'Horus et d'Aton offraient de grandes similitudes avec celui du Mazdâ pré-zoroastrien. Aton affirme un monothéisme et une préoccupation morale inédite et Horus présentait une figuration (disque solaire ailé à tête de faucon) et un symbolisme (le soleil et la lune étaient ses yeux) proches de l'*Ahura-mazda* des inscriptions achéménides. En Grèce, Apollon, dieu solaire portant le qualificatif de *Phoebus* (l'Eclatant) fut un dieu prophète puisque la lumière de ses rayons dissipe les ténèbres, éclaire au loin et voit par conséquent l'avenir. Le soleil, Hélios avait été distinct d'Apollon avant de lui être identifié, comme on verra l'osmose des cultes d'Apollon et de Mithra s'élaborer en Iran hellénisé. En Inde, Indra enfantait le soleil et l'aurore (Rig-Véda). Cette énumération succincte montre simplement l'universalité du culte solaire et, plus ou moins directement, tous les dieux ouraniens, du *Dyaus* des tribus aryennes au *Varuna* de l'Inde antique, tenaient la lumière du soleil et des feux stellaires comme principal attribut divin.

Ce qu'on doit noter c'est que les peuples du Nord, de l'Hyperborée, d'où provenaient les tribus indo-européennes, attribuèrent au soleil, à la lumière, au feu, qualités inhérentes de leurs dieux, une nature *bienfaisante*, en raison de la longue nuit polaire hivernale et du climat, tandis que les peuples des régions chaudes où le soleil brûle et ne fait pas défaut, ne virent que tardivement ces qualités (Akhénaton) ou continuèrent de lui attribuer une nature réclamant d'horribles sacrifices humains (Mexique), surtout au moment de panique lors des éclipses solaires.

Pour Zoroastre, Dieu n'est pas seulement la source de la lumière physique du soleil et des astres étincelants. Il est l'*Appel secret* qui éveille dans la conscience toute lumière morale et spirituelle.

Avec la division du peuple arya en Inde et en Iran au IIe millénaire s'édifia aussi une opposition des dieux et des démons. Indra, dieu lumineux de la fonction guerrière, vénéré auprès de Varuna, devint dans l'Avesta le type même de *daêva*, le démon acharné à rompre l'ordre cosmique (Rta/Asha). Les dieux indiens, *devas*, deviennent dans les Gâthâs, comme plus tard pour Xerxès, des *daêvas*, les démons de la cohorte ahrimanienne. De son côté, l'Inde transforme les *Asuras* en diables menteurs opposés à ses devas nés de la vérité. Mais tandis que Varuna y devient une divinité mineure aux côtés d'Indra, de Vishnu et de Rudra en Inde, l'Iran pré-zoroastrien fait de son ahura principal, pendant de Varuna, le grand dieu *Ahura Mazdâ* dont le second nom répond au védique *medhâ* (sagesse), omniscience que Zoroastre va totalement spiritualiser. De même, *Vayu*, divinité indo-iranienne importante du « vide atmosphérique » entre le ciel et la terre, de nature duelle du bon et du mauvais génie du vent (Râm Yt. 15), aura peut-être aidé Zoroastre à concevoir la lutte de ses deux Esprits.

Ahura Mazdâ existait-il sous ses deux noms comme dieu proto-iranien *avant* le Prophète ? Il fut identifié sur une plaque d'argent du Luristan (VIIIe/VIIe siècle avant J.-C.), aux côtés de Zervan et d'Ahriman, formant une triade *non zoroastrienne* avec Zervan ; ainsi que sur une tablette en or d'Hamadan du roi Ariaramme (v. —640/—590), ancêtre des Achéménides qui proclamait : « Ce pays des Perses que je possède, pourvu de beaux chevaux et d'hommes bons, c'est le grand dieu Ahuramazda qui me l'a donné. Je suis le roi de ce pays [1]. » La forme *Ahuramazda* utilisée par Ariaramme comme par ses successeurs jusqu'à Xerxès, ne peut être que postérieure à la stylisation originelle en deux mots par Zoroastre qui citait indifféremment *Ahura* et *Mazdâ* seul ou dans l'ordre Ahura Mazdâ ou Mazdâ Ahura (*Sage Seigneur* ou *Seigneur Sagesse*), indication d'un premier stade instable du

---

[1]. (Trad. R. Ghirshman), le plus ancien texte cunéiforme en vieux perse connu.

nom divin. Même si Zoroastre trouva son dieu suprême déjà nanti du qualificatif de *Mazdâ*, qui incarne la sagesse, ce dieu restait encore trop fait à l'image des hommes pour leur servir de Principe immaculé de sagesse. Non seulement le Sage allait le purifier de ses éléments naturalistes, mais il allait, avec la transcendance, lui conférer une sagesse telle que le « Seigneur Sagesse » sortira complètement transfiguré de sa nature précédente.

Zoroastre fut sans doute le premier prophète à prêcher l'unité, la splendeur et la bonté de Dieu avec plus de force et sur un plan transcendental plus élevé que le pharaon mystique Akhénaton ne l'avait fait en Egypte au XIVe siècle avant J.-C. Si Ahura Mazdâ était déjà revêtu antérieurement d'aspects moraux identiques à ceux de son alter-ego indien Varuna, gardien de l'ordre cosmique mais aussi justicier auquel les hommes restaient soumis comme devant un despote, ce dieu exigeait encore des sacrifices propitiatoires que précisément Zoroastre allait fortement rejeter. De même, Mithra, qui demeura ignoré du Sage par ses aspects antipathiques de dieu de la guerre présidant au sacrifice rituel du taureau et de l'ivresse du haoma, sera introduit postérieurement dans le culte zoroastrien qui n'avait gardé aucun autre dieu qu'Ahura Mazdâ. Dans les Gâthâs apparaît, avant les philosophes de l'Attique, la première notion spiritualisée de Dieu. Le Dieu unique de Zoroastre n'a gardé avec lui que sa souveraineté sur le cosmos qui l'habille et que sa transcendance morale va complètement dominer. L'aspect ouranien se voit fortement pénétré de moralisation zoroastrienne : Ahura Mazdâ dit « A moi les bonnes pensées, les bonnes paroles, les bonnes actions, et *j'ai pour vêtement le ciel* qui a été créé le premier de ce monde matériel... les bonnes pensées, les bonnes paroles, les bonnes actions, sont mon aliment. » (Dk. IX. 30.7).

La dualité d'aspects panthéistes et moraux, présente le clivage théologique effectué par Zoroastre dans la sublimation d'Ahura Mazdâ puisque dorénavant il ne s'identifie plus à l'univers qui ne fait que le vêtir. Toutefois, s'il transcende les éléments de la création physique, il n'en demeure pas moins le Père du Feu primordial (Atar), le Pôle de la Lumière essentielle qui précède et engendre les feux stellaires du cosmos.

Mais la « lumière » du grand dieu mazdéen devient chez l'Auteur des Gâthâs synonyme de « pensée pure ».

*
* *

Cette promotion d'Ahura Mazdâ opéra un changement radical portant la nature divine à une dimension transcendant tout concept. Le dieu unique de Zoroastre devient le moins objectivé et le moins formel de tous les dieux, Ahura Mazdâ se trouvant *exempt de toute ténèbre* et de toute implication directe dans le conflit cosmique.

Ahura Mazdâ (pehl. *Ormazd*) domine le duel des deux Esprits : *Spenta Mainyu* (Saint Esprit) et *Ahra Mainyu* (Mauvais Esprit ; pehl. *Ahriman* — Y. 45.2), son frère jumeau (*yêmâ*), combat auquel Ahura Mazdâ ne participe pas directement dans l'espace-temps déployé par lui comme garde-fou et piège contre le Mauvais Esprit, Ahriman, nom par lequel il est plus connu. La création idéale reste donc pure de tout mal de toute éternité, puisque c'est par un *libre-choix* qu'un des deux Esprits primitifs, antique Lucifer, a sombré dans une voie ténébreuse (Y. 30.3). Ahura Mazdâ/Ormazd ne pare à l'égarement d'une créature spirituelle que par l'existence virtuelle de la matière érigée en garde-fou du Royaume divin, *Khshatra*. Il ne pouvait créer un être libre en limitant une autonomie dont le sens profond repose sur un choix dont la destinée du monde va dépendre. Dieu ne pouvait maintenir Ahriman dans le Royaume qui, par définition, ne peut contenir la moindre parcelle ténébreuse. Le conserver risquait d'éterniser la menace ahrimanienne. L'emprisonner dans l'espace-temps en limitait l'activité délétère. C'est pourquoi la création se développe en deux temps : création spirituelle (*mênôk*) et création matérielle (*gêtê*) rendue nécessaire par le mauvais choix et l'obstination du Mauvais Esprit, dit aussi *Akoman*, Esprit négatif, l'espace-temps devenant alors un gigantesque champ de bataille d'où les éléments purs doivent sous l'inspiration de l'Esprit Saint vaincre et ramener les éléments déchus à la Lumière primordiale, transfigurés par une définitive prise de conscience sur la nature du bien et du mal. Le monde physique n'est donc qu'une copie imparfaite de la création spirituelle où les éléments bons et mauvais se trouvent mélangés à l'extrême : « Ormazd crée d'abord l'univers spirituel, puis il fait l'univers matériel et mêle le spirituel au matériel. »

Ayant perdu sa Gloire céleste (Xvarnah), Ahriman « oublie » Ahura Mazdâ/Ormazd et n'affronte que les forces de Spenta Mainyu, l'Esprit Saint, qui, demeuré intégralement pur, se voit tenu de poursuivre une création mélangée par l'hypothèque ahrimanienne. Mais, tandis que Zoroastre voyait l'univers comme création *mélangée* du bien et du mal, le dualisme zervanite, né en Babylonie, accentua l'opposition du monde divin et du monde matériel désormais uniquement créé par le mauvais démiurge, d'où l'identification de la matière au mal et de la chair au péché, dichotomie qu'on retrouvera dans la Gnose marquée de zervanisme et dans le judéo-christianisme marqué de dualisme essénien.

⁎
⁎ ⁎

Une grave confusion due au syncrétisme opéré par les mages entre le zoroastrisme et le zervanisme, a reporté sur Zoroastre la paternité du dualisme.

L'identification de Zoroastre et du dualisme s'est réalisée au moment où les mages se sont approprié le Sage comme prophète de leur caste, soit au VIe siècle avant J.-C., *au plus tard* puisque dès —480, l'archimage Ostanès qui accompagne Xerxès à Athènes, passe déjà pour le plus célèbre de ses disciples (Pline, Hermodore). Dans le zervanisme, Ormazd *lui-même* (et non l'Esprit Saint) est *directement opposé* à Ahriman. Ormazd et Ahriman se voient engendrés par le dieu *Zervân*, le Temps divinisé et *illimité* (akarana), dieu d'origine chaldéenne, ignoré de Zoroastre mais important dans la théologie des mages (Eudème de Rhodes). Dualisme radical qui va désormais marquer abusivement le zoroastrisme légalitaire des mages, tandis que les vrais zoroastriens resteront essentiellement monothéistes jusqu'à nos jours.

Ahura Mazdâ/Ormazd se révèle l'unique Maître du monde puisque c'est lui qui a créé l'espace-temps pour que l'Esprit Mauvais s'y emprisonne et s'y épuise jusqu'à la fin des temps. On ne saurait infirmer la puissance d'Ormazd sous prétexte qu'Ahriman règne temporairement sur les ténèbres, car Ormazd demeure omnipotent dans l'éternité et dans sa transcendance, comme il se révèle toujours tout puissant aux plans élevés de la prière. A l'issue de cette lutte titanesque, le triomphe définitif d'Ormazd sera assuré à tous les niveaux de la création. Après le mélange des puissances lumineuses et ténébreuses, il y aura à la victoire finale et comme avant la création, séparation radicale de la Lumière et des ténèbres. Le pseudo-dualisme zoroastrien, nuancé au deuxième acte de la création et temporaire, aboutit finalement à la formulation d'un monothéisme cohérent : « Tu as fait divinement paraître les deux mondes et tu es toujours le souverain universel » (Y. 31.7). Le dualisme est généralement accusé de porter ombrage à la toute-puissance divine en lui opposant un adversaire, même s'il s'en trouve d'autant déchargé de la ténébreuse responsabilité du mal. Si, dans les religions bibliques, le monothéisme entend demeurer « tout puissant » à tous les étages et en toutes les phases de la création, il laisse l'homme interdit (prière de Job) devant la tragique contradiction d'un Dieu bon et omnipotent qui laisse tant de cruautés et de malfaçons peupler son univers. La théologie zoroastrienne ne s'avère donc dualiste qu'en apparence. Ormazd cède au dualisme temporaire de la création matérielle la part d'imperfection due au libre-arbitre ombrageux d'Ahriman, parce que le Seigneur Sagesse reste avant tout soucieux de conserver une pureté éternellement immaculée.

En pratique, Zoroastre traite Mazdâ comme l'unique créateur et dieu suprême, concluait déjà Moulton (1913), suivi sur ce point par G. Widengren et G. Dumézil. Mais, tandis que les monothéismes habituels mettent l'accent sur la *puissance divine* à l'œuvre dans la création physique, celle-ci passe au second plan dans les Gâthâs (Y. 44). Imagées par la voûte céleste, la création répond dans l'Avesta à la métaphore du « manteau d'Ahura Mazdâ » et n'intervient qu'*après* la création spirituelle (Yt. 13.2). Contrairement aux théologies anthropomorphiques qui firent de la force la qualité la plus admirable de Dieu, pour Zoroastre tout préoccupé d'éthique, l'acte le plus significatif du divin fut bien d'être l'auguste créateur de la **Bonne Pensée** (Vohu Manah) et ce, antérieurement à l'identification platonicienne du Souverain Bien et de la divinité : « J'ai su par la pensée, ô Mazdâ, que c'est toi le premier et le dernier. Toi le père de la Bonne Pensée. Toi le vrai instructeur de l'Ordre et de la droiture. **Toi le** maître des actions de la vie » (Y. 31.8). Cette magnifique définition du divin sera remarquée même par les apologistes chrétiens et Eusèbe de Césarée exaltera la description de Dieu faite par Zoroastre comme la plus belle donnée par les Anciens (*Préparation évangélique*).

Dans ses hymnes, Zoroastre désigne et interroge individuellement chacun des « Saints Immortels », *Mazdâ*, la sagesse de Dieu étant le premier de sa nature septuple ; *Vohu Manah, Asha, Khshatra, Armaiti, Haurvatât, Ameratât*, lesquels ne reçurent le nom générique d'*Amesha Spenta* (*Saints Immortels*) que postérieurement. Cette pluralité d'expressions divines n'entache pas le monothéisme zoroastrien. Les Ameshas Spentas ont en effet « tous les sept même pensée, tous les sept même parole, tous les sept même action » (Yt. 19.16).

Ahura Mazdâ n'abandonne pas la création aux deux Esprits et les Amesha Spentas établissent une correspondance permanente entre Ciel et terre. Les éléments de l'univers dépendent étroitement de leurs archétypes célestes : *Vohu Manah* (Bonne Pensée), sublimation du dieu indo-iranien Mithra, prend en charge le bœuf et toute la faune. Il précède les autres Immortels qui découlent de lui, Bonne Pensée étant la première manifestation du Seigneur (Y. 28.3 ; 44.4 ; Visp. K. 11). *Asha* (pehl. *Arta*), l'Ordre universel, pendant iranien de *Rta* et de Varuna, mais aussi proche du *Maat* égyptien et du *Kosmos* grec, veille sur le feu et sur l'ordre cosmique et moral de l'univers, comme il résume le Bien suprême. Vohu Manah et Asha sont les Immortels les plus invoqués des Gâthâs. Ashavahishta s'invoque souvent à côté de Spenta Mainyu, le Saint Esprit d'Ahura Mazdâ, comme son « Esprit souverain », *Vahishta Mana Khshatra*, le Royaume divin, s'est substitué à la fonction guerrière d'Indra et correspond aux métaux, symbole de puissance, « force guerrière confisquée pour la bataille mystique » (G. Dumézil).

La racine du mot se retrouve dans *Kshatriya*, le combattant védique, et dans *Khshathrâpavan*, le *satrape* puissant du système achéménide. Khshatra, le « royaume à venir » impose aussi la charité, *ashô-dâd*, le « don au juste ». Le Royaume sera parfois confondu avec le *Garôdmân*, le Paradis ou « maison du chant », le retour au Royaume se réalisant à la Rénovation finale du monde par une prise de conscience plus parfaite de sa splendeur. *Spenta Armaiti*, la sainte dévotion, née de Sarasvati, Immortel féminin auquel le mythe de l'androgynie se rapporte et qui invoque la modération et la piété, prenant en charge la fécondité de la Terre. *Haurvatât*, la Santé, née du premier jumeau Nâsatya, règne sur les eaux, et son second, *Ameratât*, Immortalité, règne sur la flore.

Ces relations ésotériques entre le monde spirituel et l'univers matériel, sont issues d'antiques fonctions théologiques indo-iraniennes qui se transposèrent chez Zoroastre au niveau de relations mystiques entre le croyant et les Entités ormazdiennes. Ainsi, les invocations gâthiques ne s'adressent pas à de purs fantasmes, mais à des manifestations divines qui permettent de mieux connaître la nature de Dieu et auxquelles le Prophète parle comme à des amis intimes dont il attend l'aide comme il veut incarner ici-bas leurs vertus théologales. Aussi intimement unis que les sept couleurs de l'arc-en-ciel, ces êtres sacrés identifiés plus tard comme les « archanges » du zoroastrisme avant ceux de la tradition biblique, sont uniquement les attributs personnifiés de Mazdâ et ses principaux modes d'activité parmi les hommes et dans la nature.

Dans les Gâthâs, le thème de la défense des bovins, précieux pour le labour des nouvelles terres, revient comme une constante de la prédication zoroastrienne, véritable « 1789 de l'espèce bovine » a pu écrire James **Darmesteter.** La sacralisation indo-iranienne du bovin se voit contrainte de céder la part d'inconscient de ses cultes propitiatoires à la prise de conscience d'un respect de la vie qui dépasse de beaucoup le seul intérêt économique. C'est à une véritable révolution écologique, animale et agricole, que Zoroastre convie ses fidèles. Celui qui opprime le laboureur et le bon pasteur est vraiment le suppôt d'Ahriman. Au bon laboureur sont promises les plus belles récompenses spirituelles et matérielles que symbolise la vache *Azi* (Y. 29.5), tandis que les karapans qui pillent et sacrifient le bétail sont anathémisés par Zoroastre. Mais la violence du verbe employé dans sa condamnation des sacrifices d'animaux (Y. 32.12/14 ; 44.20 ; 48.10) suffit à prouver qu'il a voulu porter le fer rouge au cœur même du rituel aryen le plus vénéré : le sacrifice sanglant qui relève d'un ordre opposé à l'éthique. L'offrande d'un bétail dont les souffrances et le meurtre sont infantilement offerts à seule fin égoïste d'expiation ou de propitiation, ne saurait plaire à la bonté et à la sagesse infinies du Dieu de Zoroastre, épuré de toute limite humaine.

Iconoclaste, il renverse toutes les idoles anthropomorphes et zoomorphes et les remplace par une éthique universelle où les rites antérieurs sont stigmatisés comme autant d'erreurs des *drujevants,* les suppôts de la *Druj,* la Tromperie. L'unique culte agréable à Mazdâ consiste désormais à sacrifier ses mauvaises pensées, paroles et actions sur l'autel de sa conscience. Le Prophète se fait le défenseur acharné du bœuf, animal bienfaisant entre tous et prototype de la vie animale qui implore la protection de l'homme. Le crime sur le bœuf est doublement monstrueux : crime contre l'animal exemplaire de toute la faune dont le Taureau primordial *Gaushaêvodâta* fut l'archétype mythique, et crime écologique puisqu'en tuant le moteur du labour et la source de l'engrais, on retarde d'autant l'avènement pacifique de l'agriculture : « qui sème le blé sème la justice » dira l'Avesta. Parallèlement au mythe de l'Homme cosmique, *Gayomart*, l'âme du Taureau primordial, *Gôshûrûn*, tient une place capitale dans l'économie spirituelle du monde. Il fut le premier être vivant créé par Ahura Mazdâ. Parfois qualifié d'ange parmi les *yazatas* (litt. « adorable »), ce premier bovin occupe un rang insigne dans la création idéale qui précéda l'assaut d'Ahriman qui le mit à mort. Sa fonction cosmique est de renouveler la vie dans la création. Il symbolise la source de toute vie et engendra les espèces animales et les plantes. Gôshûrûn reste l'âme du bon génie qui veille sur la faune tandis que Vohu Manah, la Bonne Pensée préside à la vie animale.

Dans le contexte bucolique où vécut et s'est exprimé Zoroastre, le bovidé résumait l'ensemble du règne animal, domestique mais aussi sauvage. Bien que le premier zoroastrisme respectât davantage certains animaux (bœuf, chien) que d'autres, il n'avait pas opéré de division arbitraire entre bêtes utiles et nuisibles comme les mages le feront à l'époque des Sassanides. Signe de cette évolution, le terme de *khrafstra* (brute) utilisé par le Sage pour désigner les hommes malfaisants (Y. 28.5), sera attribué aux animaux nuisibles dans l'Avesta revu et corrigé par les mages, alors que les anciens textes louaient autant les « âmes des animaux sauvages que celles des animaux domestiques » (Y. 13 ; Y. 39.2).

Un trait précis de la réforme zoroastrienne montre à quel point son auteur a radicalement bouleversé les croyances traditionnelles au profit de valeurs nouvelles. Dans sa lutte pour l'abolition des sacrifices et pour la protection des animaux (Y. 29.2 ; 34.14 ; 48.7 ; 51.14), Zoroastre se montre particulièrement indigné contre *Yima*, roi de l'âge d'or des Aryas et descendant de

Gayomart, le premier homme de la mythologie indo-iranienne. Pourtant, Yima, fils de Vivahvant, fut dans l'histoire légendaire de l'ancien Iran le premier roi pacifique de l'Aryana Vaêja, le Pays des Aryas. Son parallèle indien fut Rama ou *Yama*, fils de Vivasvant, honoré comme roi associé à Varuna, qui, selon certains textes pehlevis, aurait institué le premier le *kusti*, le cordon sacré porté par le fidèle zoroastrien, dont on trouve le parallèle en Inde brahmanique avec *l'upanayana*[1]. Selon la tradition mazdéenne, Yima reçut l'ordre d'Ahura Mazdâ de construire un « *var* », vaste abri souterrain destiné à accueillir les spécimens parfaits des hommes, des animaux et des plantes, afin d'échapper à l'hiver redoutable déchaîné par Ahriman. Mais, alors que la tradition continuera de voir en Yima un héros, Zoroastre ne retint qu'un trait qui le déshonore complètement à ses yeux : son crime contre le bœuf qui reste perpétué par les hommes depuis lors. Yima perdit comme Ahriman sa protection divine, symbolisée par son auréole de gloire divine, son Xvarnah, pour avoir commis un « mensonge contre la vérité » en faisant du sacrifice du bœuf un acte salvateur et de la consommation de sa chair, un bienfait qui écarte la mort (Y. 32. 8, 14). D'un bon pasteur il devint un horrible meurtrier. Déjà le père de Yima, Vivahvant fut le premier homme à extraire le haoma, le breuvage extatique lié au crime du bœuf (Y. 11. 4, 5) et qualifié d'ordure par le Sage (Y. 48.10) parce que son ambroisie égare les hommes et les trompe sur l'immortalité. Le sacrifice du bovin et l'usage du haoma constituent les deux piliers de l'édifice rituel aryen auquel s'est attaqué Zoroastre.

---

1. M.N. Dhalla, *Zoroastrian Civilization*, New York 1922, pp. 14, 15, 174, 365.

※
※※

Le bétail a été créé pour permettre au laboureur de fertiliser la terre nourricière. En condamnant les sacrifices, ne réprouvait-il pas le crime de carnivorisme qu'il dénonçait chez Yima ? Cela rejoint à la fois la tradition grecque probablement marquée de pythagorisme (ce qui n'exclut pas pour autant son authenticité) sur le végétarisme de Zoroastre (Schol. Platon, Pline), et l'interdiction à l'époque sassanide d'immoler le bétail et de consommer de la viande de bœuf (gâv) et de mouton (gôspand). Si le non-carnivorisme ne fut pas observé en Iran ancien comme il le fut en Inde, peut-être est-ce dû davantage à des raisons climatiques que religieuses. Pourtant, Hérodote (L. 71) et Xénophon (*Cyropédie* I.2) témoignent que la nourriture courante des Perses ne se composait à leur époque que de pain, de cresson et d'eau. Porphyre confirme que chez les mages, la consommation carnée est réglementée : « la classe la plus élevée et la plus sage ne mange ni ne tue aucun être vivant et persévère dans la vieille abstinence de la chair » (*De Abstinentia* IV.16). Sotion étend ce végétarisme à tous les mages (L XXIII) dont il souligne l'austérité : « Ils s'habillent de blanc, dorment sur la paille et se nourrissent de légumes, de fromage et de pain noir. » Pour Clément d'Alexandrie, les mages s'abstenaient de vin, de viande et de relations sexuelles aux époques de leurs méditations. Or, les mages avaient depuis des siècles adopté d'importants éléments de doctrine zoroastrienne, même quand ses aspects éthiques contrariaient leurs cultes, mithraïque et zervanite.

Dans l'idéal, la propagation de l'agriculture, bénie dans l'Avesta, devait entraîner une diminution du carnivorisme. Le Dênkart et le Bundahishn prédisent qu'à la fin des temps la nourriture des hommes changera dans l'ordre inverse de celui des premiers temps : les hommes deviendront végétariens pour finir par ne se nourrir que d'eau et de nourriture spirituelle (Dk. VII. 10,11 ; Bdh. XXX). Enfin, les apocalypses zoroastriennes écrites en grec qui circulèrent dans tout le Moyen-Orient aux premiers siècles de notre ère voient les hommes renoncer à la chair des animaux pour revenir au végétarisme primitif[1]. La mort, humaine ou animale, appartient à Ahriman. C'est ahrimanien de tuer l'animal et on ne peut y consentir que devant une impérieuse obligation. Dès l'origine, Mazdâ plaçait l'homme comme protecteur du bovin, prototype de la nature animale tout entière. Zoroastre rappelle aux hommes cette alliance originelle avec l'animal. Si le Prophète a repris la vieille croyance indo-iranienne en l'âme animale, il s'est aussi mis à l'écoute de ses souffrances (Y. 29) et a édicté ce qui demeure encore sous une forme archaïque la première éthique formulée du respect de la vie.

Le milieu de Zoroastre n'a rien de mythique. Il est positivement rationnel, d'aimable simplicité et de « bon sens campagnard » (J. Murphy). Une place éminente, sans commune mesure avec l'unique aspect de mutation alimentaire, revient à l'agriculture dans l'Avesta comme élément essentiel du programme sacré. Avant Zoroastre, Yima aurait été le premier à enseigner à son peuple l'agriculture par l'irrigation des terres arides, mais son crime sur le bœuf l'écarte et reporte à Zoroastre le mérite d'avoir été le premier à tirer des conclusions éthiques de la métamorphose écologique. Il est probable que le meurtre carnivore fut dû à l'hiver redoutable qui obligea Yima à se réfugier dans son *var* avec les espèces préservées. Mais ici rien ne rappelle les traditions babylonienne et biblique d'un déluge sumérien. La mémoire de cet

---

1. *Apocalypse d'Hystape*, Lactance, *Inst.*

hiver abominable a profondément marqué la mythologie iranienne où le froid appartient à Ahriman comme il habite l'enfer. Bénéfique aux régions froides, le feu, élément précieux du foyer domestique, s'était imposé comme projection terrestre du dieu solaire. L'agriculture qui doit amener l'humanité au non-carnivorisme est une vertu qui répond à Asha, l'Ordre juste et l'Avesta voit en elle une victoire sur l'empire d'Ahriman : « Quel est l'homme qui réjouit la terre de la joie la plus grande ? Ahura Mazdâ répondit : c'est celui qui sème le plus de blé, d'herbes et d'arbres fruitiers, ô Spitama Zarathoustra ; qui amène de l'eau dans une terre sans eau et retire l'eau d'où il y en a trop... » Plus particulièrement noble était l'orge que l'Avesta appelle « blé » : « Comment nourrit-on la religion de Mazdâ ? En semant le blé avec ardeur. Qui sème le blé sème le bien... Quand fut créé le blé, les daêvas sautèrent ; quand il grandit, les daêvas perdirent cœur, quand l'épi vint, les daêvas s'enfuirent » (Vd. F. III, 23/32). Zoroastre loua si bien le culte de la Nature qu'un ancien texte fit de lui cet éloge écologique : « A sa naissance et pendant sa croissance, l'eau et les plantes se sont réjouies ; à sa naissance et pendant sa croissance, l'eau et les plantes ont crû ! » (Yt. 13. 93 s.).

Le problème du bien et du mal ne se trouve exposé de manière simpliste qu'à première vue. Dans l'esprit avestique, le bien est ce qui augmente la vie, le mal ce qui lui fait obstacle et qui accroît l'entropie du monde. Le bien, vertu suprême de Mazdâ, correspond sur le plan physique à la lumière des étoiles et du soleil qui permet la vie et fait croître. Les ténèbres s'identifient avec le mal, non seulement en tant qu'absence mais en tant que *refus* de lumière. Cet acte négateur entraîne la glaciation spirituelle. Le bien se développe par la force centrifuge des pensées, paroles et actions bonnes, *Humata, Hukhta, Huvarshta*, c'est-à-dire des pensées qui se veulent élevées et généreuses. Le mal se manifeste en tout égocentrisme et volonté de division des mauvaises pensées, mauvaises paroles, mauvaises actions, *Dushmata, Duzukukta, Duzvarshta*.

Les forces unifiantes ou séparatrices, transcrites en termes de bien et de mal, se trouvent mélangées à l'extrême dans une création qui a pour but de sauver le bon grain de l'ivraie et de changer le mauvais en bon grain. Ahriman représente tout ce qu'on qualifie de mauvais, de fini par rapport à l'infini, d'ignorance, de torpeur, d'imperfection et de tromperie, défauts dus à l'inconscience et provoqués par la nature limitée d'une Entité qui oppose une colossale inertie à la création divine par la maladie, la souffrance, la cruauté, le mensonge et la mort. Le génie du mal est si fortement ancré dans le cœur de l'homme que tout médiocre sait se révéler génial dans l'invention du mal. Les êtres ahrimaniens ne sont pas seulement ceux qui choisissent mal mais surtout « les méchants qui ne reviennent pas de l'erreur et cherchent à détruire la vérité » (Y. 44.14). Ceux qui gaspillent la vie animale et méprisent la vie humaine. Et Zoroastre va juger l'esprit de toute la société au-delà des structures sociales qu'en vrai démocrate, mais non en démagogue, il trouve artificielles. Pauvre ou riche, le fidèle doit agir pour le bien de l'homme de bien et pour le mal du méchant. Qu'Ahura donne aux bons les biens du monde car les méchants en font mauvais usage (Y. 47.5). Ce qui l'intéresse n'est pas la place de l'homme dans la société, mais ce qu'il *est* et ce qu'il *fait*. Le puissant kavi corrompu par l'argent, le juge fourbe, ceux qui préfèrent le pouvoir au droit et qui ne donnent pas le juste salaire : ceux-là sont des « loups bipèdes » qu'il faut combattre comme autant d'obstacles à la transfiguration du monde.

Zoroastre énonce que son fidèle est celui qui fait du bien au juste, au pauvre, au travailleur, qui respecte la vie animale et incarne la noblesse de ses pensées dans des actes nobles. L'idée de mélange, avec le dualisme, ne s'articule pas selon l'image d'une humanité divisée arbitrairement en bons et en méchants comme les pièces d'un échiquier cosmique. En tout homme cohabitent les influences contraires et c'est par l'intelligence d'un *choix* heureux que nos pensées, paroles et actions se révèlent lumineuses. Entraîné dans la voie démoniaque, l'homme ne peut s'en sortir que par une réaction de conscience aux forces aveugles et égoïstes du mal. Toute bonne action cause un échec à l'empire d'Ahriman comme toute mauvaise en reconduit d'autant le mauvais choix original.

La notion de choix dont Zoroastre fit une clé de son système, découle d'une pénétrante vision. De l'heureux choix de chaque conscience grandit imperceptiblement le monde. Quand un homme s'efforce d'écouter sa Bonne Pensée, il crée en lui la vie spirituelle (gaya) et attire sur son âme les grâces des lumières d'Ahura Mazdâ. Quand il n'écoute que sa mauvaise pensée, il entre dans un état ombrageux qui engendre la mort spirituelle (ajyaiti). Le mélange inextricable du bien et du mal confond l'esprit humain et ne cessera qu'au jour de la Rénovation finale quand une majorité éclatante d'êtres conscients aura écarté les séquelles du mal. Alors le sauveur eschatologique, *Saoshyant* (pehl. *Sôshân*) en séparera pour toujours les âmes de lumière transfigurées par cette décantation spirituelle. L'eschatologie zoroastrienne n'entrevoit le règne de la justice qu'en dehors du mélange de la création actuelle, là où le Soleil de la Sagesse resplendit sans nuages. Il est donc vain de guetter en ce monde enténébré les signes infaillibles d'une justice supérieure. Mais l'action humaine doit instaurer ici-bas une copie de plus en plus parfaite du Royaume de Dieu.

Sept siècles avant J.-C., Zoroastre mobilisait les hommes pour en faire des adultes spirituels et, avant saint Paul, des « co-ouvriers » de Dieu. Les invitant à incarner sur terre un peu de lumière divine par leurs bonnes pensées, paroles et actions, le Prophète s'écriait : « Et nous, puissions-nous être de ceux qui travaillent au renouveau du monde ! » (Y. 30.9). L'âme humaine est le canal par lequel passe le rayon divin pour éclairer le monde et Ahura Mazdâ s'incarne dans l'humanité par des bonnes pensées suivies d'actes dont la qualité en vérifie la sincérité. La meilleure façon d'amener sur terre le règne du Seigneur, c'est de pratiquer la charité qui tient ici la place unique de la plus ancienne et de la plus sacrée des prières zoroastriennes, *Yathâ ahû vairyô* : « Le désir du Seigneur est la règle du bien, les biens de Vohu Manah aux œuvres faites en ce monde pour Mazdâ ! Il fait régner Ahura, celui qui secourt le pauvre. » Pour Zoroastre, les hommes sont des êtres doués de libre-arbitre qui peuvent librement choisir entre la lumière et le mensonge, et Ahriman est le mensonge vivant, le plus redouté des péchés de l'ancien Iran. Ainsi, la quête du vrai bonheur dépend de la seule liberté réelle d'une vie transfigurée par la foi et la volonté qui libèrent l'homme du mensonge cosmique. Selon la cosmologie avestéenne l'origine même de la maladie et de la mort découle de l'intrusion dans la création d'Ormazd de 99 999 maladies lancées par Ahriman, le « Plein de mort ». Avant saint Paul, dont la ressemblance de certains de ses concepts des Epitres avec le zoroastrisme est frappante, Zoroastre appelait les hommes à se dissocier du mensonge qui, pour le Sage, était le premier et la source de tous les péchés, afin que l'homme devienne le « puissant vainqueur de la mort ». Le rôle de l'Esprit

Saint et de l'humanité consiste donc à guérir le monde de la maladie ahrimanienne.

Mais le monde ne peut changer par les seules bonnes intentions et moins encore par les sacrifices rituels. La pratique religieuse renferme même le terrible danger de l'illusion d'une bonne conscience assise dans le confort moral. Malgré certaines similitudes avec l'esprit de la Réforme, en particulier à l'encontre des indulgences et de la simonie, Zoroastre ne sépare pas la valeur de la foi de son prolongement nécessaire dans les actes, contrairement au principe de Luther de la seule justification par la foi (*sola gratia, sola fide*) et non par les actions (la grâce du Christ sans contrepartie morale), attitude laissant la porte ouverte à toutes les formes d'hypocrisie religieuse. Mais plus encore, le libre-arbitre qui valorise la conduite de l'homme s'oppose formellement à la doctrine de Calvin sur la prédestination des justes et des pécheurs.

La foi qui n'agit pas, est-ce une foi sincère ? Il importe de *professer* la religion *dans ses actes*. Dieu règne *dans* et *par* le juste : « l'hypocrisie qui ne fait point d'œuvres, ô Mazdâ, ne reçoit rien de toi, si bien qu'il ait étudié la loi » (Y. 31.10). La réforme réelle des cœurs attend autre chose que la prétention pharisaïque du savoir intellectuel ou du refuge gnostique. La connaissance et la disposition d'âme ne suffisent pas sans l'action pieuse, sociale, humanitaire. Ici s'articule l'exigeante trilogie zorastrienne où les pensées et les paroles pures se vérifient dans la valeur axiologique des actes : bonnes pensées, *humata*, bonnes paroles, *hukhta*, bonnes actions, *huvarshta*. La charité joue un rôle capital sous le contrôle du *Ratu* (le futur dastûr), le maître spirituel et directeur de conscience. Elle s'étend envers les animaux et culmine dans le principe que le sort de l'individu est lié à celui de la communauté humaine, elle-même objet de la compassion de *Saoshyant*, le Sauveur.

**

Le philosophe espagnol Eugénio d'Ors a remarqué que l'éthique zoroastrienne rappelait celle d'un ordre de chevalerie. Et ce n'est certes pas par hasard que des thèmes ésotériques typiquement zoroastriens se sont retrouvés dans l'initiation chevaleresque médiévale et dans les romans de la Table Ronde[1]. De fait, Zoroastre a récupéré la virilité des cavaliers aryas en la transposant au plan d'un mysticisme actif engagé dans la plus grande de toutes les guerres saintes. De là on reprocha parfois à cette doctrine présentant l'homme juste comme un soldat d'Ormazd, d'être une religion expéditive s'imposant par les armes. L'argument vient d'un passage des Gâthâs qui dit de repousser le méchant et sa loi par les armes, s'il le faut (Y. 31.18). Certes, il importe de neutraliser le pilleur qui apporte « au pays le malheur et la mort ». Dans d'autres circonstances, Jésus n'a-t-il pas chassé les marchands du Temple avec un fouet ? Il s'agit davantage « d'armes de lumière » comme la massue (*gurj*) qui frappe le dragon dans la mythologie indo-iranienne. De nos jours encore, les murs intérieurs d'un temple du Feu royal, l'Atash Behram, s'ornent de panoplies de sabres et de masses d'armes qui symbolisent les armes spirituelles du guerrier d'Ahura Mazdâ. Dans la transposition de la fonction guerrière au plan spirituel zoroastrien, le châtiment promis par le Prophète est plus spirituel que physique : « longue demeure dans les ténèbres... Voilà le monde, ô méchants, où vous conduisent vos œuvres et votre religion » (Y. 31.20). Ici aussi il y aura des pleurs et des grincements de dents. Ailleurs, Zoroastre dit : « Méchant est celui

---

1. Sur l'influence orientale sur les origines éthologique et philosophique de la chevalerie occidentale, voir pp. 77, 100, 126, 152, 315.

qui est très bon pour le méchant » (Y. 46.6). On ne doit pas tendre la joue, et trop de tolérance envers les brutes ne fait qu'encourager leur agressivité tout en rendant le juste complice de son mal. Pourtant, dans la lutte contre le mal on ne doit jamais recourir aux moyens perfides mais « se comporter avec droiture avec le juste et avec le méchant » (46.5). Le pacifisme profond de l'Avesta se voit d'ailleurs confirmé par la prière *Astuyê*, véritable appel à la paix et à la non violence : « Je loue la bonne religion de Mazdâ, qui repousse les querelles et fait déposer les armes » (Y. 13 & 14).

Faire de Zoroastre le porte-glaive de la guerre sainte, confond le combat moral et spirituel des Gâthâs avec les guerres de l'expansionnisme impérial des Sassanides. C'est voir le zoroastrisme à travers les lunettes de l'orgueilleuse théocratie des mages de ces empereurs. Pour Zoroastre, en effet, la fin ne justifiait jamais les moyens. Vision d'autant plus erronée qu'outre la résistance à l'invasion islamique au VIIe siècle, le zoroastrisme n'a pratiqué ni en Perse ni en Inde aucune des guerres saintes que connurent souvent les religions bibliques.

La somme de nos actes constitue en quelque sorte notre assurance sur l'au-delà, notre *karma*, sans que l'idée de réincarnation n'intervienne, comme Ormazd ne remplit jamais le rôle de juge d'autres religions. Notre salut spirituel ne dépend pas d'un arbitraire divin mais d'un ordre supérieur aussi peu capricieux que celui qui règle le cosmos. La bonté de Dieu ne saurait s'abstenir d'irradier et la damnation éternelle n'existe pas. Le repentir sincère et des actions désormais bonnes opèrent parfaite expiation : « Mazdâ nettoie le fidèle aussi vite qu'un vent puissant nettoie la plaine » (Vd. III.42). Nos fautes et nos péchés ne sauraient offenser Dieu comme un monarque susceptible. Les nuages accumulés en notre âme ne servent que les ténèbres et retardent d'autant notre transfiguration. « L'homme dépend pour les biens de ce monde des actes du destin, mais de ses propres actions pour les biens spirituels du monde futur » (Dhalla).

Une des plus heureuses créations de Zoroastre se trouve dans la *daêna*, le double céleste avec qui chaque âme pieuse entretient des rapports intimes. La conduite « religieuse » ne se réfère pas ici à des pratiques cultuelles mais à la relation que l'âme nourrit avec sa conscience la plus élevée, selon la noblesse « des paroles qu'il dit et des actions qu'il fait ». Cette religion intérieure s'appelle *daênam* (Y. 46.11 ; Yt. 22).

De nature divine, daêna demeure au-delà de toute médiation ecclésiale le miroir de Mazdâ qui voit en secret les actions de l'homme (Y. 31.13). De la qualité des actes et de la sincérité du cœur va dépendre le devenir *post-mortem* de chacun. Daêna réfléchit au mort l'exacte physionomie spirituelle qu'il a édifiée durant sa vie et c'est elle qui l'attend au *Pont Chinvat*, à l'aube de la troisième nuit du décès, le « pont du Trieur » large pour le juste et étroit comme une lame pour le méchant. Visualisée sous forme d'une belle jeune fille, daêna dit au juste : « J'étais belle et tu m'as faite plus belle encore » (Yt. 22). De cette confrontation sotériologique l'âme se dirige vers un lieu qualitatif proportionné à sa nature.

Après la mort, les Justes (Ashavants) vont vers la Garo-Demana, la Maison des Chants extatiques, tandis que les serviteurs d'Ahriman vont vers la Drujo-Demana, la Maison du Mensonge auquel ils ont habitué leurs âmes.

Le Garodman (Paradis) se divise en quatre niveaux : celui des bonnes pensées, celui des bonnes paroles, celui des bonnes actions et le plus élevé de la Lumière infinie (Yt. 22.15). Entre lui et l'enfer se trouve un séjour médian, *Hamêstagân* (Purgatoire) destiné aux âmes égales en bonnes et mauvaises actions. Daêna

désigne aussi génériquement la « bonne religion mazdéenne », *daêna mazdayasni*, par opposition aux mauvaises religions, *aka daêna*.
Sraosha (pehl. *Srôsh*), ange psychopompe, accompagne l'âme du mort durant les trois jours qui précèdent son passage au « pont Chinvat ». Invoqué dans les prières parsies (Srôsh Yt), il était un ancien assistant de Mithra et devint dans le zoroastrisme le messager de Mazdâ qui garantit les traités entre l'Esprit du bien et celui du mal, comme il veille sur la création par sa perpétuelle veillée d'armes (Y. 11 ; 43.12).

Dans son combat existentiel, l'homme n'est pas seul. Au-delà de daêna, élément divin mais de réflexion passive de la conscience, et des trois éléments constitutifs de l'âme, *ahu*, élément vital, *baodha*, la perception et *urvan*, l'âme spirituelle, l'homme possède un archétype céleste qui appelle l'âme à l'immortalité, la *fravarti* (avestique *fravashi*). L'âme (urvan) et l'intellect (baodha) cherchent à s'unir après la mort avec la fravarti qui les portera à l'immortalité. Non mentionnées dans les Gâthâs, les fravartis jouent cependant un rôle important dans la foi et dans le rituel. D'origine pré-zoroastrienne, elles désignaient jadis, les esprits des ancêtres comme génies protecteurs, toujours invoqués comme « saintes fravartis des justes » (Y. 13). Très vite, elles devinrent le Moi supérieur de l'âme. Issues de la création idéale, les fravartis sont aussi les archétypes des âmes nées et à naître. Tandis que le terme yazata (adorable) désigne tous les anges, y compris les Amesha Spentas et ceux que la tradition a conservé de l'ancien mazdéisme, tels que Mithra et Rashnu, la fravarti, « protection », indique l'*ange* gardien qui protège l'âme pieuse. Dans le Bundahishn, les fravartis remplissent le rôle de chevaliers armés qui protègent le Ciel, anticipation des légions angéliques judéo-chrétiennes. Les fravartis choisissent de descendre sur terre pour y assister les justes et aider à la transfiguration du monde. La première fravarti ainsi « parachutée » fut celle de Gayomart, le premier homme et la dernière sera celle de Saoshyant, le Rédempteur eschatologique (Y. 48.12) qui présidera à la résurrection. Mais sont aussi considérés comme saoshyants mineurs les justes qui contribuent à la rénovation du monde par la sainteté de leurs actes (Y. 30.9 ; 48.12 ; 70.4).

*
**

Dépassant tous les mythes de renouvellement du monde tels que le rituel annuel du *Nawroz* (Iran : *Norouz*), Zoroastre prépare la résurrection, corollaire de la Rénovation qu'il annonce (Y. 30.9 ; 34.15), et les anciens textes donnent les modalités inédites de cette transfiguration finale qui fera « un monde nouveau, soustrait à la vieillesse et à la mort, à la décomposition et à la pourriture, éternellement vivant... Alors que les morts se relèveront, que l'immortalité viendra aux vivants et que le monde se renouvellera à souhait » (Yt 19.11.89). Soulignons qu'il s'agit essentiellement d'une résurrection *spirituelle*, la résurrection de cadavres étant incompatible avec l'ascension et le devenir spirituels de l'âme comme avec la destruction immédiate du corps par les vautours. Nous avons montré ailleurs comment le christianisme a dévié cette croyance pour une invraisemblable résurrection physique des cadavres [1].

La venue du Saoshyant à la fin des temps préside au Feu céleste qui dotera les justes d'un corps d'airain. Le Feu divin ne mordra que sur les méchants, tandis que les justes, transfigurés, auront la sensation de marcher dans un bain de lait tiède. En dehors de la

---

1. *Zarathoustra, op. cit.,* pp. 276 s., 337 s.

totalité des bonnes actions, qui participe à accomplir la rénovation du monde (Dk. 59.11 ; 67.7), la liturgie mazdéenne célèbre un rituel de récitation du sacrifice (yasna) qui affirme aider à la venue de la Rénovation par la prière (Stôt Yt, Y. 14/59). Un mythe non-zoroastrien, d'inspiration zervanite, donne à la création une durée mythique de 9 000 ans dont le dernier tiers est l'ère inaugurée par Zoroastre. Chacun de ses trois « fils » inaugure un des trois derniers milléniums et l'ultime sauveur, Saoshyant, nommé Astvat-Arta, naîtra de la semence du Prophète déposée dans le lac Kazaya (lac d'Hamoun) situé dans une montagne du Séistan (« Mont Victorialis »), attendant de féconder la vierge qui s'y baignera. Légende qui fut la source des prophéties syriaques et judaïques des apocalypses circulant au Moyen-Orient au début de l'ère chrétienne. Théodore bar Kônaï reproduisit ainsi la relation mazdéenne antique de la prophétie de *Zaradoust sur le Messie*[1] : « Zaradoust étant assis près de la source d'eau vive... ouvrit la bouche et parla ainsi à ses disciples Goustasp (Vishtaspa), Sâsan (Jamaspa), et Māhman (Maidyômâha) : « *Je m'adresse à vous, mes amis... que j'ai nourris de ma doctrine. Ecoutez que je vous révèle le mystère prodigieux concernant le grand roi qui doit venir dans le monde. En effet, à la fin des temps, au moment de la dissolution qui les termine, un enfant sera conçu et formé avec (tous) ses membres dans le sein d'une vierge, sans que l'homme l'ait approchée. Il sera pareil à un arbre à la belle ramure et chargé de fruits, se dressant sur un sol aride. Les habitants de (cette) terre s'opposeront à sa croissance et s'efforceront de le déraciner du sol, mais ils ne le pourront point. Alors ils se saisiront de lui et le tueront sur le gibet ; la terre et le ciel porteront le deuil*

---

1. Livre des Scholies, II, éd. Addai Scher, Paris 1912, p. 74 s. *cf.* Messina, *Profezia di Zoroastro,* p. 173. Traduction Paul Peeters.

de sa mort violente et toutes les familles de peuples le pleureront. Il ouvrira la descente vers les profondeurs de la terre ; et de la profondeur il montera vers le (Très) Haut. Alors, on le verra venir avec l'armée de la lumière, porté sur les blanches nuées, car il sera l'enfant conçu du Verbe générateur de toutes choses. »
Goustasp dit à Zaradoust : « *Celui de qui tu as dit tout cela, d'où vient sa puissance ? Est-il plus grand que toi, ou toi (es-tu) plus grand que lui ?* » Zaradoust lui dit : « *Il surgira de ma famille et de ma lignée. Moi c'est lui et lui c'est moi. Je suis en lui et il est en moi. Quand se manifestera le début de son avènement, de grands prodiges apparaîtront dans le ciel. On verra une étoile brillante au milieu du ciel, sa lumière l'emportera sur celle du soleil. Or, donc, mes fils, vous la semence de vie, issue du trésor de la lumière et de l'esprit, qui a été semée dans le sol du feu et de l'eau, il vous faudra être sur vos gardes et veiller à ce que je vous ai dit et en attendre l'échéance, parce que vous connaîtrez à l'avance l'avènement du grand roi que les captifs attendent pour être libérés. Or donc, mes fils, gardez le mystère que je vous ai révélé ; qu'il soit écrit en votre cœur et conservé dans le trésor de vos âmes. Et quand se lèvera l'astre dont j'ai parlé, que des courriers soient envoyés par vous, chargés de présents, pour l'adorer et lui faire offrande. Ne le négligez pas, pour qu'il ne vous fasse pas périr par le glaive, car il est le roi des rois et c'est de lui que tous, ils reçoivent la couronne. Moi et lui sommes un.* »

En bref, Zoroastre a introduit dans la théologie une réflexion nouvelle de dimension prodigieuse qui fit école dans le christianisme mais dont l'essentiel lui reste encore à accomplir, ainsi que par nombre d'autres religions : révolution religieuse qui modifie l'idée de la divinité et la nature de ses rapports avec l'homme en les transfigurant du tandem divinité autocratique-sujet à la relation d'ami suprême/ami et de

Père céleste à fils — révolution animale qui rejette l'anthropocentrisme et qui modifie totalement les rapports d'éthique de l'homme envers l'animal. Sa réforme a porté sur les points suivants : instauration d'un monothéisme absolu au-dessus de deux Esprits confrontés dans la création — eschatologie développée autour de la grande bataille cosmique — élimination de tout sacrifice et rituel propitiatoire autre que l'offrande d'une pensée sanctifiée par les seules bonnes pensées et les bonnes actions — formulation d'un respect de la vie axé sur le bovin comme prototype de la faune et de la nature.

*
**

La révolution théologique zoroastrienne tend à une totale dématérialisation de la pensée religieuse au seul profit de l'éthique supérieure de la sagesse suprême qui reste à découvrir constamment par l'alchimie spirituelle de l'homme au travers de ses prières, pensées et actions purifiées.

Entre le portrait du Grand Mage de la critique gréco-latine, liant abusivement Zoroastre aux sciences occultes et aux arts magiques alors qu'il lutta contre la magie et les superstitions des karapans et, à l'opposé, la stature positivement rationnelle du Surhomme de Nietzsche, où doit-on situer l'Inspiré d'Ahura Mazdâ ? La parole de Zoroastre s'adresse à une catégorie d'hommes capable d'engendrer des valeurs surhumaines, au-delà de toute restriction sociale. Le philosophe de la mort de Dieu ne s'y est pas trompé, mais son athéisme oublie que pour Zarathoustra, c'est de la source divine que l'homme puise sa volonté et sa possibilité d'améliorer le monde. Sur ce point, figées sur un passé prophétique, la plupart des religions stagnèrent dans la crainte de tout changement contestataire, et l'évolution du monde s'est poursuivie en dehors d'elles au grand dam de l'esprit religieux. Si Zoroastre fut un prédécesseur oriental de Platon quant aux Idées, l'emprise de l'abstrait ne lui fit jamais perdre le sens du concret et du quotidien. Pline, Dion et Porphyre lui attribuèrent l'ascétisme pythagoricien, ce qui ne signifie pas que cette ascèse ne fût pas authentique. Si Pythagore s'était initié à la sagesse hindoue, tous les auteurs anciens affirment que le sage de Crotone avait reçu l'enseignement du Sage de l'ancien Iran. Apulée pense que Pythagore fit partie des captifs d'Egypte déportés à Babylone par Cambyse en 524, où il fut instruit par « Zoroastre le grand prêtre des choses divines » (*Florida*). En fait, le maître de Pythagore à Babylone fut cet homonyme ou « second Zoroastre », *Zaratas*, dont parlera aussi Plutarque. Lucien au IIe siècle, Porphyre au IIIe, Ammien Marcellin au IVe, et Agathias au VIe, renforcèrent la confusion entre le Sage bactrien et l'astrologue chaldéen Zaratus ou Zaratas, alors que Pline et Clément d'Alexandrie distinguèrent le Perse Zoroastre du Mède Zaratas. Les Manichéens du IIIe siècle en Mésopotamie séparaient également les deux personnages. Apulée dit encore que « Pythagore, disciple de Zoroastre, fut pareillement expert en magie » (*Apologia*). Si l'éthique du Sage iranien avait contredit l'ascèse pythagoricienne, on ne voit pas pourquoi toute la tradition des écoles pythagoriciennes se serait autant passionnée pour la pensée de Zoroastre et pour celle des mages[1]. La tradition mazdéenne elle-même attribue à son Prophète une retraite mystique de dix ans au moins. Mais, en dépit d'un mysticisme ardent que les Gâthâs reflètent, Zoroastre se maria et eut des enfants. S'il ne méprisa pas les bienfaits des deux mondes (Y. 46.12), ce sont surtout les récompenses

---

1. *Cf.* Aristoxène, Nicomaque de Gérasa, Numénius, Lydus.

de l'au-delà qu'il attend et qu'il annonce aux justes (Y. 51.15).

La double démarche de Zoroastre échappe aux conceptions traditionnelles de la philosophie : recherche intellectuelle de la vérité et quête vertueuse de la sagesse. Comme Socrate, le Sage définit et vécut son éthique qui tenait moins du savoir, *sophein,* que de l'amour de la sagesse, *sophia,* incarnée en Mazdâ, lequel fait de son fidèle proprement un « ami de la sagesse », soit un *philosophe* au sens propre. Ce rapprochement inattendu n'échappa même pas à Aristote comme le vit V. Jaeger (*Dialogue sur la philosophie*) :

« Aristote unit la philosophie grecque et les systèmes religieux orientaux comme celui des Mages sous la dénomination commune de sagesse (sophia) qui désigne quelquefois chez Aristote la connaissance métaphysique des principes les plus élevés ou théologie. »

*
**

Sans en bien saisir la relation avec le monothéisme ormazdien, Eudoxe de Cnide vit fort bien que le système de Zoroastre tirait sa morale de son dualisme, dont on retrouve une exposition assez fidèle dans le *Théétète*[1]. De même qu'avant l'Académie, Zoroastre attendait plus de la contemplation des belles actions que des beaux corps, avant Kant il vit qu'un être n'est moral que s'il jouit du libre-arbitre que postule tout choix réel.

En tant que modes d'expressions divines, les Amesha Spentas sont plus que les Modèles de Platon. Si Zoroastre a transcrit ses entités comme les modèles

---

1. 176. Bien que la théorie du destin du *Timée* tienne plus du dualisme de Zervân que de celui modéré de Zoroastre.

idéaux des plus nobles aspirations de l'homme, les Saints Immortels se complètent en êtres *agissants*, aspects *vivants* de la Sagesse déifiée que le Prophète a approchés dans l'expérience mystique. En revanche, philosophe de la vie et de la nature, Zoroastre a cherché à en résoudre les contradictions angoissantes. Eloigné de la dialectique des cités, il fut un législateur différent de Solon, comme d'Hammourabi et de Moïse. Avant la République, il voit la nécessité de confier le gouvernement des hommes à des dirigeants sages capables d'édicter de bonnes lois. Si on redoute de compter l'Auteur des Gâthâs parmi les philosophes, sans doute est-ce à cause d'un mysticisme difficilement réductible aux critères péripatéticiens.

Quand les hommes ne peuvent se hisser au plan d'une réflexion géniale, ils en abaissent le statut en démocratisant l'idée. On a ainsi galvaudé le pathétisme du vrai philosophe qui, nécessairement déchiré entre Ciel et terre, se voit aujourd'hui réduit au niveau d'un simple spéculateur des problèmes socio-dialectiques. Dès qu'un philosophe cède, ne fût-ce que par la raison *de l'expérience spirituelle vécue,* une part de sa raison raisonnante au mysticisme même le plus sage et le plus prudent, la raison du nombre le rejette, voire le ridiculise, parce qu'il échappe à l'entendement livresque et limité du savoir des docteurs qui ne se mesure qu'entre esprits de même nature ; comme il nuit à l'orgueil des dieux de la cité, dont Socrate fut une victime exemplaire. Déjà éloigné du trottoir des philosophes de la cité mercantile qui négocie les arguments comme les marchandises, un philosophe inspiré qu'une tradition postérieure élève au statut divin, comme Zoroastre ou Pythagore, perd tout crédit au jugement de la philosophie scolastique. Comme Paul de Tarse le dira lumineusement, la sagesse de Dieu devient alors folie inconciliable aux yeux des hommes décidés d'en rester à la seule mesure de leur dimension commune plutôt que de risquer l'approche d'un vertige pascalien. Pourtant, avec S. Pétrément, on doit s'étonner qu'un message aussi abstrait que celui des Gâthâs n'ait convaincu les historiens que la philosophie pût exister avant la Grèce, comme Sotion et Hermippe en voyaient l'origine chez les « Barbares ».

※
※ ※

Sans prétendre au monopole d'une révélation en ce sens puisque Zoroastre apparaît à l'époque des Védas et peu avant celle de Confucius et de Pythagore, on peut penser avec J. Murphy que « *c'est là, semble-t-il, que l'on aperçoit la source première des idées de droit, d'équité, de justice, qui pénètrent dans la civilisation occidentale et s'épanchent à travers l'histoire gréco-romaine, puis chez les autres peuples d'Europe, dans les divers courants de l'éthique, des lois, de la science de la nature, de la philosophie, de la recherche de la vérité et de l'idéal moral applicable à la conduite individuelle et aux relations correctes entre les hommes vivant en société. Ainsi apparaît,* poursuit Murphy, *sous sa forme la plus ancienne, cette capacité d'une pensée abstraite et éthique qui prendra son plein épanouissement dans l'esprit grec en son âge d'or, traçant le plan ou le cadre de tant de systèmes subséquents qu'allait adopter la pensée civilisée, dans les domaines de la science, de la philosophie, de la morale, de la politique et de la spéculation religieuse* [1]... »

Comme les Judéo-Chrétiens, les Grecs forgèrent des apocryphes qu'ils attribuèrent à Zoroastre présenté comme platonicien, tandis que les Néo-platoniciens Hiéroclès et Proclus le commentèrent à travers Platon.

Longtemps avant que Nietzsche ne reconnût en

---

1. *Origines et Histoire des Religions*, Payot, Paris, 1951, p. 426.

Zarathoustra le génie d'authentiques valeurs païennes, Georges Gémiste dit Pléthon (1360-1452), conseiller byzantin du *Basileus,* se posa en restaurateur de la pensée de Platon et du Grand Sage. Soucieux d'instaurer une religion universelle dépassant l'antagonisme des dogmes, des religions bibliques et de l'Islam, ce patriarche éclectique de Constantinople se réclamait d'*Oracles Chaldaïques* attribués aux mages et à Zoroastre et d'une tradition philosophique suivie depuis Pythagore et Platon jusqu'au néo-platonisme. Proclus ne prétendait-il pas avoir lu les quatre livres de Zoroastre ? (*Sur la République de Platon*). Rénovateur des Lois, la pensée de Gémiste Pléthon, qui unissait le génie de la Grèce à celui de l'Orient, fleurit dans l'Académie platonicienne de Florence et joua un rôle capital dans l'élaboration de l'humanisme de la Renaissance.

A l'opposé du continent euro-asiatique, c'est vers le nord européen qu'une tradition ésotérique a curieusement porté la religion de Zoroastre dont, selon Fabre d'Olivet, Frighe, le législateur des Cimbres scandinaves aurait réalisé la fusion avec l'ancienne religion de Wôd et d'Odin. Si des analogies fréquentes lient le monde ancien germanique avec la culture indo-iranienne, ne serait-ce que par la médiation des Scythes et la pénétration des Mystères de Mithra en Europe centrale, rien ne permet de confirmer l'infiltration du zoroastrisme dans les diverses formes celto-germaniques qui poursuivirent d'ailleurs des sacrifices sanglants en formelle opposition avec l'éthique propre de Zoroastre.

LIVRE II

La tradition zoroastrienne

L'HERITAGE ZOROASTRIEN

Selon la tradition mazdéenne et Firdousi, dès la mort de Zoroastre, la doctrine à laquelle il voulut donner une dimension universelle se répandit au-delà même de l'Iran. Mais, face à une religion populaire solidement implantée, la diffusion du premier zoroastrisme s'apparente plus à celle d'une gnose devant composer avec les rituels en place. Le Zoroastrisme resta pendant des siècles une enclave au sein de la religion traditionnelle (Christensen). Au reste, l'exigence de sa morale en limitait l'enseignement par des maîtres sages (Y. 48.3) à des disciples capables de la recevoir et de la comprendre (53.2) ; restriction qui ne freine pas l'urgence de transformation du monde qu'imposent les Gâthâs.

Les disciples itinérants de Zoroastre (Athravans) étaient les prêtres ambulants « venant du lointain pour sanctifier le pays... portant au loin la doctrine zoroastrienne »[1]. Ils prêchaient la sagesse et l'unicité d'Ahura Mazdâ, dieu connu de tout l'Iran, dont les Achéménides dirent aussi qu'il était « le plus grand des

---

1. Y. 42.6 ; 9. 24. Avesta (J. Darmesteter, *Zend-Avesta,* 1893). T. I, p. 94 n. 7 ; Yt. 16.17 ; 24. 17.

dieux » (*maθišta bagânâm*), et prônaient les bonnes pensées, les bonnes paroles et les bonnes actions. Depuis le règne du roi mède Fravarti, le *Phraortès* d'Hérodote (VIIe siècle avant J.-C.), ce premier zoroastrisme eut des fidèles dans les hautes couches de la société. La diffusion rapide du zoroastrisme était appelée par les Gâthâs mêmes à une victoire totale sur les autres croyances. Les zoroastriens errants louaient le rôle primordial des bons seigneurs auxquels le Sage promettait les grâces d'Ahura Mazdâ s'ils suivaient son enseignement (Y. 28-7). L'obligation morale de répandre la foi zoroastrienne par l'aide de souverains sages, comme Vishtaspa, contraignait ses disciples à fréquenter les cours féodales en quête de bons rois favorables à sa diffusion [1].

Cette première expansion du zoroastrisme suscita de nouvelles réflexions chez les premiers Achéménides, sur l'élite des mages et sur l'aristocratie juive exilée en Médie depuis Sargon. Issue primitivement d'une des dix tribus mèdes, la caste des mages possédait des attributions politico-religieuses héréditaires dans l'empire mède. Mais les pratiques religieuses de la majorité des mages étaient identiques à celles jadis réprouvées par Zoroastre, contrairement à l'affirmation de Pline qui lui attribue la fondation de la secte des mages. La puissante caste de Médie cût vite étouffé définitivement une éthique qui contrarierait ses coutumes, si l'idéal zoroastrien ne s'était déjà imposé à des puissants et que le nom du Sage n'eût joui d'une renommée inéluctable. Officiellement la communauté zoroastrienne se fixa à Rhagès, à l'est d'Ecbatane, capitale de la Médie, d'où les mages entamèrent la fusion

---

1. Cette nécessité de gagner les féodaux de l'Iran ancien à la cause zoroastrienne impliquait davantage de les gagner à un ordre moral (la loi d'Ahura connue de Z.) qu'à une « foi ». *Cf.* Y. 28.7,9 ; 31.22 ; 44.9, 20 ; 46.8.14 ; 48.5,10 ; 49.11 ; 51.1 ; 53.2.

de leurs croyances avec la nouvelle foi. Ils en portèrent désormais la gloire en Babylonie, en Asie mineure et en Grèce, par l'Assyrie médisée, d'où la source des thèses de la présence du Sage en Médie, à Babylone, en Assyrie (Pline, Ammien Marcellin, Clément d'Alexandrie), voire en Syrie et en Egypte. Dès lors, une théologie *mago-zoroastrienne* mêlée d'éléments mithraïques et d'astrologie zervanite, se répandit dans tout l'Orient sous le couvert du « Grand Mage Zoroastre »...

Bien que le zoroastrisme dût constamment composer avec le magisme et avec le mazdéisme traditionnel, il laissa une empreinte si forte que, suivant ou non ses prescriptions, la religion populaire d'Iran ne pourra plus se passer du prestige du Sage. Au reste, la réforme zoroastrienne transforma progressivement les croyances médo-perses. Dès —480, le grand mage Ostanès se disait disciple de Zoroastre, désormais naturalisé mède, auquel les mages firent une extraordinaire publicité, lui ajoutant le crédit de la haute antiquité. Si les mages se vantent de Zoroastre jusqu'aux yeux des Grecs, les vrais zoroastriens, eux, affecteront d'ignorer les mages, signe d'une *récupération* étrangère qu'ils n'ont pas approuvée, comme en témoigne la persistance des sectes zoroastriennes même à l'époque de la fusion mago-zoroastrienne dans le clergé puissant des mobads sous les Sassanides.

*
* *

La religion des Achéménides apparaît comme syncrétique. Hérodote écrit que les Perses adoraient avec leur Grand Dieu (Ahura Mazdâ) qu'il appelle Zeus, Mithra, *Mah* (la lune), *Zam*, la terre, *Atar*, le feu, *Apam-Napat*, l'eau et *Vayu*, le vent. Anahita, déesse des eaux et de la fertilité était très populaire.

Dès qu'en —555, Cyrus l'Achéménide s'empare de

la Médie, les mages, qui lui étaient favorables, constituèrent le clergé influent du nouvel empire persomède. Si les premiers Achéménides ne furent pas zoroastriens, ils furent très tôt motivés par le recrutement moral opéré par les athravans itinérants en Médie et en Perse. Comme dans les Gâthâs, *Ahuramazdâ* est l'incontestable dieu suprême de la foi achéménide qui en exaltait la bonté et la grandeur depuis l'ancêtre Ariaramme (—640/—590). Sans revenir sur l'œuvre de spiritualisation et de moralisation opérée par Zoroastre, il importe de relever que celle-ci se retrouve quasiment transposée dans la nature du dieu achéménide. « Par la grâce d'Ahuramazda le roi Darius a fait et ordonné beaucoup de bien... le grand dieu c'est Ahuramazda, qui a créé le bonheur pour l'homme, qui a conféré sagesse au roi Darius... »

Ajoutons que l'absence de l'important dieu indo-iranien Mithra, vénéré des mages et antérieur à Ahura Mazdâ, tant dans les inscriptions de Darius et Xerxès *que dans les Gâthâs*, reste particulièrement troublante. D'autre part, si Zoroastre fut bien le seul inventeur et premier utilisateur du nom d'Ahura Mazdâ (Yt. 13.99 ; 19.85 ; 13.152 ; 17.18), comme il se dit lui-même le premier à l'avoir écouté (Y. 29.8), il ne devrait rester aucun doute sur l'origine zoroastrienne du dieu achéménide si on ne remarquait dans la religion des grands rois des traces patentes de la religion proto-iranienne. Toutefois, comme l'introduction du zoroastrisme dans le mazdéisme traditionnel engendra un syncrétisme où les mêmes traces non-zoroastriennes abondent jusque dans l'Avesta, elles ne suffisent pas à plaider contre le zoroastrisme des Achéménides et surtout contre l'origine zoroastrienne de leur dieu principal qu'un auteur comme Hérodote ne désigne que sous le terme général grec de *Zeus*, « dieu du ciel ».

Après Vishtaspa, le roi kayanide protecteur de Zoroastre, les premiers souverains qui s'imposent à tout l'Iran sous le signe d'Ahura Mazdâ sont les Achéménides. Mais la controverse sur la religion achéménide se divise en deux écoles principales : les historiens qui unissent dans une même gloire nationale les grands rois et le Sage de l'ancien Iran et, à l'opposé, les spécialistes qui constatent que les écrits avestiques ignorent les Achéménides et que les inscriptions cunéiformes des rois ne font aucune allusion à Zoroastre. Absence qui ne prouve rien car ni Yima, le roi légendaire des Aryas, ni aucun héros arya tel que le roi Vishtaspa connu de la légende achéménide, ne se trouve davantage nommé dans des textes royaux qui revendiquent pourtant hautement la gloire de la lignée aryenne des dynasties. Déjà Moulton (*Early Zoroastrianism*) relevait que l'omission du nom de Zarathoustra n'avait pas plus de signification que celle de saint Paul dans une proclamation d'un roi médiéval célébrant la grandeur de « Dieu et de Notre Dame » sans citer les apôtres. D'autre part, Darius tire sa puissance du dieu *seul* et il n'est pas question pour lui de plier sous le poids d'une doctrine religieuse quelconque. Plutarque rapporte que chaque matin le chambellan réveillait ainsi le grand roi : « Lève-toi, ô Roi, et pense aux choses auxquelles le grand Oromasdès désire que tu réfléchisses » (*Ad Principem Incruditum*). Les Achéménides ne furent jamais chargés par une autorité religieuse de faire du prosélytisme à l'image des princes chrétiens qui en recevaient mission de la Papauté. On peut comparer un peu la monarchie achéménide à ce que fut celle du Saint-Empire romain à son époque d'indépendance religieuse. Mais la conduite de Cyrus et de Darius fut en de nombreux points fidèle dans leur programme politique à la volonté zoroastrienne de transfiguration du monde par des mœurs élevées et par le biais d'une morale d'empire. Les Grands Rois ont généralement professé des actes d'une noblesse identique à celle attendue des bons rois dans les Gâthâs. « L'autorité royale est imbue de principes moraux très stricts : ne pas mentir, suivre la voie droite, n'exercer la violence ni contre le faible ni contre le fort » remarque E. Benveniste, qui ajoute que les Achéménides ont montré une grande tolérance à l'égard des cultes les plus divers dans toutes les parties de l'empire [1]. Cyrus fut le vainqueur altruiste du cruel Astyage de Médie, son grand-père et suzerain, et de Crésus. Xanthos (Ve siècle avant J.-C.) écrit que le peuple de Crésus connaissait autant les oracles des sibylles que les dires de Zoroastre. Nicolas de Damas (64-4 avant J.-C.) ajoute que c'est à l'occasion de l'orage qui éteignit le bûcher de Crésus que les Perses se souvinrent de l'interdiction de Zoroastre de faire usage de la crémation et de polluer le feu [2]. Cyrus libéra pacifiquement Babylone, n'y permettant aucune violence, contrairement à tous les usages habituels des conquérants. Il autorisa tous les cultes, accordant sa protection à tous les peuples. Si le dieu de Cyrus n'est pas aussi clairement connu que celui de son ancêtre Ariaramme et de ses successeurs, bien qu'il fut certainement le même Ahuramazda, la sagesse de sa foi envers Marduk (Cylindre de Babylone) et Yahvé (Bible) comme envers les mages qui vénéraient Mithra et auprès desquels il fixa sa capitale à Ecbatane, en fait bien le digne croyant œcuménique d'une divinité dont la sagesse poussera pareillement Darius à protéger le culte d'Apollon comme l'atteste la lettre du grand Roi au satrape de la Magnésie, Gadatas. On n'a pas assez vu que la tolérance religieuse des grands

---

1. *Civilisation iranienne,* Etablissement de l'Empire achéménide, Payot 1952, p. 46.
2. Xanthos in Müller, *Fragmenta Historicorum Graecorum,* I, p. 42, frag. 19 (G. 232 ; C. 30-31). Nicolas de Damas in *Essay on Virtues and Vices* (e. Buettner-Wolst) 29 (68) (C. 30-31). On admet que ce passage de l'érudit syrien remontait à Xanthos le Lydien lui-même (Jacoby, *Fr. Gr. hist.,* II, C, fr. 90, p. 252).

rois, à l'exception de Cambyse à cause de sa démence, répondait fidèlement à celle réclamée par Zoroastre qui admettait la vertu des Touraniens au même titre que celle de ses fidèles (Y. 46.12 ; Yt. 13.143).

*
* *

Pacifiste, Cyrus ne faisait la guerre que lorsqu'elle était inévitable et Darius voulut réaliser l'unité d'un empire intercontinental pour y instaurer un ordre et une paix durables. De même que Zoroastre stigmatisait la violence et qu'il transformait le mal en bien, Darius dit : « le mal qui a été fait, moi en bien je convertis... les contrées qui entre elles se tuaient, par la grâce d'Ahuramazda entre elles ne se tuèrent plus... afin que le puissant ne frappe et ne dépouille le pauvre » (tablette de Darius à Suse ; inscription reportée sur son tombeau rupestre à Naqsh-î-Rustam). Exemple édifiant de ce que le Sage attendait : « Cette royauté est tienne, ô Mazdâ, qui améliore le sort du pauvre honnête » (Y. 53.9. cf. 19.14, 35). On ne voit pas d'où ces dynastes auraient tiré un tel souci inédit de justice si ce n'est de la sagesse zoroastrienne. A en croire Arnobe, qui écrivit sous Dioclétien, Arménios le Pamphylien fut le petit-fils de Zoroastre « le Mage de Bactriane » et proche conseiller de Cyrus [1]. Du reste, le même Arnobe attribuait à Ctésias un récit des hauts faits de Zoroastre le Mage bactrien. Mais, d'après Macquart, un roi de Bactriane nommé par Ctésias aurait été postérieurement identifié avec le mage Zoroastre [2]. A ce sujet, J. Bidez et F. Cumont observent que l'idée que le médecin grec Ctésias,

---

1. *Adversus Nationes* (éd. Reifferscheid, I. 52 [G. 242 ; C. 81]), *cf.* Hermippe.
2. « Les Assyriaca de Ctésias » *in Philologus,* suppl.. VI, 1892, p. 528 s

vivant à la cour d'Artaxerxès Mnémon, ait pu ignorer l'existence du grand réformateur du mazdéisme, « paraît aujourd'hui dépourvue de la moindre vraisemblance. Selon toute probabilité, déjà Darius fut un adepte de la foi zoroastrienne [1] ». En effet, les glorieux rois aryens chez qui les Achéménides purent puiser des exemples édifiants, apparaissaient doués d'une cruauté égale à celles des Assyriens et opposée à la modération de Cyrus et de Darius. Immortalisés par la geste mazdéenne, les preux Aryas ne rêvaient que d'hécatombes d'ennemis et n'étaient nullement nantis de la chevalerie d'âme que nous trouvons chez les grands rois [2]. Même le principe zoroastrien de la balance des actes se retrouvait dans la parcimonieuse justice achéménide (Hérodote, I.137). Le culte de la vérité et de la pureté caractérise pareillement la doctrine de Zoroastre et de la Perse achéménide et les mêmes préoccupations cosmogoniques, écologiques et morales se retrouvent dans les textes de Darius à Suse et à Naqsh-î-Rustam comme dans les Gâthâs. Leurs proclamations demandent à Ahuramazda de les garder à égalité d'une mauvaise récolte et du mensonge.

Darius consolida et développa son vaste empire en introduisant un gouvernement fondé sur l'idée de justice appliquée dans l'administration des satrapies et dans le premier système fiscal élaboré. Crésus de Lydie avait été le premier souverain à introduire une monnaie étalon dans son royaume. Darius adoptera son système pour l'appliquer à l'ensemble de son empire. Des travaux publics furent entrepris sur une grande échelle, les marais asséchés en Mésopotamie

---

1. *Mages hellénisés, op. cit.*, vol. I., p. 247.
2. Yt 5. 54, 58. A son tour, le premier Avesta corrigea l'ethnocentrisme pré-zoroastrien en admettant dans la communion mazdéenne tout homme de quelque nation qu'il vînt pourvu qu'il fût *juste* : « sacrifiant aux fravashis (esprits) des hommes justes, Aryens, Touraniens et autres » (Yt. 13., 143/145).

et partout des canaux (ghanats) furent creusés pour permettre de vastes réseaux d'irrigation des terres arides dont l'infrastructure fait encore l'admiration des chercheurs. Le plus spectaculaire des travaux entrepris sur l'ordre du Grand Roi fut sans conteste le premier canal reliant le Nil à Suez. Une inscription de Darius déclare : « Ainsi parle le roi Darius : je suis Perse et de Perse j'ai conquis l'Egypte. J'ai ordonné que ce canal soit creusé depuis la rivière nommée le Nil qui coule en Egypte jusqu'à la mer qui s'étend au loin jusqu'en Perse (la mer Rouge). Ainsi le canal fut creusé et les bateaux voguèrent d'Egypte jusqu'en Perse par ce canal, comme je l'avais voulu. » L'agriculture se développa grâce à une savante hydrographie. Cyrus érigea des barrages (Hérodote) et les Achéménides, ignorant l'esclavage, accordèrent l'usufruit du terrain pendant cinq générations aux laboureurs qui y amenaient de l'eau (Polybe).

Ayant érigé Ahuramazda au sommet du panthéon iranien, les Perses furent très tôt marqués d'une théologie et d'une moralité aussi proches de celle des Gâthâs qu'elles étaient éloignées de celles d'Assur, de Marduk, de Baal et de Mithra. Nicolas de Damas (64-4 av. J.-C.), affirmait que Cyrus avait reçu sa philosophie des mages et son culte de la vérité et de la justice d'une éthique respectée dans la noblesse perse. Or, comme l'a relevé Roman Ghirshman, la religion de Zoroastre était l'œuvre d'une aristocratie qui réprouvait les pratiques cruelles et les rites sanglants des vieilles religions aryennes [1]. C'était en tout cas l'éthique d'une élite morale qui s'était élevée au-dessus des cultes traditionnels de la religion populaire d'Iran.

---

1. *Perse*, Gallimard 1963, p. 230.

※
※※

Soucieux d'équité, Darius pourra exhorter : « O homme, voici le commandement que te fait Ahuramazda : ne pense pas mal, n'abandonne pas le droit chemin, ne pèche pas ! » et G. Dumézil put écrire : « Si les rois achéménides ne sont pas zoroastriens, la théologie qui se développe à Bisutun et dans toutes les inscriptions des premiers représentants de la dynastie est de même niveau que celle des Gâthâs. » L'absence nominale des « Amesha Spentas » chez les Achéménides ne prouve pas davantage que celle de la Trinité chez certaines églises chrétiennes et on ne doit pas rechercher une théologie élaborée dans les textes de portée politique.

Traitant du culte des Perses, Hérodote confirme : « Statues des dieux, temples et autels sont choses qu'ils n'ont pas coutume de construire ; et même les peuples qui en construisent se font accuser par eux de folie ; c'est, je pense, qu'ils n'ont jamais, comme les Grecs, attribué aux dieux une nature humaine » (I. 131/133 ; cf. Ormazd Yt. 1). Après Strabon qui note comme Hérodote que les Perses n'élèvent ni statues ni autels, qu'ils honorent le Ciel (Zeus), le soleil (Mithra), la lune (Aphrodite), le feu, la terre, les vents et les eaux (*Géographie*, 13.732), Origène, confirme que les Perses de son temps ne croient pas à des divinités faites de main d'homme (*Contra Celsus*). Pas davantage que l'anthropomorphisme les dieux zoomorphes n'eurent asile dans le zoroastrisme et, contrairement à l'assertion de Philon de Byblos sur le dieu à la tête de faucon des Perses, l'oiseau mythique *Vâreghna*, le faucon aux ailes déployées, au disque solaire et au buste d'un prêtre des bas-reliefs de Persépolis et de Bisutun, représente non pas Ahuramazda mais la Gloire royale des Aryas (Yt. 13.19), le *Kavaêm hvarenô* ou Xvarnah (voir p. 30). Cette image symbolise la fravarti (fravohar/frôhar) et le Génie protecteur du grand roi, mais fut probablement ignorée de Zoroastre. Inspirée de précédents assyriens (Nimrud), mais revue selon l'iconographie pharaonique d'Horus rencontrée par les artistes de Cambyse et de Darius en Egypte.

On sait que depuis la bataille de Péluse (—525) où l'Egypte devint une satrapie de l'empire d'Iran, Cambyse déporta en Perse les artistes et techniciens égyptiens après —524, dont le philosophe grec **Pythagore** qui, selon Apulée et Porphyre, fut instruit par Zaratas, « le second Zoroastre » à Babylone.

Le seul trait formellement antizoroastrien des dynastes se trouve dans leur maintien de sacrifices d'animaux. Exigence rigoureuse des Gâthâs, leur abolition était difficile à réaliser à l'échelle d'un empire baigné de rituels archaïques. Egalement perpétrés par les mages, bien qu'ils se réclamassent de Zoroastre, ces usages ne furent bannis que des vrais zoroastriens et des mages de classe supérieure (Porphyre), qui avaient le mieux assimilé la morale zoroastrienne.

Le magisme a tant récupéré le zoroastrisme qu'on crut voir dans l'insurrection menée par des mages contre Cambyse une rébellion zoroastrienne. En fait, Gaumata s'était fait passer pour Bardiya, le frère du roi pour diriger le coup d'Etat du sacerdoce mède des mages désireux de réimposer l'autorité de la Médie, sur le nouveau pouvoir perse.

En —521, Darius, un prince achéménide, écrase la conjuration, massacre les mages, fait exécuter Gaumata (—522) et fait sculpter sa victoire sur les « neuf rois menteurs » à Bisutum. Il devait son succès au corps des Dix Mille Immortels, l'élite de ses cavaliers, archers et fantassins. Les soldats « Immortels » sont sculptés dans la pierre de l'escalier de l'*apadana* à Persépolis et dépeints en briques émaillées au Palais de Suse[1].

G. Widengren a mis en relief les traits du magisme qui se révèlent inconnus du zoroastrisme originel tels que la divination des rêves. Puis, en même temps que les Perses héritèrent de la mode vestimentaire des Mèdes (Hérodote), ils reçurent d'importants éléments de leurs cultes, tels que : *préséance de Mithra, dieu surtout mède qui n'apparaît chez les Achéménides qu'avec Artaxerxès II ; dualisme strict de Zervân ; l'usage liturgique du baresman (barsom), faisceau de menues branches correspondant à la branche ou guirlande de myrte doux du rituel des Mandéens et qui deviendra un élément permanent du culte mazdéen alors que Zoroastre l'ignorait.*

De même, l'importance du culte du feu (Atar) que le Prophète n'avait retenu que comme symbole de lumière divine. Le feu de l'amour divin se nourrit des belles prières des hommes. Atar deviendra « fils d'Ahura Mazdâ » dans les textes tardifs (Y. 36.3 ; 62.1 ; 65.12) ; *division stricte des animaux bons et mauvais que « les mages tuent de leurs propres mains » dira Hérodote ; endogamie et mariage consanguin des Mèdes alors que Z. se maria même en dehors de son clan.*

*
**

La coutume de quelques tribus d'Asie centrale d'exposer leurs morts sur les collines, comme les Kâfirs le firent traditionnellement, fut surtout d'usage dans

---

1. Leur tête s'orne déjà du *tortil* qu'on retrouvera mille ans plus tard dans l'héraldique européenne comme l'aigle achéménide précéda l'aigle byzantin et romain.

le bassin caspien et en Bactriane où certains nomades abandonnaient les cadavres aux chiens (Strabon). Les premiers zoroastriens héritèrent de cette pratique est-iranienne, en la spiritualisant sous le propos initial « d'exposition au soleil » (Khurshed negereshni) sur les hauteurs, d'où, par voie de conséquence les oiseaux et les renards décharnaient les cadavres.

Le mythe de Prométhée offre une analogie troublante avec les croyances mazdéennes puisque l'auteur de la forme humaine dérobe le feu céleste au char du Soleil et subit le châtiment divin dans un supplice qui l'attache au sommet du Caucase, victime d'un aigle qui lui dévore le foie. Le Caucase n'est pas éloigné des régions caspiennes d'Asie centrale où la pratique de l'exposition des morts aux rapaces était une coutume fréquente. La mythologie grecque montre également Tityos gisant dans le gouffre vaste et fangeux de l'Achéron, le corps déchiqueté par des oiseaux, image dans laquelle Lucrèce a vu l'amour humain déchiré par les vautours de la jalousie.

Les mages auraient adopté cet usage de traiter les morts en même temps que le zoroastrisme (Nyberg, Christensen). Hérodote hésite (I. 140) sur le sort des morts perses, mais l'enterrement des corps enduits de cire ou le décharnement purent coexister et l'inhumation des os pouvait s'effectuer après le travail des oiseaux. Vers 54-44 avant J.-C., Cicéron notait :

« *C'est la coutume des mages de ne pas enterrer un corps avant qu'il ne soit préalablement décharné par des bêtes sauvages* » (*Disputationes Tusculanae*).

A l'époque parthe, au syncrétisme pénétré de zoroastrisme, l'enterrement existait pourtant (nécropoles). A l'époque sassanide où l'enterrement est interdit, le Vendidad indique toutefois que les ossements peuvent être déposés dans un ossuaire (astôdàn). La Suse primitive ayant connu le décharnement des morts (Contenau), les tombeaux des Achéménides ne présentent pas une contradiction au zoroastrisme. Les corps purent fort bien être décharnés au sommet des falaises rocheuses préalablement à l'inhumation du squelette dans les sépultures des excavations rupestres [1]. Justin (Trogue Pompée) confirme qu'après avoir été mangés par les oiseaux ou par les chiens, les os des Perses sont enterrés. Le même auteur rapporte que Darius envoya une ambassade à Carthage avec un édit interdisant aux habitants de pratiquer des sacrifices humains et de manger les chiens, ce qui est conforme aux interdits zoroastriens. Si le roi recommande ensuite aux Carthaginois qui n'exposaient pas leurs morts au soleil et aux oiseaux, de brûler les corps morts au lieu de les enterrer, c'est qu'il craignait davantage la pollution de la terre et des eaux que celle de la puissance ignée.

Xerxès (—484/—465) montre les signes d'un zoroastrisme plus manifeste, telle sa proscription du culte persistant des daêvas rejetés par lui comme dans les Gâthâs. « Je proclamai, les daêvas ne seront plus l'objet d'un culte. Là où auparavant les daêvas avaient été adorés, j'adorai Ahuramazda, comme il convient avec Arta. » Proclamation où Arta se voit directement associé au grand dieu. Bien que des temples mazdéens sont attestés à haute époque (Naqsh-î-Rustam : VIe-Ve siècles avant J.-C.), les pyrées se dressaient surtout en plein air avant que les temples du feu ne se multiplient sur le modèle des temples babyloniens, puis

---

1. « The Zoroastrian mode of disposing the dead », in *The collected works of K.R. Cama*, Bombay, 1968, vol. 2, pp. 15, 29. *Cf.* Max Duncker, *History of Antiquity*; Rhode, *Sacred Traditions of Zend Nations*.

grecs, aux époques achéménide tardive, séleucide et parthe. Cicéron affirme que Xerxès encore ne pouvait concevoir « ni qu'on donnât aux Dieux une forme humaine ni qu'on les enfermât dans les murs des temples puisque leur temple est l'univers entier » (*De Republica*). D'autre part, l'emploi en deux inscriptions identiques de Xerxès du non d'*Ahura Mazdâ* en deux mots répond au style zoroastrien (J. Duchesne-Guillemin). L'adoption officielle du calendrier zoroastrien de Cappadoce (v. —490/—441) se serait faite sous Xerxès ou Artaxerxès Ier, avec apparition des mois dédiés aux Amesha Spentas et une facture plus religieuse que l'ancien calendrier agricole perse.

Les Achéménides furent-ils, surtout avant Xerxès, ou non zoroastriens ? reste une question pendante mais, semble-t-il mal posée dans le contexte archaïque et syncrétique de l'ancien Iran. L'idéologie royale, née de l'épopée aryenne et illustrée par le Xvarnah des grands rois, fut à elle seule une religion au-dessus des cultes et des croyances de l'empire auxquels elle n'empruntait que ce qui la grandissait. Si les vertus exaltées par les dynastes ne proviennent pas du contexte gâthique, elles sortent d'un milieu très proche du zoroastrisme. Les Achéménides furent généralement empreints de la noblesse d'âme que le Sage attendait des princes serviteurs de la sagesse et de l'ordre divins dans les Gâthâs. Plus qu'une évolution de mœurs ce fut bien un changement radical de la morale alors courante du despote oriental. En fait ce qu'on trouve de non-zoroastrien chez ces rois correspond au syncrétisme qu'on trouve dans leur mazdéisme autant que dans l'Avesta qui s'édifie parallèlement. Cette élaboration synoptique montre que dans la religion achéménide autant que dans l'Avesta, le zoroastrisme proprement dit ne fut que l'enclave d'un idéal à atteindre au sein du mazdéisme traditionnel et syncrétique.

L'UNIVERSALISME MAZDEEN

Dans l'ensemble, les Achéménides furent des « rois justes » selon les Gâthâs, introduisant une forme de gouvernement humanisée susceptible de servir d'exemple à toute la nation humaine. Xénophon verra en Cyrus le Grand transposé en Cyrus le Jeune le plus exemplaire et magnanime des souverains (*Cyropédie*). R. Ghrishman résuma : « *Que ce soit dans le domaine de la culture matérielle ou dans celui de la religion ou de la culture spirituelle, les Achéménides furent les premiers à véhiculer les formes et les idées entre l'Occident et l'Orient.* » Depuis Cyrus, qualifié de *Messie* par les Hébreux, l'idéologie royale perse resurgira avec force sous les Parthes, faisant des « Grands Rois » des sauveurs inspirés de l'eschatologie zoroastrienne, même si le fond de la religion populaire iranienne restait fortement baigné de rituel sacrificiel et archaïque.

Au reste, les Achéménides, bien qu'Aryens, deviendront les plus fidèles protecteurs et alliés des Juifs tout au long de leur exode en terre iranienne. Il faut comprendre que chez les grands rois, Cyrus, Darius et Xerxès, la notion de « race » relevait d'un ordre supérieur et *spirituel*. Darius l'indique bien en siégeant au-dessous du symbole sacré du *Xvarnah*, le disque solaire ailé dit d'Ahura Mazdâ mais qui représente la « Gloire éclatante » des rois aryens, la protection flamboyante du grand dieu. Mais cette « grâce divine » n'est nullement attachée inconditionnellement à la dynastie et le roi, par désobéissance à l'ordre (Arta), à la vérité, au bien moral et public, peu fort bien la perdre, comme Yima, le premier souverain des Aryens, la perdit par un crime que Zoroastre retiendra contre lui. Cette foi en un droit intimement dépendant de la conduite personnelle du monarque, établira la grandeur achéménide pour des siècles.

Les mages suivaient partout les armées en campagne, jouant auprès du grand roi un rôle important dans les oracles. Après que le lever du soleil eut été salué par une sonnerie de trompette à la tente du roi des rois, Curtius Rufus (Ier siècle) nous dit dans son *Histoire d'Alexandre* que lorsque l'armée se mettait en marche, le feu était porté sur un autel d'argent suivi des mages chantant des hymnes et de 365 jeunes hommes drapés dans des manteaux pourpres, puis venait un char tiré par des chevaux blancs dédié à Jupiter (A.M.) et un cheval de grande taille dédié au soleil (Mithra). A cette description, Héraclide de Cume (—340) ajoutait longtemps avant l'historien romain, que les Immortels portaient des pommes d'or au bout de leurs lances, d'où le nom de « Porte-pommes » qu'on leur donna.

Avec l'extension de l'empire à l'ouest, les colonies de mages jouirent dans toute l'Asie occidentale d'un prestige grandissant dû à l'éclectisme de leurs connaissances. La culture babylonienne les marqua au point que lorsqu'ils entrèrent en contact avec les Grecs, ceux-ci les virent dépositaires de la sagesse de Zoroastre identifié comme le fondateur de leur caste et le père de l'astrologie chaldéenne ! D'où la croyance au deuxième Zoroastre de Babylone qu'aurait connu Pythagore. Résumant la pensée de ses prédécesseurs, Suisas (*Lexicon*, Xe siècle) verra en Zoroastre le premier astronome babylonien auquel succéda Hostanès, un savant chaldéen qui écrivit sur les mathématiques et les sciences naturelles, le premier philosophe et théologien des Perses.

Les rapports entre les Grecs d'Ionie et les mages purent s'établir dès que l'Assyrie fut médisée après —612 et, en tout cas, après la prise de Sardes par Cyrus (—546). Les mages occidentaux, dits *Maguséens*, allumèrent des autels du feu en Asie Mineure et le Pyrée de Hiérocésarée passait pour avoir été fondé par le Grand Roi (Pausanias). Xerxès arrive en Grèce en —480, en compagnie d'un cortège de mages dirigés par l'archimage Ostanès qui se disait héritier de Zoroastre et dont les doctrines seront connues de Platon, des Pythagoriciens, de Virgile, de Porphyre et de Tertullien. Pline l'accuse d'avoir amené en Grèce ses sciences divinatoires.

Si Platon s'intéressa aux croyances mago-zoroastriennes, c'est qu'il y sentit un message philosophique d'une autre portée que la seule magie reprochée à Ostanès. Pythagore eut plus qu'un simple intérêt pour les doctrines du zoroastrisme dont il fut le plus prestigieux disciple, à en croire Cyrille d'Alexandrie (ve s.).

Etant l'hôte du père de Démocrite à Abdère, Xerxès y laissa des mages qui furent plus tard les précepteurs du fondateur de l'atomisme (Diogène Laërce). Dionysios de Milet parle des mages après la mort de Darius (—516) et Xanthos le Lydien au ve siècle se préoccupe de Zoroastre (Lydiaka). Avant que le Stagirite ne fût nommé à la cour de Pella (—343), il avait écrit en Asie un dialogue où les notions sur l'harmonie du monde sont à rapprocher de celles des mages du temps de Xerxès, comme on y trouve l'idée courante de l'Académie que l'esprit de Zoroastre resurgissait dans la sagesse platonicienne.

Les *Maguséens* ou mages « hellénisés », pour reprendre le titre du magistral ouvrage de J. Bidez et F. Cumont, s'appuyaient sur la tradition orale et sur des eucologues reflétant plus ou moins fidèlement les doctrines zoroastriennes. Si c'est un fait connu que les Grecs empruntèrent l'art sculptural aux Egyptiens et l'art philosophal des Perses, M. P. Nilsson, l'historien de la religion grecque observait : « La doctrine de Zarathushtra comportait de grandes et profondes idées qui rencontrent celles de la pensée grecque : un seul dieu, placé haut au-dessus des hommes et toutes choses, un dualisme entre les bonnes et les mauvaises puissances, un culte sans image, une catastrophe finale du monde... L'influence des idées perses sur les Grecs a été grande mais leur cheminement obscur et dévié ; souvent il ne s'exerça pas directement mais au travers d'autres peuples qui pareillement avaient saisi la puissance de la pensée iranienne [1]. » Aristote soutint qu'un mage avait prédit à Socrate sa mort violente. Deux émules du Lycée, Eudémos de Rhodes et Cléarque de Soloï détenaient des connaissances empruntées aux mages. Aristoxène permet de reconnaître la marque du dualisme mazdéen sur la physique stoïcienne. La célèbre maxime d'Héraclite « la guerre est le père de tout », avec ses « collisions de principes opposés », reflète bien la cosmologie zoroastrienne. Thalès saisit que le premier principe de tout était l'eau, Héraclès le feu, et les mages l'eau et le feu (Vitruvius, *De Architectura*, 25-23 av. J.-C.). L'importance donnée au feu comme élément primordial du cosmos découle de l'antique cosmologie indo-européenne, vénérée par les

---

1. Nilsson, *Histoire de la Religion Grecque*, p. 651.

mages et dont le philosophe d'Ephèse put connaître les pyrées. La foudre de Zeus sera pareillement identifiée au Feu créateur par les Stoïciens (Dion). Le sophiste Protagoras avait eu des mages pour précepteurs et Empédocle leur avait emprunté la base de son dualisme et de ses éléments primordiaux, air, feu, terre, eau.

※
※※

Ammien Marcellin rapporte que « les mages perses conservent un feu sacré qui leur est venu du ciel », miracle cité aussi par le Pseudo-Clément, Dion Chrysostome et Grégoire de Tours.

De nombreuses religions ont vénéré le feu : Prométhée s'était emparé du feu céleste ; à Delphes le Prytanée brûlait pour la déesse Hestia ; Héphaïstos, amant d'Athénée, était plus spécialement honoré à Lemnos ; à Rome, Vulcain restait le dieu du feu et de la guerre et Jupiter celui de la Lumière universelle ; la déesse Vesta était célébrée par un culte du feu entretenu par les Vestales consacrées au soleil ; de nombreuses tribus africaines vénéraient le soleil et son reflet dans le feu domestique ; les Polynésiens tiennent le rituel du feu du dieu Maui, tandis qu'en Amérique le soleil fut longtemps adoré par les Indiens des continents du Nord et du Sud. Au Pérou, le dieu du feu se nommait Pachacamac, tandis que chez les Incas de Bolivie le dieu Soleil était Viracocha. Quant au Mexique, les Aztèques vénéraient un dieu du feu important, Xiuhtecutli, à côté du soleil, Tonatiuh et des serpents de feu, Xiuhcoatl. Le rituel du Feu nouveau, d'origine toltèque était célébré tous les cinquante-deux ans pour la rénovation du monde. Plus près de nous l'Eurasie connaissait le dieu Panou des Mongols, fils du Soleil et le dieu du Tonnerre Oukko chez les Finnois. La foudre, jusque dans nos religions bibliques, n'a pas manqué de jouer un rôle capital dans la perception de la puissance divine. Mais aucune religion n'a célébré un rituel igné aussi élevé et aussi innocent, sans sacrifices sanglants, que celui des zoroastriens, à la différence du culte des mages qui y consacraient particulièrement des taureaux et des chevaux blancs.

Hérodote s'étonna de l'extrême moralité des Perses et de leur mépris de l'usure. Le père de l'Histoire note encore que les Perses instruisaient leurs enfants entre cinq et vingt ans aux arts équestres, au tir à l'arc et à dire la vérité (136.6), ce que répète Strabon. Et Duris (—281) précise que les Perses aimaient autant la danse que l'équitation. Xénophon confirme que les jeunes Perses apprenaient la tempérance et la justice à l'école. Quant à Socrate, il vanta la supériorité de l'éducation des Perses, instruits dès l'âge de quatorze ans dans la doctrine de Zoroastre, sur le pupille de Périclès comme sur tout autre Athénien (Alcibiade). Les femmes perses jouissaient d'une liberté unique dans l'Antiquité grâce à la réforme de Zoroastre avant qui la femme arya était une véritable esclave, comme pour Aristote chez qui la femme grecque relève d'un statut proche de l'esclavage. En revanche, Xanthos, Sotion et Strabon accusent les Perses et surtout les mages, de pratiquer des unions consanguines. D'une manière générale les coutumes perses ne pouvaient que surprendre les mœurs grecques. Par exemple, Xénophon dans la *Cyropédie* nous explique comment les Perses du temps de Lyrus s'embrassaient sur les lèvres entre parents et amis. Cambyse et Darius auraient épousé leur sœur et Artaxerxès sa fille. Philon d'Alexandrie dit que les enfants nés d'union d'un fils avec sa mère sont les plus nobles de tous (*De Specialibus Legibus*). Et Clément d'Alexandie renchérit en soutenant que les Perses ont des relations sexuelles avec leurs sœurs, mères, femmes, concubines, avec « l'assiduité de l'ours sauvage » (*Paedagogus*). Cette coutume mède avait résisté au zoroastrisme qui méconnaissait ces alliances. On a vu que marié à une étrangère, Zoroastre avait aussi uni sa fille à un étranger. Depuis Empédocle et Platon, le premier passant pour un disciple des mages et le second pour la réincarnation de Zoroastre, le Sage perse fut tantôt glorifié comme une des plus grandes lumières du monde et tantôt comme le père de la magie et de la démonologie. D'après Pline l'Ancien, on faisait aussi remonter à Zoroastre des recettes contre l'épilepsie. Au mépris de ces jugements, la pensée de Zoroastre allait lancer des harmoniques prodigieuses à travers tout le monde antique.

Au regard des colonies juives de Médie et d'Elam qui assistèrent à l'écrasement de leurs oppresseurs assyriens par les Mèdes (—612) et aux victoires de Cyrus en Médie et en Lydie (—555/—546), la Perse apparut comme l'instrument de la libération d'Israël. Dès avant la libération de Babylone (—539), un prophète hébreu (2ᵉ Isaïe) exalte Cyrus l'invincible : « Ainsi parle Yahvé à son Oint, à Cyrus qu'il a pris par la main droite pour abattre devant lui les nations » (Is. 45.1). Sans doute le terme de *màssiâh* ne désigne-t-il pas encore le futur Messie eschatologique, puisqu'il était accordé aux grands prêtres, aux rois israélites ou exceptionnellement à un souverain allié, mais plus d'un Juif trouva inadmissible que le Dieu d'Israël se servît d'un souverain païen pour délivrer son peuple [1].

Après l'Exil, l'ascendant de l'esprit religieux perse sur la renaissance de la religion hébraïque s'impose

---

1. *Bible du Centenaire*, A.T., éd. 1947, Les Prophètes, vol. II, p. 398.

en parallèle à l'aide politique et financière que le protectorat achéménide offrit au peuple libéré du joug babylonien.

Avec le commerce intercontinental du nouvel empire perse, l'araméen, en tant que langue universelle, allait favoriser des échanges culturels intenses de la Palestine jusqu'en Iran oriental. Selon la promesse de Cyrus, Darius permit la reconstruction du Temple de Jérusalem (—515) sous la conduite de son principal architecte. Avec Néhémie, échanson du grand roi et satrape de Judée, Jérusalem ressuscite de ses ruines. Enfin, confirmant les libéralités de ses prédécesseurs, Artaxerxès subventionne Esdras pour rassembler l'ensemble des traditions de la Torah dont la rénovation sera introduite comme « loi de Dieu et loi du roi » (Esd. 7. 26). La libération d'Israël par un souverain perse se voyait complétée par l'élaboration d'une nouvelle loi religieuse grâce à la protection d'un autre roi mazdéen. Esdras passera pour l'auteur d'une rénovation essentielle de la pensée juive et la sévérité implacable des livres prophétiques rédigés après l'Exil envers l'ancienne religion, démontre l'ardeur réformatrice qui s'était introduite chez les penseurs juifs sous l'influence de la pensée religieuse perse.

A. Dupont-Sommer a remarqué que c'est précisément au VIe siècle, quelque temps après Zoroastre, que se rencontrent les premières formulations explicites du monothéisme juif [1]. Au travers du prophétisme post-exilique, ce que nous avons qualifié de *crypto-judaïsme*, ce doublet de la religion légalitaire qui s'est nourri durant cinq siècles d'ésotérisme perse, introduisit des concepts inédits dans la pensée mosaïque. Avec la Nouvelle Alliance, on perçoit la lente judaïsation de thèmes exotiques ignorés de l'Alliance originale et marqués de gnose zoroastrienne.

---

1. *Civilisation iranienne, op. cit.*, L'Iran et Israël, p. 73.

Nombreuses sont les idées mago-zoroastriennes qu'on retrouve transposées dans le prophétisme deutérocanonique sous le lyrisme irremplaçable des livres d'Isaïe, de Jérémie, d'Ezéchiel, de certains Psaumes, Proverbes, Cantiques, de l'Ecclésiaste, de la Sagesse, de Daniel, du Siracide (Ecclésiastique), d'Osée, de Baruch, d'Amos, de Zacharie, de Malachie, ainsi que chez Tobie et Esther et dans la littérature apocryphe des Millénaristes du livre d'Enoch et des Esséniens. Les principales marques de cet héritage ésotérique surgissent sous les traits suivants : sagesse monothéiste qui cède de manière croissante le mal au dualisme où le tandem Yahvé-Satan répond à celui d'Ahura Mazdâ et d'Ahriman — rejet des sacrifices (Isaïe, Osée) — théologie accentuée sur l'opposition de la Lumière et des ténèbres. Isaïe (45.7) affirme que Yahvé fit aussi bien la lumière que les ténèbres, le bonheur que le malheur, en réaction contre l'introduction du dualisme zoroastrien où Yahvé se libère de la responsabilité des ténèbres et du mal [1] — l'angélologie des archanges (Amesha Spentas) et des anges — Paradis, enfer et purgatoire — royaume de Dieu — évolution de l'idée de jugement dans l'eschatologie apocalyptique — promotion de l'idée de responsabilité personnelle dans une morale préalable de groupe (Isaïe II, Ezéchiel) — résurrection des morts transposée au plan physique (Ezéchiel) — messianisme tout spirituel du Rédempteur de la fin des temps.

*
* *

Mille détails qui contrariaient l'orthodoxie de la Loi et qui portent la signature de la pensée zoroas-

---

[1]. Is. 42.1, 4 ; 45.21 ; Jon. 3.10 ; 4.2 ; Ez. 18.23. *Cf. Zarathoustra, op. cit.*, 245, 247 s.

trienne, vont, au travers de la Nouvelle Alliance et du Millénarisme pré-chrétien en réaction contre le judaïsme hellénisé, féconder le mysticisme particulier de l'essénisme et permettre l'éclosion originale de l'Evangile [1]. Pour des raisons évidentes, le judéo-christianisme a longtemps nié l'influence quelconque d'une pensée religieuse aussi étrangère à la tradition abrahamique, alors même qu'on tentait d'incorporer Zoroastre dans le contexte biblique comme les Grecs avaient eux-mêmes voulu l'adopter [2]. Le parti pris fut tel qu'on oublia les treize siècles de cohabitation judéo-perse et qu'on éclipsa plus d'un demi-millénaire d'amitié réciproque entre la Perse antique et Israël, tandis que nul ne contestait l'influence grecque sur le judaïsme en deux siècles d'occupation séleucide ! Pourtant, quelle commune mesure y a-t-il entre, d'une part, la bienveillance reconnue au protectorat perse dans les livres d'Isaïe, d'Esdras et de Néhémie, en particulier, et l'empreinte tragique laissée dans la Bible par l'hellénisation forcée de la Palestine [3] depuis l'implacable jugement porté contre Alexandre par le livre des Macchabées, d'autre part ? : « Alexandre avait régné douze ans quand il mourut. Ses officiers prirent le pouvoir chacun dans son gouvernement. Tous ceignirent le diadème après sa mort, *et leurs fils après eux durant de longues années ; sur la terre ils firent foisonner le malheur.* » (I.M. 1/9).

---

1. Les principaux travaux sur l'influence irano-zoroastrienne sur le judaïsme post-exilique et sur le christianisme figurent dans la bibliographie sous ces noms : Bertholet, Mills, W. Bousset, Gressmann, E. Meyer, Widengren, J. Bidez, F. Cumont, von Gall, Ch. Autran, R. Otto, E. Böklen, West, Jackson, etc. Voir aussi notre étude *in Zarathoustra, op. cit.*, ch. XI, XII, XIII.

2. Lexicographes, Théodore-bar-Kônaï, Isho'dad, Salomon de Basra, etc.

3. Macch. I, 1. 10/64 ; Josèphe, *Ant.*, XIII, 9, 12 ; Justin, XXXVI, 1 ; XXXVIII, 9.

LES PERSES ET LES GRECS

Depuis le congrès de Corinthe (—337), Philippe de Macédoine et son fils n'eurent l'adhésion des Grecs pour la conquête de la Perse, attisée par la haine des *Barbaros* d'Isocrate et d'Aristote, que parce que les cités grecques avaient été frappées d'épouvante par les carnages macédoniens de Chéronée (—338) et de Thèbes (—335). Se voulant l'égal de Cyrus, le conquérant qui se taillera une gloire sur les cendres de l'empire achéménide, a laissé dans la tradition zoroastrienne et parallèlement au judaïsme, le souvenir brûlant du séjour de l'armée grecque en Asie. Alexandre « le Maudit », *Aleksândra gojastak,* comme le désignaient les Perses, apparaît comme un autre Zohak, un véritable suppôt d'Ahriman :

« *On raconte qu'autrefois, le saint Zoroastre répandit dans le monde la Loi qu'il avait reçue d'Ormazd. Pendant trois cents ans la Loi resta pure et les hommes gardèrent la Foi. Puis le maudit Ahriman, le damné, pour faire perdre aux hommes la Foi et le respect de la Loi, poussa ce maudit Alexandre, le Grec, à venir au pays d'Iran, y apporter l'oppression, la guerre et les ravages. Il vint et mit à mort les gouverneurs des provinces de l'Iran. Il pilla et ruina la Porte des Rois, la capitale. La Loi (l'Avesta), écrite en lettres d'or sur des peaux de bœufs, était conservée dans la " forteresse des écrits " de la capitale. Mais le méchant Ahriman suscita le malfaisant Alexandre, et brûla les livres de la Loi. Il fit périr les sages, les hommes de Loi et les savants du pays d'Iran. Il sema la haine et la discorde parmi les grands, jusqu'à ce que lui-même brisé, se précipitât en enfer. Quand les hommes du pays d'Iran n'eurent plus ni rois, ni gouverneurs de province, ni chefs, ni hommes versés dans la Loi, les troubles et les dissensions les divisèrent, et ils perdirent la Foi.* » (Arta Viraf Nâmak).

Selon Curtius Rufus et Plutarque, lorsque Alexandre viola la tombe de Cyrus, croyant y trouver de l'or et un trésor, il fut frappé par la simplicité du sépulcre et ne trouva près du cercueil qu'un sabre, deux arcs scythes, un cimeterre et l'inscription suivante : « O homme, qui que tu sois et de quelque part que tu viennes, car je suis assuré que tu viendras, je suis Cyrus, qui conquit l'empire aux Perses et te prie que tu ne me portes point envie de ce peu de terre qui couvre mon pauvre corps. »

A Persépolis (—331), selon les historiens Clitarque et Diodore, Alexandre, dans son délire et jaloux de l'antériorité de la cité perse sur le Parthénon, lança lui-même la première torche sur le palais après en avoir pillé la bibliothèque, livres dont les grecs puisèrent « toute la science perse d'astronomie et de médecine ». A la différence des Grecs d'après Aristote, les traditions orientales ne séparaient pas la théologie des sciences, la foi de la raison. A Persépolis, les Grecs pillèrent la bibliothèque royale dont la richesse ne sera dépassée que par celle d'Alexandrie. Les livres perses et, notamment, ceux du premier Avesta contenant « toute la science perse d'astronomie et de médecine » servirent à leur tour la science hellénique. L'incendie de Persépolis fut-il accidentel ou plutôt mû par la vengeance grecque et sa jalousie de l'antiquité de la cité sainte des grands rois sur le Parthénon ?

On ne sait si c'est à Persépolis ou à Marakanda (Samarcande) que fut brûlé le premier Avesta qui contenait originellement vingt et un nasks (livres). Les deux exemplaires originaux auraient été déposés, l'un dans la « forteresse des livres », l'autre dans le « trésor de Shapigân » (Arta Viraf, I.7) et, selon le Shah Nameh, la deuxième copie aurait été déposée dans le temple du feu de Marakanda. Quoi qu'il en soit, de l'Avesta original détruit par les Grecs, comme les Antiochos, successeurs d'Alexandre, brûleront les livres juifs, il ne reste qu'un quart des nasks, reconstitués aux époques parthe et sassanide. Un texte de l'Avesta tardif relate que lorsque Alexandre se sentit mourir, craignant la revanche de la Perse sur la Grèce, il consulta son « vizir » Aristote, et, sur son conseil perfide, divisa la Perse entre quatre-vingt-dix princes, afin de la paralyser.

Tandis qu'il épousait la fille de Darius III, Codoman, Alexandre voulut réaliser la fusion gréco-perse par des alliances monstres à Suse entre ses officiers macédoniens et des filles nobles perses. A l'exception de Séleucos, satrape de Babylonie, père de la dynastie séleucide, ces noces n'eurent pas de suite. Après la bataille d'Ipsos en —301, l'empire perse fut divisé en trois, la monarchie macédonienne régnant sur la Grèce, l'Asie fut confiée au gouvernement des Séleucides qui régnèrent de —280 à —160 et l'Egypte à celui des Ptolémées.

*
**

Depuis les derniers Achéménides, les liens multiples établis avec la Grèce avaient introduit des éléments culturels hellénistiques en Perse. Strabon note que les Mèdes et les Arméniens avaient une prédilection pour Anaitis (Anahita). Tandis que les mages imposèrent Mithra dans le panthéon achéménide et que les zoroastriens le spiritualisèrent en le fusionnant avec Vohu Manah (Bonne Pensée), les Maguséens identifièrent aussi Mithra avec Apollon et Anahita, la déesse des eaux et de la fertilité, avec Artémis (Plutarque). Artaxerxès II (Mnémon, —405/—359) ajouta Mithra et Anahita au côté d'Ahura Mazdâ et fit élever partout des statues à la grecque de la déesse (Bérose). Clément d'Alexandrie affirme que selon Bérose les Perses commencèrent d'adorer des statues anthropomorphiques avec l'usage introduit par cet Artaxerxès, fils de Darius, qui, le premier, érigea des statues d'Aphrodite/Anahita à Babylone, Suse, des deux Ecbatane (Perse et Bactriane). Mais, la première statue à Anahita en or aurait été érigée au temps de la campagne d'Antoine contre les Parthes (Pline l'ancien, XXXIII, 4). Signe de l'importance prise par Mithra dans le culte mazdéen, dans le culte proprement zoroastrien même, le temple va se nommer *mithraeum*, comme les Parsis le désignent encore parfois sous le nom de *Dar-e-Meher* (de Dari-Mihr), la Porte de la Miséricorde. Dès lors, l'évolution syncrétique se révéla parallèle entre l'idéologie royale achéménide et l'Avesta, avec l'arrivée de divinités populaires protoiraniennes que les Gâthâs avaient ignorées et que les premiers Achéménides avaient réunies sous le terme générique et vague de « tous les dieux » : « *Ahuramazdâ est grand dieu (Baga Vazraka) au-dessus de tous les dieux.* » Ainsi, après l'Exil de Babylone, la Bible pourra clamer sur le modèle théologique perse : « Car c'est un Dieu grand que Yahvé, un Roi grand par-dessus tous les dieux. » (Ps. 95, 3).

Les mages, habiles syncrétistes qui adoptaient les doctrines étrangères quand elles servaient leur éclectisme, s'acheminaient lentement vers la suprématie qui leur avait échappé sous Darius, et à laquelle ils accéderont sous les Sassanides. Dès lors, les mages deviennent les prêtres influents de l'empire (Strabon), les maîtres de tous les sacrifices (Hérodote) et les « disciples et successeurs » de Zoroastre (Lucien). Ils mêlent tant leurs croyances au zoroastrisme que, peu à peu, celui-ci va se transformer en religion structurée, Mithra y jouant un rôle grandissant. Des formules rituelles viennent s'intercaler dans le texte sacré des Gâthâs, heureusement sans en altérer le texte original dont le clergé ne comprenait plus la langue archaïque. Les anciens yashts sont remaniés et voient apparaître à côté du nom de Zarathoustra et du monothéisme gâthique, des cultes naturalistes populaires proto-iraniens. Mithra, « Maître des vastes campagnes » (Yt. 10), apparaît comme dans les inscriptions achéménides des Artaxerxès, avec Anâhita, à qui Yima, l'antique roi des Aryas, les héros de l'épopée iranienne et Zarathoustra lui-même, se voient sacrifier des milliers de chevaux, de bœufs et de moutons ! (Yt. 5). Ceci montre assez la subtile récupération que l'ancien mazdéisme et les mages avaient effectuée de la réforme de Zoroastre, sans autrement s'attarder à l'essentiel d'un message qui avait précisément rejeté leurs croyances et leurs pratiques. Un dualisme cosmique accompagne l'astrologie zervanite où les étoiles sont ormazdiennes et les planètes ahrimaniennes (Yt. 8), dans un bel hymne qui chante une louange à la nature digne des *Fioretti* de François d'Assise. Puis, avec les Fravartis (Yt. 13), surviennent les cultes à des dieux-génies tels que Rashnu, Râma et Vayu (Yt. 14, 15, 17). Ce syncrétisme ira croissant et, dans le *Hôm Yasht* rédigé après Alexandre, le dieu-plante Haoma tient commerce avec Zarathoustra pour justifier la venue inattendue de ce breuvage jadis rejeté par le Prophète [1]. Signe de la

---

1. *Haoma* (soma védique), plante d'immortalité. « Arbre de vie » du Jardin d'Eden, Zoroastre en dénonça le breuvage faussement extatique (Y. 48.10).

victoire des mages, Mithra domine parfois Ahura Mazdâ et ses Amesha Spenta (Yt. 10), tout comme leur théologie fataliste de Zervân. Parallèlement les grands rois célèbrent avec solennité la fête annuelle de Mithra (*Mithrakâna*) où d'imposants sacrifices avaient lieu (Strabon XI, 14, 9). Au temps de l'auteur de la *Géographie* (—64/20), Ecbatane, capitale des Arsacides, gardait un temple dédié à Anahita (Isidore de Charax).

En revanche, ces déviations théologiques liées au rituel du feu, aux sacrifices et aux libations antérieurs et parallèles au zoroastrisme proprement dit, accueillirent d'importants éléments de moralisation zoroastrienne. De son côté, attachée à l'abstention des sacrifices sanglants, la tradition zoroastrienne y substitua une mixture cultuelle innocente : aspersion d'urine de taureau, de lait et de graisse, symbole de fertilité et de fécondité de la nature. Le haoma dont le secret de fabrication était perdu, fut remplacé par le « parahaoma » (*parâhôm*), composé de suc de plantes, de lait et d'eau bénite.

A. Meillet a fort bien résumé cette évolution où le zoroastrisme originel s'était augmenté d'éléments syncrétiques issus de la religion populaire, des croyances des mages et des cultes helléniques jusqu'à l'époque sassanide : « La religion de l'Avesta récent apparaît comme un compromis entre la réforme religieuse (de Zoroastre) dont les Gâthâs sont le seul monument authentique et l'ancienne tradition iranienne... Dans les Gâthâs, on est partout en présence d'une réforme religieuse systématique... Au contraire, la doctrine de l'Avesta récent a un caractère syncrétique ; elle résulte d'un compromis entre le zoroastrisme pur... et une ancienne religion ritualiste [1]. »

---

1. *Trois conférences sur les Gâthâ*, Paris 1925, p. 14-20.

L'ECLECTISME DES PARTHES

Les successeurs d'Alexandre avaient introduit la culture hellénique dans les villes perses alors que le zoroastrisme se maintenait en milieu rural et parmi les seigneurs provinciaux. La réaction nationaliste vint finalement de l'est iranien d'où étaient originaires les *Parthes*, nomades semi-sédentarisés des steppes de l'est-caspien et redoutables cavaliers. Les Parthes se placèrent sous le drapeau d'une puissante famille féodale de descendants de colons militaires achéménides, la dynastie Arsacide (—249/—224), laquelle va restaurer l'empire, en commençant par la Parthie, la Bactriane et l'Hyrcanie (—239), avant d'annexer la Médie, la Perse proprement dite (Fars) et la Mésopotamie, refoulant les Séleucides à l'ouest de l'Euphrate (v. —140). Se posant en héritiers de la politique achéménide, et de mœurs chevaleresques, les Parthes tolèrent les religions étrangères. Les Arsacides, depuis Mithridate Ier (—174/—136), se disent *philhellènes* et respectent les cités grecques de Séleucie-sur-le-Tigre, Séleucie-sur-l'Eulans (Suse), Dura-Europos, Babylone, Uruk, etc. Toutefois, ils entendent restaurer pleinement les traditions iraniennes. Nationalistes, les Arsacides portent le titre de *Shahinshah* et installent une morale d'empire où le zoroastrisme incarnera pour longtemps l'idéal religieux iranien.

Toutefois, leur religion dénote un zoroastrisme fortement syncrétisé : les statues des dieux et des démons trahissent l'anthropomorphisme grec (Dura-Europos, Nimrud Dagh, Hatra, Palmyre) et la triade Oromazdès-Mithra-Anahita s'augmente de la fusion d'Héraclès et de l'indo-iranien *Verethragna* (pehl. *Varahran*), le dieu de la victoire, formant ainsi les quatre aspects du tétramorphe zervanite. Le culte d'Anahita est aussi prépondérant (Arsak, Ecbatane, Suse, Kengavar, Istakhr, Arménie, Cappadoce), et le sanctuaire des mages à Shîz (Médie atropatène), bien que zoroastrianisé, se voit dédié à la déesse.

Au temps du premier zoroastrisme, c'est-à-dire avant que la hiérarchie des mages ne vienne se mouler dans ses structures, il n'y avait d'autre équivalent pour le prêtre que l'Arthravan et d'autres degrés sacerdotaux que ceux du maître, l'*aêthrapaiti*, et du disciple, l'*hâvishta*. La simplicité de la communauté originale placée sous le « plus semblable à Zarathoustra », le *Zarathushtrôtema*, répondait fidèlement à l'humilité hiérarchique des Gâthâs.

L'Iran parthe connaît deux catégories principales de prêtres, les mages siégeant au conseil du roi (Strabon) et les *herbads* des temples du feu qui se multiplient sous ces souverains et dont Istakhr est le sanctuaire. Le pehlevi arsacide, dérivé du vieux-perse, remplace peu à peu le grec en usage dans l'administration séleucide et dans le commerce. Malgré leur syncrétisme, les Parthes réalisèrent la première restauration zoroastrienne dans le cadre de la réaction nationale contre l'hellénisme. Selon le *Bahman Yt* (Yasht de Vohu Manah), les Arsacides furent les rénovateurs du mazdéisme. Mais si l'exposition des morts aux oiseaux se poursuit (Justin, L. 41, III), les Arsacides se font inhumer à Nisa en Parthie et à Suse où de vastes nécropoles furent mises à jour. Avec Vologèse Ier (51/78) s'affirme la renaissance iranienne et ce souverain serait le premier à avoir ordonné la réunion des traditions et textes épars anciens de l'Avesta. Sa monnaie est frappée en langue pehlevi-arsacide et le dos des pièces représente un prêtre officiant devant un autel du feu.

Donnant un rôle prépondérant à Mithra, les mages lui ajoutèrent le rôle de Rédempteur du Saoshyant zoroastrien. Maîtres des Mystères de Mithra, également attribués à Zoroastre (Eubulus, Porphyre), les Maguséens les introduiront dans l'empire romain par le tracé des légions de Cilicie (Plutarque). Bien que le mithriacisme gardât l'idéologie militaire et les sacrifices du taureau de l'ancien culte irano-mède de la divinité solaire et guerrière indo-iranienne, les Mystères romains naquirent dans un contexte mythico-militaire très différent de celui de l'ancien Mithra protoiranien (Wikander). Chez les Parthes du Ier siècle avant J.-C., l'idéologie royale du Xvarnah se réaffirmait en identifiant le Roi des rois au « Grand Roi » Mihr (Mithra) réincarné. Par Mithridate-Eupator (—111/—66), la *militia dei* introduit en Grèce le culte d'Arsace-Mithra et voit, dès —60, les Romains se convertir aux Mystères qui servaient pourtant la propagande des Perses et des Arméniens contre Rome. Et ce, jusqu'à Néron qui, à la faveur de son traité avec Vologèse Ier, s'y fait initier par Tiridate d'Arménie, le frère du souverain parthe. L'identification des Mystères et des mages avec Zoroastre fut telle qu'à Dura-Europos, (Syrie), sur la rive droite de l'Euphrate, ville tombée entre les mains des Parthes dès le début du Ier siècle de notre ère, une peinture du *Mithraeum* présente deux portraits identifiés comme ceux du Grand Mage Ostanès et de Zoroastre.

*
**

Si, à la suite de l'exode de l'élite juive en Iran depuis Sardon (—721), succéda une longue assimilation d'idées religieuses perses par le judaïsme après l'Exil (—538), c'est sous les Parthes que l'influence la plus profonde du mazdéisme sur le crypto-judaïsme s'est réalisée [1]. La Nouvelle Alliance qui voulait renouveler Israël, fut contractée dans l'exil essénien « au pays de Damas », sur une terre riche d'éléments magozoroastriens. Fidèles à l'amitié ancestrale des Perses, les Esséniens déportés en Syrie restaient le dernier bastion favorable à une alliance judéo-parthe contre la synagogue hellénisée et contre Rome. Espéraient-ils un retour massif des alliés perses afin de restaurer une fois encore le véritable Israël, ici personnifié par la secte de Qoumrân ? Des ambassades perses viennent à Jérusalem et les Pieux d'Israël ne perdirent jamais le contact avec leurs frères de la diaspora de Mésopotamie, d'Elam, de Médie et de Parthie [2]. Partout on attend un messie libérateur sous les traits de l'Arsacide, de l'héritier de Cyrus, l'Oint du Seigneur du livre d'Isaïe. En —53, Crassus est tué à Carrae dans le désert de Syrie en revenant de piller le Temple de Jérusalem et ses légions sont écrasées par la cavalerie parthe de Suréna (Plutarque). Allié aux Parthes qui occupaient déjà le nord syrien, Antigone organise l'insurrection de la Judée contre Hérode et Phasael. En —40, les Parthes de Pacorus pénètrent en Palestine, permettent le retour des Esséniens en Judée, chassent Hérode et déportent Hyrcan II à Babylone, restaurant

---

1. K.G. Kuhn ; A. Dupont-Sommer ; *Zarathoustra, op. cit.*, ch. 12 ; John R. Hinnels, *Zoroastrian influence on Judaeo-Christian tradition* in Journal K.R. Cama Oriental Institute, n° 45, 1976.
2. *Cf.* Esd. 4.9 ; 4.15 ; Is. 11.11 ; Act., 2.9.

la dynastie nationale avec Antigone, jusqu'au nouveau pillage romain qui réinstalla Hérode et la tyrannie (—37). En —20, les Parthes créent un petit Etat juif éphémère sur les bords de l'Euphrate et c'est sous leur protection que les écoles juives de Babylone devinrent florissantes. Du réveil de la « Guerre des Juifs » (66), jusqu'à l'écrasement d'Israël (135), l'insurrection juive fut régulièrement soutenue par les Parthes, particulièrement en Mésopotamie contre Trajan (98-117). Un dicton circulait alors dans les colonies juives de la diaspora : « Quand tu verras un coursier parthe attaché à un tombeau en Palestine, l'heure du Messie sera proche. »

Tout ceci montre combien l'alliance politique des fidèles d'Israël avec la Perse rejoignait l'espoir d'une délivrance définitive du joug étranger par le biais d'un roi messianique identique au Sauveur de la fin des temps de l'eschatologie des Parthes qui la voyaient concomitante de l'effondrement de Rome.

*
* *

Dès le IIe siècle avant J.-C., le Proche-Orient connut la diffusion d'écrits eschatologiques d'inspiration zoroastrienne, rédigés en grec sous le nom d'*Oracles* d'Hystape (Vishtaspa), lesquels manifestaient la haine des Parthes contre Rome. L'ultime combat de la fin des temps se confond avec la « Grande Guerre » apocalyptique contre ces ennemis communs des Perses et des Juifs, d'où la « profonde influence des conceptions mazdéennes » qu'on retrouve dans le *Règlement de la Guerre* des Esséniens, s'identifiant aux « Fils de Lumière » de la guerre sainte contre les « Fils de Ténèbres »[1]. Les exploits de la chevalerie parthe,

---

1. A. Dupont-Sommer, *les Ecrits esséniens découverts près de la Mer Morte*, Payot 1964, p. 180.

laquelle anticipait d'un millénaire la naissance de la chevalerie européenne, avaient inspiré les visionnaires de l'angélologie victorieuse des livres de Daniel et des Macchabées. Les fresques archéologiques de Dura-Europos (IIe et IIIe siècles après J.-C.) et de Firouzabad (IIIe siècle) illustrent de façon éclatante l'origine partho-sassanide de l'équipement de nos chevaliers du Moyen Age européen [1]. Le livre d'Enoch donnait à Dieu le titre perse de « Roi des rois », évoquait la puissance des Parthes et des Mèdes (54.9), et abondait en thèmes spécifiquement zoroastriens totalement étrangers à la littérature judaïque orthodoxe.

De même que K. G. Kuhn, A. Dupont-Sommer, J.R. Hinnels, avaient remarqué l'empreinte du zoroastrisme et du zervanisme sur la littérature millénaire de Qoumrân, en particulier dans la doctrine des deux Esprits du *Rouleau des Hymnes* dont certains accents paraissent directement inspirés des Gâthâs de Zoroastre, nous en avons relevé aussi l'ampleur sur les origines cryptiques du christianisme [2].

*
* *

L'influence de la pensée perse fut si profonde sur l'élaboration de la pensée judéo-chrétienne, que dès l'époque séleucide on relève déjà plusieurs tentatives d'absorption de Zoroastre dans la tradition biblique. Après que le roi Salomon fut identifié avec des dynastes perses, des auteurs firent d'Abraham le père de l'astrologie chaldéenne et l'initiateur de Zoroastre. Ezéchiel fut assimilé à Zoroastre, ou plutôt au *Zaratus* de Babylone et on vit le Sage iranien tantôt confondu avec Balaam, le prophète mésopotamien missionné

---

1. Voir Annexe II, p. 315.
2. *Zarathoustra, op. cit.*, chapitre XIII.

par le roi de Moab, puis avec le scribe Baruch, secrétaire de Jérémie et auteur du livre du même nom (Ba. 1/6.72) qui précède *Ezéchiel* dans l'Ancien Testament.

Depuis le XVIIIe siècle et malgré un antagonisme clérical puissant, de nombreux auteurs comme Frédéric II, Ernest Renan et Edouard Schuré ont confirmé la parenté spirituelle entre l'essénisme et le christianisme. En fait, les divergences qui existent entre les deux pensées tendent à inscrire davantage le message de Jésus dans le contexte ésotérique de la gnose zervano-zoroastrienne, au point qu'on peut se demander si l'histoire des Mages de Bethléem ne dissimule pas une initiation occulte du jeune Galiléen par les mages ou des initiés perses. En effet, le thème des bergers qui reconnaissent ou recueillent un enfant royal est propre à la légende iranienne et l'image de la naissance du Sauveur dans une caverne appartenait aux légendes parthes du Saoshyant/Mithra, incluant le mythe de la fécondation virginale de la Mère. Parallèlement à l'Apocalypse d'Hystape, une prophétie zoroastrienne sur la naissance du Sauveur de l'idéologie royale parthe, circulait parmi les Maguséens [1].

En Iran oriental, des mages astrologues se recueillaient chaque année sur le *Mont Victorialis* et guettaient durant trois jours l'étoile du Grand Roi (Livre de Seth). L'*Opus imperfectum in Mattheum* (IVe siècle), longtemps attribué à Jean Chrysostome, établit le lien entre ces douze mages qui attendaient annuellement l'étoile révélatrice de la naissance du Sauveur (Myrh) avec la venue des trois Mages à Bethléem sous la conduite de l'étoile. Comme seul l'évangile de Mat-

---

[1]. *Bahman Yast. Cf. Chronique de Zuqnin, Evangéliaire d'Etchmiadzin.* Voir, avec les travaux de J. Bidez et F. Cumont, *op. cit., La Légende des rois mages* d'Elissagaray, Seuil 1965 ; voir aussi Widengren, *op. cit.*, ch. VI, 4.

thieu rapporte cet épisode des Mages, on a longtemps pensé que les exégètes chrétiens, soucieux d'affirmer l'originalité de la Bonne Nouvelle sur la tradition juive, remanièrent le proto-évangile de Matthieu pour y interpoler l'histoire non judaïque des Mages. Mais ailleurs les Evangiles révèlent bien des idées communes sur la fin du monde, le Royaume de Dieu et la naissance du Sauveur, *totalement extérieures au judaïsme*.

Après que Tertullien (155/220) eut fait rois les Mages de Bethléem, un évangile arabe de source syriaque affirmait : « Des mages arrivèrent d'Orient à Jérusalem, *selon ce que Zoroastre avait prédit* » (Evangile de l'Enfance). Mais, comme les Mages avaient quitté Bethléem au lieu de devenir les disciples du Christ, le pseudo-Chrysostome les montra convertis par l'apôtre Thomas lors de sa mission d'évangélisation en Perse et en Inde. Dès le IVe siècle, saint Epiphane et saint Basile de Césarée se servirent de la reconnaissance du Christ par les Mages comme argument contre les Juifs orthodoxes et contre les Ebionites.

※※

En dépit de l'originalité de la foi christique, de nombreux thèmes évangéliques tirent leur source de la gnose zoroastrienne qui évoluait en filigrane dans le crypto-judaïsme depuis l'Exil, et plus encore depuis l'insurrection d'une partie d'Israël contre l'hellénisation. La marque de la pensée perse sur le crypto-judaïsme découlait d'une bienveillance arsacide égale à celle des Achéménides pour Israël, tant envers les colonies juives d'Iran qu'à l'égard des écoles de Babylonie. A l'époque de l'élaboration du Talmud babylonien, Artaban V, dernier roi parthe, sera encore l'ami de Rab, fondateur de l'école juive de Sora (219). Les évangiles montrent plus catégoriquement encore que les textes esséniens la rencontre historique du judaïsme et du mazdéisme zoroastrien, croyances radicalement différentes avant leur fusion contrariée mais unique dans le message chrétien. Déjà, J. H. Moulton remarquait : « *Cette idée constante du Royaume de Dieu, objet suprême des aspirations humaines... occupe (dans les Gâthâs) la place centrale et on ne trouve aucune affinité plus significative que celle-là entre la religion du prophète iranien et celle des évangiles.* » Le christianisme s'élabora sur des éléments ésotériques zoroastriens admirablement fécondés par le prophétisme et le millénarisme juifs dans une voie mystique originale que Jésus modela à son inspiration divine. Comme jadis, pour la thèse des origines esséniennes du christianisme, on peut rejeter comme « diabolique » toute démonstration dans le sens de cette filiation, aussi historique soit-elle, par peur de voir hypothéquer l'originalité de la révélation évangélique. La foi catholique d'un prince de l'Eglise tel que le Primat d'Autriche, le cardinal Dr Franz König, n'en a nullement été affecté comme le prouve son intérêt pour *l'Influence des Enseignements de Zoroastre dans le monde*[1].

De la méconnaissance de ces origines extra-judaïques est survenu un malentendu millénaire parce que le judaïsme ne pouvait légitimement pas reconnaître son enfant dans le christianisme qui en prétendait accomplir la Loi.

Ainsi, on remarque pareillement le rejet des sacrifices chez les Esséniens comme chez Jésus, alors qu'ils se poursuivirent dans le Temple. La résurrection des morts, qu'on voit évoluer de la réanimation de cadavres depuis les Psaumes, Ezéchiel et Daniel, alors que l'immortalité de l'âme restait encore niée par les Sad-

---

1. Université de Téhéran, octobre 1968.

ducéens du temps de Jésus. C'est sous l'influence d'idées iraniennes structurées et non à partir d'une vague conception cananéenne d'une résurrection du dieu de la végétation qui ne trouva d'ailleurs aucun développement ultérieur, que la croyance à une résurrection des Justes (exprimée pour la première fois clairement chez Daniel, ch. 12. 2) s'élabora en un article fondamental de la foi christique que l'apôtre Paul énoncera en termes d'une résurrection spirituelle conforme au schéma zoroastrien (I Co. 15 35/53). L'angélologie était pareillement contestée par la Synagogue et la tradition rabbinique, alors qu'elle se retrouve aussi riche dans l'Evangile que chez les Esséniens. En plus de l'idée théologique des anges zoroastriens (Yazatas/Izeds), ceux-ci apparaissaient déjà, antérieurement au christianisme, tels que l'imagera l'iconographie biblique et chrétienne, sur le relief de Mithridate II à Bisutun, vers 100 avant notre ère. Le messianisme spirituel du Fils de l'Homme inauguré par Ezéchiel et Daniel et florissant dans le livre d'Enoch, se révèle très différent du messianisme politique attendu d'Israël. Les miracles de Jésus opéraient la stérilisation du mal identique au Saoshyant zoroastrien qui guérit, supprime la mort et renouvelle le monde. Enfin, une eschatologie apocalyptique qui domine le schéma évangélique alors qu'elle était aussi étrangère au judaïsme orthodoxe que familière au milieu mago-zoroastrien des Parthes.

Jésus eut conscience d'être le messager attendu, le Sauveur et Rédempteur (Mc. 10.45) pour établir un Royaume céleste (Mc. 4.11). Il présidera à la Résurrection des morts (II Thes. 1.10) en les appelant au renouveau du monde, à la restauration de la création divine idéale dans de « nouveaux cieux et une nouvelle terre » (II Pier. 3.13).

Après les Evangiles, l'Apocalypse de saint Jean et les Epîtres pauliniennes foisonnent de concepts zoroastriens souvent plus purs que ceux du dualisme d'un Simon le Mage. Puis, faisant de Zoroastre l'annonciateur de Jésus, des auteurs le judaïsèrent en même temps que ses Mages qui, dorénavant, furent originaires de Palestine et prêchèrent en Azerbaïdjan ! L'apologiste Lactance utilisa copieusement l'Apocalypse d'Hystape pour ses *Institutions divines*, tandis qu'il voyait en Zoroastre « un très ancien roi des Mèdes » favorisé d'une inspiration divine. De son côté, le Pseudo-Clément, auteur des *Homélies* (vers 350-400 après J.-C.) identifia Zoroastre à Nemrod, le roi fabuleux de Chaldée. Il dit que le feu du ciel tomba sur Nemrod et le consuma, mais qu'après l'éclair il revint sur terre avec pour nom *Zoroastre* (Homélies). Il rapporte que depuis cet événement céleste, le feu est adoré par les Perses. Les gnostiques d'Egypte connurent des traités attribués à Zoroastre (Celse, Clément d'Alexandrie), dont un *Discours de vérité de Zostrien, dieu de vérité, discours de Zoroastre* ou *Apocalypse de Zostrien* (J. Doresse). Selon Pline, la bibliothèque d'Alexandrie gardait dès le IIe siècle des oracles chaldéens dus à Zoroastre, catalogués par Hermippe et traduits en grec sous Ptolémée Philadelphe.

Tous ces points montrent combien le schéma apocalyptique zoroastrien engendra des messianismes et des retraites alarmées par une forte croyance en la fin des temps. Pour le christianisme s'affirmant dans le monde méditerranéen, les idées religieuses perses fructifiant dans la tradition judéo-chrétienne, constituaient autant de traces d'une antériorité païenne insupportable. Avec la victoire politique du christianisme sur le mithriacisme, saint Augustin regretta que le Christ se révélât à « l'impiété sacrilège des mages » et, dès lors, l'Eglise vit l'ombre diabolique de Zoroastre derrière Mani et les Cathares, derrière la foi suspecte des Templiers, comme celle du père de la grande hérésie dualiste.

⁂

A l'orient du vaste empire des Arsacides, les *Koushâns*, tolérants comme les Parthes, prennent la suite des liens antiques entre le monde iranien et le monde indien qui remontaient aux satrapies orientales des Achéménides, à l'ambassade de Séleucos Ier auprès de Chandragoupta (Mégasthène) et au royaume gréco-bactrien. La rencontre la plus spectaculaire est celle que fit le bouddhisme septentrional avec la religion perse et qui va s'exprimer dans les arts (gréco-bouddhique, indo-scythe, parthe), depuis l'expansion des missions bouddhiques sous Asoka (IIIe siècle avant J.-C.) au Séistan et au Gandhâra, province aux « brahmanes à demi-mages » (A. Foucher) et dont l'art très particulier a essaimé jusqu'en Extrême-Orient. Dans cette symbiose culturelle perso-indienne, l'art parthe remplit un rôle original qui n'a pas été encore assez reconnu (R. Ghirshman, A. Mazahéri). Vers 148, un prince parthe connu en Chine sous le nom de *Ngan Tche Kao* y introduit des idées zoroastriennes. Le roi Kanishka (v. 144), tout en protégeant les temples du feu (Surk Kotal), adopte le bouddhisme et réunit un important concile qui décide de représenter l'image du Bouddha. Il développe des villes grâce à des architectes iraniens, dont Kapiçi, Peshâwar et Taxila, laquelle gardait le culte zoroastrien et l'écriture araméenne depuis l'époque achéménide. Signe de son éclectisme, le Bouddha apparaît sur les monnaies de Kanishka avec des divinités iraniennes et des caractères grecs. C'est probablement à l'époque de la victoire de Shapour II sur les Koushâns que le bouddhisme oriental dut stopper son prosélytisme en Iran. L'Avesta cite une controverse victorieuse sur « l'imposteur Gaotema » que certains voient pour le Bouddha Gautama (Yt. 13. 16 ; Haug). Mais, du Séistan à Bamiyan et au Turkestan, la culture originale *sassano-bouddhique* féconda les arts, au-delà même du VIe siècle, jusqu'en Chine et au Japon (Godard, Foucher, Ghirshman). Le halo lumineux du Xvarnah zoroastrien fait son apparition derrière la tête des Koushâns et du Bouddha, comme il nimbe Mithra, le Christ et les saints à l'Occident. Le Bouddha iranisé s'auréole du feu et d'anges iraniens, salue à la mode parthe et s'entoure de génies parthes ou sassanides (Afghanistan). Il reste aussi significatif que le *Dhyanibouddha*, importé de l'ouest, comme *Amithaba*, Bouddha de la lumière infinie, rappellent un dieu solaire iranien et que Maitreya, le Bouddha futur, tire son nom de Mithra. Sylvain Lévi a montré que bien des idées nouvelles du *Mahayana* provenaient du zoroastrisme [1].

La sotériologie et l'eschatologie zoroastriennes ont surtout transformé le bouddhisme en religion de salut collectif (Grand Véhicule), de même qu'une éthique de l'action remplaça peu à peu la passivité contemplative indienne.

---

1. *L'Inde et le monde*, Paris 1925, p. 45 s. Le chercheur japonais Atsuko Ikida a récemment confirmé que Taxila (nord Gandhara), bien que toujours regardé comme un centre d'expansion du bouddhisme, avait aussi un temple du feu et connut jadis une activité zoroastrienne.

LA RELIGION DES SASSANIDES

Peut-être en réaction contre une certaine symbiose opérée en Iran avec la culture grecque des Séleucides et, à la différence de l'éclectisme des Arsacides, la dynastie Sassanide (226-651), instaura un mazdéisme intégriste et jaloux de la succession du zoroastrisme et de l'ancien Iran qu'elle revendiqua par-delà les Parthes, les jugeant trop indulgents avec l'hellénisme. Mais, comme l'a remarqué Roman Ghirshman, « la subite renaissance des Sassanides est un mythe. La liaison entre eux et les Achéménides a été assurée par les Parthes ». En effet, la politique spécifiquement iranienne des Parthes dénote un mazdéisme éclairé, tant dans leur multiplication des temples du feu que dans la diffusion de leur culture originale au royaume Koushân, en Arménie (où une branche arsacide maintint le zoroastrisme jusqu'en 428), en Syrie (Dura-Europos, Palmyre), en Haute Mésopotamie (Hatra) et partout où la *koinè* de l'art parthe s'étendit de la Russie du sud au Turkestan chinois. Après les Achéménides, la tolérance des Parthes leur permettait, tout en ayant une politique iranienne virile, de célébrer des actes liturgiques identiques aux divinités grecques, babyloniennes, romaines ou juives.

L'intolérance religieuse n'avait jamais vu le jour en Iran avant certaines périodes de la théocratie sassanide. Ce qui déroute l'historien, c'est que jugeant rétrospectivement le zoroastrisme, des époques achéménide et parthe selon le modèle intransigeant des Sassanides, on ne voit pas que la tolérance même du zoroastrisme attaché en priorité aux problèmes d'éthique, l'avait laissé se modeler sur les autres cultes iraniens au risque d'y perdre une partie de son identité originelle.

Pourtant, si le Dênkart reconnaît que la première initiative de restauration de l'Avesta fut due à un roi parthe (Vologèse Ier) et non à un Sassanide, c'est incontestablement que le zoroastrisme des Parthes avait été assez manifeste pour qu'on ne pût l'occulter. Les Sassanides vont s'affirmer *Mazdayasn* « adorateurs de Mazdâ » sur leurs monnaies, bien que la religion qu'ils vont cristalliser en zoroastrisme d'Etat soit fortement empreinte de théologie des mages.

Originaires du Fars (aussi *Pars*), l'ancienne Perse achéménide, les Sassanides descendaient de Sassan, grand prêtre d'Anahita à Istakhr. Papak, fils de Sassan, épousa la fille d'un souverain local dont il s'empara du pouvoir en 208 et leur fils, Ardeshir Papakan, étendit sa puissance sur tous les princes d'Iran et se fit couronner à Pasargade en 226. Ardachîr, le premier grand roi Sassanide, favorable aux mages (Agathias), ordonna au grand herbad Tansar de rassembler tout l'enseignement de l'Avesta dont Vologèse avait entamé la reconstitution un siècle et demi plus tôt.

« Quand Ardachîr, Roi des rois, fils de Pâpak, vint restaurer l'empire d'Iran, il réunit en un seul lieu toutes les écritures dispersées ; et le herbed des herbeds, le saint Tansar, l'homme de la doctrine des anciens, vint et incorpora une révélation au complet, il donna une image exacte de la splendeur originale du Trésor de Shapigân. »

La liturgie se fixa avec dogmatisme sous Ardachîr par le zèle religieux de Tansar : « Lorsque... Ardachîr monta sur le trône, l'usage s'introduisit de lire un des chapitres, qu'ils nomment isnad (yasna) : encore aujourd'hui les Guèbres se bornent à réciter ce chapitre [1]. »

Cette réunion des textes sacrés qui n'entendait reconnaître que le mazdéisme comme canon de la vérité, fut en fait poursuivie par Shapour Ier.

L'ère sassanide réalisa la suprématie convoitée par les mages depuis Cambyse. Autour du zoroastrisme, flambeau du passé religieux récupéré par les mages, vont se souder les cultes traditionnels réunis par les *mobads* (de *magopat*, mage) de ce néo-mazdéisme d'Etat dans lequel ils introduisirent l'esprit pédant et dogmatique du sacerdoce mède dont respire le Vendidad. Ardachîr donne des places de choix aux mages qui constituent une théocratie placée sous l'autorité d'un grand prêtre *Môbadhan Mobad*.

Autrefois, la communauté zoroastrienne se plaçait sous le *Zarathushtrôtema*, le plus semblable à Zoroastre, siégeant au-dessus des athravans et des herbads. Mais, dès lors, les mobads célèbrent aussi le culte du feu dont Shîz (Azerbaïdjan) est leur sanctuaire et ils dominent hiérarchiquement les herbads qui étaient prêtres du feu d'Anahita à Istakhr mais qui vont dorénavant surtout veiller à l'enseignement dans les séminaires (*hêrpatistân*). L'institution d'une Eglise d'Etat placée sous l'autorité d'un pontife légiférant les cultes iraniens, était inédite en Iran. Malheureusement, c'est de cette vue sévère d'un zoroastrisme revu et corrigé

---

1. Maçoudi, II, 125.

par le sacerdoce des mages intolérants, qu'on appréciera cette antique religion.

Shapour Ier (241-272), tout en prenant la tête des mages/mobads, se montre encore hésitant à favoriser la nouvelle doctrine de Mani (216-277). On lui doit cet édit qui calma une intolérance naissante dans l'empire, y ordonnant de « laisser en paix, sans troubler le libre exercice de leurs croyances dans les différentes provinces de la Perse, les mages, les juifs, les manichéens, les chrétiens et tous les adhérents de quelque religion que ce soit ». De ses frères, Pérôz, « grand roi des Koushâns », honore à la fois Bouddha et Mani quoique mazdéen, et Mihrshah se fait manichéen. Toutefois, Shapour Ier fait rassembler les textes de l'Avesta dispersés en Iran, en Inde et en Grèce d'Asie qui traitaient d'astronomie et de médecine. Kartêr, le « Mobad d'Ormazd et de tout l'Iran », affirme un dogmatisme croissant. En 260, Shapour fait prisonnier Valérien avec 70 000 légionnaires, victoire qu'il fait sculpter en bas-reliefs à Bishâpur, tandis que les Romains chrétiens captifs continueront à suivre librement leur foi.

Shapour meurt en 272 et après le court règne d'Ormizd et de Bahran (273-276), la théocratie de Kartêr amorce la fusion entre les mobads et les herbads et achève de durcir une orthodoxie inflexible. Il se vante d'avoir érigé des temples du feu dans toutes les régions gagnées par l'armée perse : « *Dans le royaume d'Iran, je fis réunir beaucoup de feux et de mages. Et aussi dans les pays des non-Iraniens, là où les chevaux et les hommes du Roi des rois étaient parvenus.* »

Les deux grands emblèmes de la religion sont alors *Hvarekshaeta*, le soleil glorieux et *Avarkhvarch*, le feu radieux.

Il y avait des feux *Bahrâm*, purs et sacrés, répondant aux trois fonctions : le feu *Farnbag*, des prêtres ; le feu *Gûshnasp*, des guerriers ; et le feu *Bûrjîn Mitro*, des agriculteurs ; feux que la tradition ultérieure appelle successivement *Khordâd*, *Gushasp* et *Burzin Mihr* (Rivayats). Le feu Gushasp brûlait à Shîz où les souverains sassanides se rendaient en pèlerinage à leur avènement, leur couronnement ayant lieu probablement à Istakhr, sanctuaire d'origine des Sassanides où se déroula encore celui du dernier grand roi, voire parfois à Ctésiphon. La bénédiction suprême leur était donnée par les mobads de Shîz dans le sanctuaire où les mages avaient même domicilié la légende de Zoroastre. Selon Athenaeus (v. 193), le roi, qui ne buvait jamais d'alcool le reste de l'année (Ctésias), se soûlait rituellement le jour de la fête de Mithra, ce qui veut dire qu'il se droguait au haoma préparé par les mages.

*
* *

L'intolérance théocratique allait grandir et, en raison de la bienveillance que Mani avait reçue de Shapour Ier, le « Prophète de la Lumière » fut la première victime de Kartêr (277), début d'une ère répressive dont le grand Mobad se flatte dans une inscription à Naqsh-î-Rustam, près de la « Kaaba de Zardusht » :

« Les doctrines d'Ahriman et les démons disparurent de l'empire et furent rendus indignes de foi. Les juifs, les samanas (bouddhistes), les brahmines (Hindous), les nazoréens (Mandéens), les chrétiens, les muktiks (yoguis) et les zandiks (manichéens), furent battus dans l'empire, et les idoles ayant été détruites, les nids de démons ayant été dispersés, on en fit des lieux et habitations pour les dieux. »

Le manichéisme ne trouva pas l'hospitalité dans son pays d'origine parce qu'il ne pouvait s'accorder avec les exigences temporelles des Sassanides ni se concilier avec la philosophie virile des Perses à l'égard de la vie. Voulant unir l'héritage mago-zoroastrien aux croyances étrangères d'Iran, christianisme, gnose, bouddhisme, dans une religion universaliste, Mani versa dans un rejet du monde et un ascétisme qui l'opposaient trop à l'éthique iranienne. S'il reprocha aux mages d'avoir altéré l'enseignement de Zoroastre (comme il le fit de même envers les chrétiens de l'Evangile), son dualisme radical portait cependant la marque du zervanisme et se conjuguait dans une confrontation stricte de l'Esprit et de la matière, de l'âme et de la chair, démoniaque et corrompue, comme dans le gnosticisme. Prônant le célibat, il choqua la société perse et son refus de cultiver la terre se heurta à la prédilection zoroastrienne pour l'agriculture. Sa vision grandiose porte l'hypothèque d'un Mal éternel qui diffère du soleil d'espérance du zoroastrisme.

Mais le dualisme que l'Eglise latine attribua à la Perse, naquit bien ailleurs aussi. Au reste on doit se demander pourquoi la croyance catholique à Dieu et au diable, au Saint-Esprit et à la chair pécheresse, ne font pas d'elle un dualisme ? D'ailleurs, le dualisme ne se limita pas au monde eurasien. Les prédécesseurs des Aztèques pensaient que tout dans le cosmos, y compris la vie et la conscience, découlait d'une lutte entre deux principes cosmiques de vie et de mort, de lumière et de ténèbres [1]. Plus heureux que le marcionisme, le manichéisme séjourna longtemps au Khorassan, à Samarcande, au Turkestan chinois, et à l'ouest, en Arménie, en Bulgarie, aux Balkans (Bogomiles) et en Europe méridionale (Cathares).

Les communautés non-mazdéennes ne furent que sporadiquement tourmentées en Perse, l'intolérance

---

[1]. Peter Hompkins, *Secrets of the Great Pyramids in* « Mysteries of the Mexican Pyramids » (Handbook of Latin American Studies), Harper & Row Publishers.

nouvelle contrariant les traditions et les intérêts d'un empire dont l'économie s'ouvrait largement à l'extérieur. Ainsi, un souverain sassanide invité à sévir contre les chrétiens, fit, en ouvrant sa main, cette belle réponse aux prêtres zélés : « la paume c'est la religion mazdéenne, mais que serait la paume sans les doigts ? Les doigts sont les autres religions de l'Iran. »

Sous Shapour II (309-379), la conversion de Constantin au christianisme plaça les chrétiens de Perse dans une situation délicate. Les sujets chrétiens devenaient suspects d'intelligence avec l'ennemi romain. De plus, l'Arménie, écartelée depuis les Parthes entre Rome et la Perse, inclinait vers le christianisme de la nouvelle Constantinople (330). Pour des raisons politiques, des persécutions frappèrent les chrétiens durant quarante ans.

Les hérésies étant trop pressantes, Shapour II, qui s'intitule « Roi des rois, compagnon des étoiles, frère du soleil et de la lune » (Ammien M.), confronte son grand mobad Atarpât î-Mahraspandân avec les chefs des autres religions dans le jugement de Dieu de l'ordalie (*var nirang*) qui était censée révéler la vérité de la foi (Y. 31.2, 3 ; 47.6). Cette coutume cruelle indo-européenne fut spiritualisée par Zoroastre comme symbole du feu de la vérité et du feu de la résurrection à la fin des temps. Alors l'Evangile, à sa suite, pourra s'exclamer : « Les justes resplendiront comme le soleil dans le Royaume de leur Père » (Mt. 13.43). Le feu matériel brûle dans le gêtê et le feu spirituel transfigure dans le mênôk [1].

Atarpât sortit seul vainqueur de l'épreuve et Shapour s'exclama : « Maintenant que dans le monde la Religion est reconnue par nous, nous ne souffrirons plus que quiconque aie une mauvaise religion » (Dk. trad. Widengren). Le grand Mobad, fanatisé par le

---

1. Bdn XXX, 19. *Cf.* Y. 34.4.

vertige d'orgueil que donne souvent aux théologiens l'idée de détenir l'absolue vérité, voulut alors contraindre des chrétiens à embrasser le mazdéisme. Ce prêtre ayant fait exécuter les récalcitrants, Shapour tempéra la procédure en exigeant que la décision dépendît dorénavant de lui et non du clergé, mesure qui calma les poursuites. L'entente fut rarement totale entre la politique tolérante des souverains et un clergé totalitaire qui ira jusqu'à frapper d'anathème le roi Yazdagird Iᵉʳ.

Shapour II n'était pas personnellement hostile aux chrétiens et la tradition orientale rapporte que saint Eugène aurait même guéri l'un de ses fils. Tolérés jusqu'au règne de Yazdagird Iᵉʳ (399-421), ce roi convoqua les chrétiens en concile et leur accorda la reconnaissance officielle de l'Eglise Nestorienne de Perse (410). L'évêque de Séleucie-Ctésiphon devint le *Catholicos* de Perse tandis que Byzantins et Syriens exaltèrent « le bon roi clément, Yazdagird le chrétien » ! Les Nestoriens jouèrent dès lors un rôle actif dans la politique du grand roi avec Byzance et s'enrôlèrent dans l'armée pour lutter contre leurs coreligionnaires de l'Eglise byzantine... Vahram V (421-438) dit Vahram Ghôr (Onagre), quoique zélé zoroastrien, accepta un traité de réciprocité de liberté du culte aux chrétiens d'Iran et aux zoroastriens du territoire byzantin. Epousant une princesse de l'Inde, il introduisit en Perse la musique et la littérature indiennes. Les Malwas du Rajasthan font remonter leurs origines jusqu'à celui qui fut immortalisé comme le « puissant chasseur » par Omar Khayyam.

Yazdagird II (438-459) se scandalisa de l'ascétisme chrétien qui restreint le nombre des naissances et amènerait bientôt la fin de l'humanité. Ce roi eut recours à la persuasion et à la force pour convertir les chrétiens d'Arménie au zoroastrisme. Des positions élevées et les faveurs royales étaient promises avec dispense d'impôts à tous ceux qui adoptaient la foi nationale de l'Iran. Mihr Narseh, Premier ministre de Yazdagird fit une proclamation à la population chrétienne d'Arménie où, au nom du souverain, il l'exortait à embrasser la religion mazdéenne, ajoutant que les réfractaires étaient sourds et aveugles et égarés par Ahriman. Le Grand Roi n'avait pas envoyé moins de sept cents *môghâns* (mages) et *môbadhs* (prêtres) pour convertir les Arméniens et, selon Elisée, ces zélés missionnaires s'emparèrent des biens des églises et imposèrent les coutumes mazdéennes, obligeant l'éducation des jeunes chrétiens à suivre la doctrine de Zoroastre, voire à pratiquer des alliances consanguines selon une pratique héritée de la caste des mages.

L'armée perse, occupée à l'est par l'invasion des Huns Hephtalites, doit céder devant la résistance de Vahan, le chef de l'insurrection arménienne, que Ctésiphon doit reconnaître gouverneur indépendant d'Arménie. Vahan obtient du roi Valach, frère de Péroz (459-484), l'abolition du mazdéisme et la reconnaissance de l'Eglise d'Arménie, chrétienne mais schismatique aux yeux de Rome à cause d'un dualisme hérité de l'évêque Paul de Samosate.

Jadis bien tolérés, les juifs se voient interdire le Sabbat de 454/55 et, sous Péroz, ils sont persécutés pour le meurtre de prêtres mazdéens à Isfahan. Les chrétiens sont également pourchassés pour le sac de temples du feu et pour leur fanatisme [1]. La cristallisation théologique du néo-mazdéisme, élaborée de Tansar à Atarpât, « l'ordonnateur de la sainte loi » (Patet), enfermait la société perse dans un carcan de lois religieuses implacables et axées sur deux prin-

---

1. Dhalla, *History of Zoroastrianism*, p. 326.

cipes majeurs : propagation de la vie des créatures d'Ormazd — obsession de la pureté. Transposition dogmatique de la pureté de conscience et du respect de la vie voulus par Zoroastre et dont Nyberg a pu écrire que le Vendidad (livre qui reflète mieux que tout autre cette mutation) « est le zoroastrisme transposé dans le ton des mages ».

※
※ ※

Le Vendidad énonça des principes de vie aussi catégoriques que fort discutables : « L'homme qui a femme est au-dessus de celui qui vit dans la continence ; l'homme qui a une maison au-dessus de celui qui n'a pas de maison ; l'homme qui a un fils au-dessus de celui qui n'a pas de fils ; l'homme qui a de la fortune au-dessus de celui qui n'en a pas » (Vd. F. IV, 47). Et encore cet invraisemblable précepte : « De deux hommes, celui-là qui s'emplit le ventre de viande reçoit mieux en lui Vohu Manah que celui qui ne le fait pas. » (Ibid. 48). Non seulement il faut se garder d'être chaste mais il faut se garder de jeûner (Saddar, ch. 83). Il est important de se nourrir pour rester en bonne santé et œuvrer utilement : « Qui ne mange pas n'a point de force, ni pour faire vaillante œuvre de religion (les cérémonies avestéennes sous les Sassanides étaient épuisantes), ni pour cultiver avec vaillance, ni pour engendrer avec vaillance. C'est en mangeant que tout l'univers corporel vit ; en ne mangeant pas, il périt » (Vd. F. III. 33).

Certes, ces vérités respirent le bon sens, mais de là à sombrer dans le matérialisme pur et simple il n'y eut qu'un pas qui fut vite franchi à l'époque de l'établissement temporel de la théocratie néo-mazdéenne sous les Sassanides.

D'évidence, ces préceptes reflètent la sévérité de

l'esprit des mages et d'une morale érigée en réponse apologétique aux religions de morale ascétique qui pénétraient en Perse aux temps sassanides : sectes gnostiques, bouddhisme, monachisme chrétien, manichéisme.

D'une éthique qui au début se conciliait le monde pour l'utiliser au profit du seul service de la foi et de la sagesse zoroastriennes, la matérialisation religieuse que Zoroastre avait pourtant violemment combattue, engendra une morale utilitariste, pharisaïque et figée dans l'obscurantisme religieux du commerce des indulgences et de la simonie.

Le clergé légifère sur la santé publique, définit ce qui est pur et impur et établit une division formelle entre animaux bienfaisants et nuisibles, lesquels doivent être tués sans merci. Celui qui tue une loutre ou un chien reçoit 10 000 coups de fouet, peine de mort évidente commuable en une amende considérable. Le coupable doit en outre racheter son âme par des dons propitiatoires et tuer en échange un grand nombre de nuisibles : 10 000 serpents et autant de tortues, grenouilles, mouches et fourmis ! La pureté de l'eau et de la terre impose des précautions permanentes pour qu'un cadavre ne les souille pas. La coutume d'exposer les morts aux oiseaux sur des lieux élevés et, plus tard, sur des « tours du silence » aménagées à cet effet (dakhmas), se généralise alors que l'incinération et l'inhumation sont interdits, La morale publique renferme un nombre inouï de tabous de toutes sortes. La rigueur du code frappe impitoyablement la femme en couches ou celle qui a ses règles (dashtân) et dont le seul regard peut souiller le feu ! (Vd. F. 16.2). La peine capitale sévit impitoyablement contre l'homosexuel ou contre l'homme qui brûle ou jette à l'eau un cadavre. L'enterrement d'un cadavre non préalablement décharné rendait la terre impure durant 50 ans.

En revanche, la morale de l'Etat sassanide protégeait le mariage, la famille, condamnait l'avortement, encourageait l'adoption et admettait la polygamie. Le zoroastrisme inclinait traditionnellement à la monogamie, pratique gardée dans les classes moyennes et pauvres, alors que l'aristocratie entretenait des harems à l'exemple du sérail royal. Cependant, la femme jouissait d'une liberté jusqu'alors inconnue dans le monde ancien. Elle pouvait gérer son patrimoine, dirigeait le foyer et pouvait divorcer librement. A l'époque sassanide, l'endogamie, pratique courante des mages, se raréfie considérablement. Le code sassanide dotait les filles pauvres et permettait à l'époux de la femme stérile d'avoir une seconde épouse pour avoir des enfants.

*
**

Tandis que la théocratie s'octroie le monopole des nouveaux pyrées, les mobads s'investissent du pouvoir judiciaire.

Alors que la doctrine des Gâthâs et le premier zoroastrisme montrent de manière dominante la prééminence et la liberté de l'âme individuelle, la dogmatisation de l'époque sassanide s'arroge le contrôle moral et spirituel de l'individu en même temps que la théocratie mazdéenne usurpe le pouvoir sacerdotal du chef de famille, le *dûtak-sardâr* (paterfamilias). Cependant, comme on peut encore le constater de nos jours chez les Parsis, l'Eglise sassanide n'a pas touché au caractère sacré de la famille, cellule vénérée de la société iranienne pré-islamique parfaitement équilibrée entre le dûtak-sardâr et la maîtresse de maison, la *katak-bânûk*. Selon Procope, les Perses de son temps continuaient d'être plus distingués que les Grecs. Toutefois, ces règles religieuses transmises par le Vendidad ne devaient sévir que dans les couches sociales aristocratiques et de la riche bourgeoisie sur lesquelles la théocratie exerçait davantage son empire. Jugeant l'ensemble de la population, le rabbin Gamaliel louait les Perses pour trois vertus, la frugalité de leur nourriture, leur modestie et leur tempérance dans leurs relations conjugales.

Les troubles sociaux s'aggravent depuis Péroz et Kavadh (488-531) et voient surgir le mouvement révolutionnaire de Mazdak. Face aux injustices sociales des féodaux et du clergé, Mazdak, premier communiste de l'histoire, quoique théiste, prend la défense des classes rurales, prêche le partage des terres et la mise en communauté des femmes. Il veut étendre à tous l'inceste, coutume privilégiée des mages. L'ascétisme alimentaire des Mazdakites et leur rejet des sacrifices a incliné a voir en eux une secte néo-manichéenne. Mais ces tendances, peu prisées des riches, mettaient l'accent sur la tempérance habituelle des zoroastriens et reprenaient les mœurs latentes du premier zoroastrisme.

La théologie et l'optimisme de Mazdak rejoignent plus le zoroastrisme que le dualisme radical du zervanisme et du manichéisme. Sa volonté de transformer le monde rejoint l'éthique des Gâthâs, comme sa morale sexuelle découle davantage d'antiques coutumes caspiennes et scythiques (Hérodote) que d'abstinence manichéenne. Mazdak, attaquant la fortune et les privilèges des grands féodaux, voit le roi Kavadh le soutenir et l'attirer à sa cour. Mais les révolutionnaires commettent l'erreur de piller le trésor national et de détruire les pyrées féodaux dans un esprit égalitaire, ce qui ruina leur cause dans les provinces bien qu'ils aient entamé la distribution des terres seigneuriales aux paysans. Les excès de Mazdak ternirent sa popularité et la morale sassanide se sentit meurtrie par les rapts de femmes mises en commun et par l'abandon des orphelins. Kavadh se détacha du mazdakisme et, avec son fils Khosrô, décida d'en finir avec cette révolution encombrante. Convoquant les mazdakites en congrès avec les mazdéens et les chrétiens, ceux-ci, ensemble, confondent leurs doctrines et les passent sur place au fil de l'épée, le jour du Mirahgân (Mithrakâna) de 529. Mazdak et ses fidèles furent massacrés, leurs livres brûlés et leurs biens saisis. Toutefois, le mouvement révolutionnaire resta longtemps populaire et poursuivit une existence clandestine. Des Mazdakites survécurent dans les montagnes septentrionales jusque sous l'Islam.

Comme il s'opposait au « zoroastrisme » d'Etat, qui prétendait dicter l'orthodoxie néo-mazdéenne, on n'a pas assez vu que le mazdakisme pouvait être à l'origine un mouvement réformateur zoroastrien indépendant et soucieux de rétablir l'esprit ancien altéré par les mages. La persistance des sacrifices d'animaux dans le clergé sassanide réfute l'orthodoxie *zarathoustrienne* que les mobads revendiquaient et que des groupes dissidents s'efforçaient de conserver pieusement. Les auteurs arméniens, Eznik et Elisaeus, témoignent de l'existence d'au moins deux principales sectes zoroastriennes au Ve siècle, connues sous les noms de *Mog* et *Zendik*, et Shahristani (1086-1153) attestera encore la persistance de nombreuses communautés zoroastriennes sous l'Islam, dont les Zervanites, les Gayomartiens et les Mazdakites (*Livre des Sectes*).

En dépit de la sévérité religieuse du clergé sassanide, quand les empereurs de Byzance, Justin et Justinien décrétèrent la peine de mort contre tous les adeptes du dualisme, en 527 (chrétiens arméniens, gnostiques ou manichéens), idéologie de l'ennemi perse, l'Iran fut terre d'asile pour beaucoup, comme il reçut à Ctésiphon les derniers philosophes platoniciens chassés d'Athènes par Justinien (529).

***

Il est probable que ce fût au lendemain de la révolution mazdakite, sous le règne de Khosrô (531-579), que les textes les plus durs du néo-mazdéisme furent adjoints à l'Avesta. Khosrô Ier surnommé Anoshirvân (à l'âme immortelle), porta l'Iran à une gloire qu'il n'avait pas connue depuis Cyrus et Darius... Une ambassade fut envoyée par Khosrô Ier en Inde à la cour de Pulakeshin II et l'événement est retracé sur les murs des fresques des grottes d'Ajanta...

Khosrô Ier rétablit l'ordre, fit des réformes mais ne changea pas les structures sociales. Le collège de Jund-î-Shapour devint sous son règne le plus prestigieux centre intellectuel d'alors. Platon et Aristote y furent traduits en pehlevi. Le règne glorieux de Khosrô laissa une administration qui servira encore de cadre aux Arabes et Ctésiphon, sa capitale, devint le carrefour de l'élite intellectuelle du monde. Hormizd IV (579-590) « le Juste » échoue dans ses tentatives de paix avec Byzance.

Pratiquant une politique jugée trop tolérante avec le catholicos chrétien et le « Prince de l'Exil » des colonies juives d'Iran, l'aristocratie et le clergé le déposent. Cruel, Khosrô II *Parvêz*, « le Victorieux », doit réprimer l'insurrection de Vahram Tchûbin, descendant des Arsacides, qui saisit un moment la couronne sous le nom de Vahram VI (590-591).

Khosrô fait appel aux forces de Byzance en échange de l'Arménie pour écraser la conjuration (596). Le roi reprend les hostilités contre Byzance et, grisé par des victoires qui le conduisent du Bosphore à l'Ethiopie, Khosrô II lance une armée grossie de 26 000 mercenaires juifs contre Jérusalem (614). Unis devant l'ennemi perse, Grecs et Latins luttent désespérément et la ville sainte connaît autant de victimes que lors de la croisade chrétienne de 1099.

Héraclius, soucieux d'unir les chrétiens devant l'Infidèle, proclame que les Perses se sont emparés de la Vraie Croix ; propagande de croisade qui ne résiste pas à l'examen historique [1]. Dix ans plus tard, Héraclius attaque la Perse par l'Arménie et venge la profanation de Jérusalem en éteignant le Feu sacré Atûrgushnâsp de Shîz en Médie, croyant qu'il s'agit du lieu de naissance de Zoroastre (Cedrenus).

En 628, Héraclius est devant Ctésiphon que les crues du Tigre empêchent d'atteindre. Khosrô est assassiné par les siens et cet événement amorce une décadence irrésistible. Neuf souverains vont se succéder sur le trône fragile de Perse jusqu'au dernier Sassanide, Yazdagird III (632-642). Dès 604/611, l'armée perse essuyait deux défaites devant les Bédouins d'Al-Hîtra. Après la mort du Prophète Mohammed, Abû-Bakr, premier calife de l'Islam, lançait l'armée de Khâlid contre Ctésiphon qui, déserte, fut livrée au pillage de ses palais (635). Au fatalisme moral du zervanisme, à la désintégration sociale, aux révoltes des satrapes, à l'intolérance d'un clergé aveugle, les crues du Tigre et la peste s'ajoutèrent pour achever d'ouvrir l'Iran aux Arabes envahisseurs. Signe du funeste destin qui accable le dernier empire des grands rois, en 636, l'armée du général Rustam, futur héros de Firdousi, est aveuglée par une tempête de sable. Dès 641, la Syrie, l'Egypte et la Perse sont pratiquement aux mains des Arabes. Yazdagird III rassemble ses troupes au Khorassan et dans les monts Zagros mais il perd la bataille décisive de Nihâvand (642). S'enfuyant à Merv puis à Bactres, pour quérir l'aide turque de Sogdiane, il y meurt assassiné (652). Après la mort de Yazdagird III, son fils Firouz (Pilousse) se réfugia en Chine sous l'empereur T'ai-tsong et construisit un temple du feu à Changan (Sian) en 677.

---

1. *Zarathoustra, op. cit.,* p. 398.

Tandis que la culture sassanide se répandait de l'Indus jusqu'en Europe, la cour en exil des derniers Sassanides faisait connaître à la cour de Chine du règne de Hiuan-tsong (712-756), les magnifiques « broderies couleur de feu » iraniennes dont l'inspiration se fera sentir jusqu'au Japon (Trésor impérial du Shôsôin, Nara).

*
**

Avec la chute des Sassanides, derniers souverains mazdéens d'Iran, treize siècles d'une gloire que les Grecs n'avaient pu ternir voyaient le premier empire du monde s'écrouler devant les Bédouins d'Arabie.

Le clergé de la religion néo-mazdéenne constituait depuis trop longtemps un Etat dans l'Etat, qui appuyé sur le trône et l'aristocratie, s'était éloigné des besoins réels du peuple. Assise sur une théocratie pédante et indifférente à l'éclectisme traditionnel de l'Iran, la religion de l'Etat sassanide, figée dans ses structures rigides, n'était plus en mesure d'inciter aux réformes socio-politiques nécessaires et le néo-mazdéisme d'Etat amorçait un destin irrémédiable.

Le déterminisme zervanite, en particulier, sapait l'esprit d'entreprise et l'optimisme naturels du zoroastrisme et activa la décomposition de l'empire *dont il fut véritablement le poison mortel de l'esprit ancien du mazdéisme* (Christensen). Même la foi virile des zoroastriens tombait dans le fatalisme d'une religion officielle qui reflétait moins l'éthique de Zoroastre que le *fatum* du zervanisme.

Cependant, les richesses culturelles de la civilisation iranienne pré-islamique allaient profiter au monde entier. R. Ghirshman résume fort bien ce prodigieux phénomène : « Toujours partie prenante, la civilisation iranienne, sous les Sassanides, continue plus que jamais à donner. Son art rayonne *jusqu'à l'Atlantique* et, sous forme du nouveau courant irano-bouddhique, *atteint la Chine ;* les religions nées sur son sol, et que l'on combat en Europe et en Afrique, pénètrent dans les solitudes de l'Asie centrale ; son organisation militaire prépare la chevalerie du Moyen Age et celle de son administration influence la cour de Charlemagne [1]. »

L'osmose de la culture gréco-parthe dans la Perse sassanide, elle-même catalyseur prodigieux des cultures particulières et universelles du grand empire iranien durant quatre siècles, avait porté l'Iran mazdéen au faîte des arts et des sciences d'alors. Mais l'opulence des classes dirigeantes avait remplacé la simplicité des mœurs parthes, la frugalité d'existence des anciens Perses vantée par Hérodote, Xénophon et Platon. L'aristocratie sassanide avait suivi la richesse orgueilleuse de son clergé et sa chevalerie s'était épuisée dans les guerres avec l'Arménie, les Huns Hephtalites et Byzance. La dogmatisation de la foi mazdéenne, une féodalité rigide et divisée, les crises dynastiques et économiques, allaient ouvrir toutes grandes les portes de l'Iran mazdéen à l'Islam qui assiégea Ctésiphon sept ans après les armées de Byzance.

L'Histoire empruntait un autre cheminement pour lancer les vecteurs civilisateurs de l'ancien Iran sur le monde occidental par le moyen d'une foi jeune, vigoureuse et universaliste.

---

1. R. Ghirshman, *L'Iran des origines à l'Islam,* Payot 1951, rééd Albin Michel, 1976, p. 348.

LIVRE III

LES PARSIS

GUEBRES ET PARSIS

Au regard des Perses et, plus tard, des Parsis, on se trouve à peu près dans la situation d'observateurs orientaux qui ne connaîtraient de nous que l'histoire ancienne gréco-romaine et latine, jusqu'à l'arrivée des Arabes près de Poitiers en 732. De cette date, qui correspond pratiquement à l'islamisation définitive de l'Iran, ils ne retrouveraient les Français que dix siècles plus tard, pour commencer à découvrir leur histoire moderne du XVIIIe siècle à nos jours.

Pourtant, le zoroastrisme n'est pas restreint au seul souvenir et au rituel d'une religion morte. Il demeure avant tout l'élément original et le ciment social de l'identité culturelle de deux ethnies vivantes en Iran et en Inde.

Si dès 1590, un Français, Barnabé Brisson, avait réuni tout ce que les textes classiques grecs et latins fournissaient comme informations sur la religion des anciens Perses, ce n'est qu'au XVIIe siècle que des voyageurs européens rencontrèrent les « Guèbres » de l'Iran et les « Parsis » de l'Inde, découvrant ainsi que l'antique religion de Zoroastre se maintenait vivante dans ces ethnies minoritaires et jalousement fières de leurs origines, à l'image des Brahmanes avec les traditions de leur lointaine épopée indo-iranienne. Henry Lord publie en 1630 *The Religion of the Parsees* ; Gabriel de Chinon en 1671 une *Relation nouvelle du Levant* ; Raphaël du Mans en 1660 un *Estat de Perse ;* J.F. Gemelli en 1698 *A voyage round the World.* Enfin, Jean Chardin publie en 1711 ses notes recueillies au cours de son voyage en Perse et aux Indes orientales.

*
* *

Lorsque les premiers musulmans pénètrent en Iran, l'universalisme d'une foi jeune et vigoureuse rencontre des structures religieuses archaïques et divisées. Mais, depuis la réforme zoroastrienne, la culture perse protégeait la femme, rejetait le célibat, propageait l'agriculture et respectait le culte des ancêtres, toutes choses qui ne pouvaient que choquer le premier islam.

Avec l'arrivée des Arabes, la conquête islamique de l'Iran dura de nombreuses années et la conversion de la population fut longue, difficile, contrainte ou opportuniste devant une société primitivement nomade, marchande, pratiquant l'esclavage et méprisant l'agriculture. Mais finalement, dans cette confrontation, c'est la culture iranienne qui marqua le monde musulman au point de favoriser la brisure de sa religion en deux courants distincts et de faire passer en Islam iranien une théologie pénétrée de croyances mazdéennes.

Au début de l'occupation, les Arabes se montrèrent tolérants, se bornant à conclure des traités accordant la liberté de culte aux non-musulmans, moyennant tribut.

Les minorités, zoroastrienne, juive et chrétienne, purent conserver leur identité culturelle et généralement s'exprimer très librement, mais elles durent payer la capitation, la *djizya*. Beaucoup de zoroastriens, *dahâkin*, paysans propriétaires, se convertirent par intérêt fiscal — la capitation s'ajoutant à l'impôt foncier — ou pour échapper à cet impôt dégradant. Les sept grandes familles d'Iran, les hauts fonctionnaires, les prêtres et les soldats étaient toutefois exemptés de la capitation.

Au début, les zoroastriens (Madjus) n'étaient pas considérés comme « gens du livre » (Ahl al-Kitâb) mais à partir de précédents accordés par le Prophète aux zoroastriens du Bahrein et du Yémen, on en vint à leur reconnaître le statut de *dhimma*, l'Avesta étant dès lors regardé comme œuvre prophétique, à l'exemple de la Bible et du Coran.

Les populations montagnardes et du Khorassan restèrent insoumises avec des révoltes fréquentes de chefs locaux, arabes ou persans, qu'Abû Muslim dut réprimer. Aidé par la propagande anti-omeyyade menée par les Abbassides depuis la Syrie et depuis le centre du mouvement à Kûfa, les forces d'Abû Muslim entrèrent victorieusement à Merv. A Nishâpûr, Bih'âfrîd dirigea une persécution contre les mobads. Abû Muslim vint à leur secours et exécuta celui qui se présentait comme prophète pour réformer le mazdéisme (747).

Traversant l'Euphrate, les troupes abbassides défont les Omeyyades près de Kûfa (749) et à la suite de la victoire des Abbassides (750) le califat se voit transféré de Syrie en Irak (Bagdad, 762) où va se concentrer l'influence persane. Contrairement aux Omeyyades qui représentaient surtout le pouvoir arabe, les Abbassides surent amalgamer les diverses tendances de leur empire en une universalité héritée de l'ancienne Perse. Les Barmécides, qui contribuèrent à l'arrivée des Abbassides au pouvoir, descendaient de Barmak, grand prêtre du feu de Navhahar à Balkh et devinrent les vizirs éclairés des nouveaux califes (752/804). Le retour à la conscience persane au sein de l'Islam trouva son expression dans une littérature de culture néosassanide (Shu'ûbiyya) à laquelle participèrent beaucoup de lettrés zoroastriens. Des conversions massives eurent lieu sous l'influence d'Abû Muslim qui, après son assassinat par al-Mansûr (755), fut élevé par ses partisans au statut de sauveur devant revenir en compagnie du martyr révolutionnaire Mazdak. Les plus réfractaires à l'Islam résistèrent dans le Khorassan durant une centaine d'années avant de descendre vers le Golfe Persique où ils demeurèrent une cinquantaine d'années avant de s'embarquer vers l'Inde. Mais les révoltes les plus dures furent celles de Babek (825-837) en Azerbaïdjan et de Mazyar dans le Tabaristan. Menées contre l'Islam au nom du mazdéisme et du mazdakisme, elles tinrent en échec les troupes califales durant plusieurs années [1].

*
**

Face au monisme islamique, les théologiens persans s'efforcèrent d'estomper ou d'effacer les traces du dualisme zervanite introduites dans l'Avesta et insistèrent sur le monothéisme zoroastrien des origines.

L'administration antérieure resta longtemps en vigueur et les scribes continuèrent d'écrire en pehlevi jusqu'à l'installation de *diwân* avec secrétaires arabes ou *mawâlî*, convertis persans. Des notables iraniens furent appelés à servir dans l'administration du califat où ils furent gardés en haute estime.

En Iran, dès le IIe siècle de l'hégire, on assiste à une véritable floraison de thèmes zoroastriens dans

---

[1]. J. Burlot, *La civilisation islamique*, Hachette 1982, p. 50.

l'islam et la résistance abbasside finissait au profit d'un iranisme musulman qui culminera plus tard dans le shî'îsme ismaêlien. Les emprunts de l'islam iranien au zoroastrisme ont été longuement étudiés ailleurs par des spécialistes. Il était déjà significatif qu'un mazdéen zélé, Salman Pars, vit en Mohammed le sauveur annoncé par Zoroastre et le rôle religieux, politique et militaire de ce Perse dans la conquête arabe s'avère considérable [1].

Tandis que les Omeyyades (califat de Damas) portaient loin vers l'Occident les fruits d'une culture riche d'éléments persans, les Abbassides (califat de Bagdad) qui avaient été portés au pouvoir par des Zoroastriens convertis, furent dans une certaine mesure héritiers de la culture sassanide où le Norouz, le nouvel an mazdéen, devint même observé à la cour. De leur côté, les Omeyyades déplacèrent des architectes, agriculteurs, intellectuels et savants au Maghreb et en Andalousie où ils implantèrent activement en Espagne la haute culture irano-musulmane dont toute l'Europe médiévale allait ensuite recevoir les fruits dans les arts et les sciences.

C'est de l'assimilation du génie persan par les lettrés et savants musulmans, Persans ou Arabes iranisés, que naquit la prodigieuse civilisation de l'Islam médiéval qui, portant cette floraison intellectuelle de la Bagdad des *Mille et Une Nuits* à Damas, du Vieux-Caire (Al Kahira, 969) à Kairouan, Fez et Cordoue, joua dans les premiers empires musulmans un rôle similaire à celui de la Renaissance italienne en Occident. L'Europe, dans l'anarchie féodale et plongée dans l'obscurantisme au lendemain des invasions barbares, héritera lentement de ces victoires de l'esprit malgré l'antagonisme chrétien : architecture, urbani-

---

1. L. Massignon, *Salman Pâk et les prémices spirituelles de l'Islam iranien*, Sté d'études Iran., 1934.

sation, musique, poésie, littérature, philosophie, art militaire, astronomie, mathématiques et sciences naturelles, médecine, tissage, confréries professionnelles, artisanat, enfin commerce et banque. Entamé avec les premières ambassades de Charlemagne auprès d'Haroun al-Rachid, ce processus civilisateur fut favorisé par la foi éclairée des premiers dynastes musulmans, Abbassides, Omeyyades et Fatimides envers les arts, les sciences et les lettres, et par l'ouverture des grandes voies d'échanges commerciaux dans l'Islam, de Samarcande à Bassorah, de Bagdad à Cordoue, d'Alexandrie à Fez, de Tunis à Palerme et de Fez à Narbonne. Les fruits de cette culture précoce furent véhiculés vers l'Europe par l'Orient des croisades (Etats francs de Syrie — Palestine) en relation avec les califats de Damas et du Caire, par l'arabisation « sarrazine » de la Crête, de Rhodes, de Malte, de la Sardaigne, des Baléares et par les échanges avec les ports italiens de Bari, d'Amalfi et de Venise. Mais c'est, d'une part, surtout par la Sicile orientalisée des Normands et de l'empereur d'Allemagne Frédéric II de Hohenstauffen, d'autre part par les Omeyyades de l'âge d'or du califat de Cordoue, des règnes éclairés des Almoravides et des Almohades en Espagne, que cet extraordinaire courant culturel passa jusqu'à la veille de la Renaissance, en Italie, en Aragon et dans le Midi de la France pour se répandre dans toute l'Europe médiévale [1].

---

[1]. En bref, rappelons pour mémoire qu'un historien comme Guillaume, archevêque de Tyr, parle de la culture musulmane avec un respect et une admiration qui aurait choqué les premiers croisés et Charles le Chauve se plaignait que les officiers de son armée portaient des vêtements orientaux. On ne peut indiquer au lecteur profane que des ouvrages vulgarisateurs disponibles sur cette question capitale : l'œuvre de Lévi-Provençal évidemment sur l'Espagne Musulmane. Voir aussi de J. Wolf et P. Hein, *les Très riches heures sades*, Payot 1957 ; J.P. Roux, *l'Islam en Occident*, Payot 1959 ; *de la civilisation arabe*, Cujas 1972 ; P. Rousset, *Histoire des Croi-*

La connaissance de cette page grandiose et généralement occultée de l'Histoire occidentale permettrait de mieux comprendre l'Islam dont le monde arabe actuel n'est plus en mesure de donner une idée exacte de la grandeur et de la tolérance passées. Du XIIe au XVe siècle, des ravages multiples achevèrent de précipiter la chute de la civilisation irano-musulmane. Les croisades, les Mongols, la *Reconquista* espagnole et les Turcs ottomans anéantirent cette culture universelle qui servit de pont entre l'Orient et l'Occident, et qui eut l'Islam pour foyer.

***

En Iran, un siècle après la conquête arabe, les attentes messianiques musulmanes renouvelaient les espoirs eschatologiques zoroastriens du Saoshyant complètement transposé dans l'*Imam* et dans le *Mahdî*. De même, le culte de la famille du Prophète, de sa fille Fatima et de son gendre Ali, prenait modèle sur le précédent avestique de la fille de Zoroastre mariée à Jamaspa. Mais on n'a pas assez vu que ce syncrétisme ne servit qu'à donner à l'Islam iranien un visage plus philosophique, comme les emprunts ésotériques orientaux du soufisme intériorisèrent la foi islamique. Parallèlement une propagande mazdéenne anti-islamique annonçait aussi le retour de Zoroastre.

Les classes rurales ne se convertirent que très lentement alors que des artisans et marchands mazdéens

---

W. Durant, *Histoire de la Civilisation* ; L'Age de la Foi, histoire de la civilisation médiévale, Payot 1952 ; l'œuvre de Benoit-Méchin sur l'Islam et sur Frédéric de Hohenstauffen ; J. Burlot, *la Civilisation islamique*, Hachette 1982 ; Jean Lacam, *les Sarrazins dans le Haut Moyen Age français* G.P. Maisonneuve et Larose 1965. Et aussi E. Perroy, *Histoire Générale des civilisations*, le Moyen Age, l'expansion de l'Orient et la naissance de la conversation occidentale, PUF 1957, t. III.

optaient pour une religion plus favorable à l'artisanat urbain et au mercantilisme des souks des nouvelles « médinas » centrées autour des mosquées de la nouvelle foi. Les communautés zoroastriennes attachées au culte de la Nature se conservèrent surtout dans les provinces agraires éloignées des grands centres musulmans et les pyrées ruraux ne cessèrent de brûler dans la plupart des régions, en particulier au Fârs où le pehlevi continua de perpétuer le passé religieux dans une grande effervescence théologique, face à l'islam majoritaire.

Du IXe au XIe siècle, des géographes arabes citent encore des temples du feu dans de nombreuses villes perses. Le pehlevi resta langue littéraire jusqu'au Xe siècle et c'est avec le règne éclairé d'al-Mamum (813-833) que la plupart des œuvres pehlevies tardives virent le jour. Certaines s'édifièrent sur une confrontation avec l'Islam, en particulier avec le *Kalâm* des Mu'tazilites, tel l'ouvrage d'apologétique zoroastrienne *Shkand Gumânîk Vîcar* (la Solution décisive des doutes). A l'époque d'Hâroun al-Rachid, le célèbre contemporain de Charlemagne (786-809), Bagdad connut des rencontres théologiques pacifiques entre musulmans et zoroastriens. En 881, Manûshcîhr, « seigneur Hêrbard » et chef des athravans, porte aussi le titre de « Dastûr du Fars et de Kerman », titre sassanide qui vient de l'ancien Ratu (pehlevi *dastûbar*).

La rédaction du Dênkart fut terminée à cette époque par le savant zoroastrien Aturpât qui prenait la suite d'un certain Zartust, fils (?) d'Aturfarnbarg, premier auteur du célèbre livre mazdéen, contemporain du calife éclairé Ma'mûm (786-833), fils d'Hâroun al-Rachid. Aturpât, chef de la communauté zoroastrienne, fils du philosophe Emêt, fut exécuté en 936 à Bagdad sur l'ordre du calife abbasside décadent Râdi.

D'autres souverains pro-persans, les Samanides (902-1004), descendants de Saman, un zoroastrien de Balkh qui comptait Vahram Tchûbîn pour ancêtre, et les Bûyides (932-1055) eurent des conseillers zoroastriens. En 991, un vizir zoroastrien, Sapor Ibn-Artashar, aurait fondé à Bagdad une bibliothèque de 120 000 volumes inédits avec des traduction du chinois, du sanscrit et du grec. Cette étonnante bibliothèque aurait été incendiée en 1055 par les partisans du sultan Tugroul [1]. Les Bûyides introduisirent la pensée zoroastrienne dans le shî'îsme imamite et pratiquèrent une politique agraire traditionnelle. Sous les Samanides, héritiers de l'ancienne noblesse sassanide de Transoxiane et dont la cour éclairée abritera les débuts d'Ibu Sina (Avicenne) et d'Al Biruni, l'Iran oriental gardait encore quelques monastères bouddhistes et vit naître au Seistan, au Khorassan et en Transoxiane la première poésie perso-musulmane d'inspiration sassanide. Firdousi (940-1020) y poursuit l'œuvre de Daqiqi, un poète pro-zoroastrien, et retrace dans le *Shah Nameh*, véritable bible de la chevalerie, l'épopée glorieuse de l'ancien Iran, depuis Zoroastre et ses rois légendaires, où le seigneur Rustam joue le rôle du chevalier défenseur des paysans contre les nomades touraniens, nom sous lequel l'auteur cache aussi les nomades bédouins qui anéantirent l'agriculture des Perses du temps de Firdousi par l'abandon des terres et la dévastation des canaux d'irrigation. Firdousi admoneste également les musulmans qui ont substitué la Ka'aba de la Mecque au sanctuaire mazdéen de Bactres et qui traitent les zoroastriens d'adorateurs du feu. Au XIe siècle, Gorgâni rédige *Wîs-u-Ramîn*, inspiré d'une épopée parthe, poème où naît le style nouveau de l'amour courtois.

---

[1]. Jean Wolf et Pierre Heim, *Les très riches heures de la civilisation arabe*, Cujas, Paris 1972, page 148.

※※

Bien que les Arabes fussent soumis à un phénomène d'osmose caractéristique d'iranisation, l'établissement définitif de l'Islam entraîna des conversions massives et provoqua les premières vagues d'émigration vers l'Inde. Dans ses *Lettres Persanes*, Montesquieu a relaté ainsi l'exode des fidèles de Zoroastre (que les Arabes appelaient *Gabr* en persan, dans le sens de « paysan infidèle », d'où le français *Guèbre*) vers des terres plus hospitalières : « Les persécutions que nos Mahométans zélés ont faites aux Guèbres les ont obligés de passer en foule dans les Indes et ont privé la Perse de cette nation si appliquée au labourage, et qui seule, par son travail, était en état de vaincre la stérilité de nos terres. »

Al Biruni donne des informations sur les zoroastriens vers l'an mille dont plusieurs sectes se partageaient encore la foi ancestrale. Shahristani, on l'a vu, connut trois de ces importantes sectes (xie, xiie siècle). Mais, après les offensives de la plume pour défendre leur foi, les zoroastriens entrèrent dans la discrétion et se replièrent sur eux-mêmes. Après l'abandon du vieux temple de Shîz en 943, le feu le plus sacré se conservait à Yazd, vieille citadelle dont l'ancien temple fut transformé ultérieurement en mosquée (1375).

Du xe au xiiie siècle, les invasions turco-mongoles firent reculer l'agriculture et la concentration démographique se porta dans les villes d'Ispahan, de Chiraz, à Yazd et à Kerman. C'est dans les oasis caravanières des montagnes désertiques de Yazd (Fars) et de Kerman (Seistan) que se concentrèrent les zoroastriens réduits au statut de *dhimi*, lesquels considérés comme impurs furent peu à peu restreints à l'agriculture et aux métiers misérables, y excellant dans la culture des fleurs et du mûrier. Dans le désert de Lout, entre Yazd et Kerman, cette dernière ville gardant les vestiges des tours les plus anciennes, les morts des fidèles de Zoroastre continuaient d'être hissés au sommet des dakhmas, face au soleil et aux charognards. Eloignée des convoitises politiques, Yazd restera un sanctuaire zoroastrien et gardera longtemps une source dédiée à Anâhita.

Malgré les nombreux emprunts du shî'îsme au zoroastrisme, on n'enregistra aucune conversion de musulmans à l'ancienne foi, largement minoritaire. Les dures conditions de vie que les « Zartoshtis » subirent des musulmans seront décrites dans les correspondances qu'ils échangeront avec leurs coreligionnaires parsis au XVe siècle (*Rivayats*). Les conversions forcées de fidèles zoroastriens à l'Islam n'avaient pas de valeur autant que le cœur et l'esprit du Behdin en restaient éloignés. En cas de pressions tyranniques envers un zoroastrien pour le convertir, lui et sa famille, à l'Islam, il était recommandé d'y renoncer par le suicide au poison (*Rivayats, op. cit.*, p. 275). On comprend que les disputes qui opposèrent régulièrement sunnites et shî'îtes n'intéressaient pas ces minorités persécutées et que les efforts syncrétiques des mystiques musulmans, ismaéliens et néo-platoniciens, entre la pensée zoroastrienne interprétée dans l'islam ésotérique sous la forme subtile du *ta'wil* (exégèse spirituelle soucieuse de ne pas choquer le dogme grâce à l'allégorie et aux allusions spéculatives), ne récupéraient en rien la foi des courageux zoroastriens réfractaires à l'Islam, comme ils n'excusaient pas les affronts de la religion de l'occupant. En plus de la capitation, les Zartoshtis étaient soumis à des taxes arbitraires, à des saisies de biens, à la profanation de leurs sanctuaires, à des vexations et violences de toutes sortes, particulièrement à Yazd et à Kerman, provinces où leur situation était pire que celle des minorités juives et où le meurtre d'un zoroastrien restera impuni jusqu'au XIXe siècle.

Au XIVe siècle, l'auteur du *Ulama î-Islam* réfute en persan les accusations dualistes portées contre les zoroastriens. Au XIIIe siècle, Yazd, « bonne et noble ville » selon Marco Polo, trop isolée, ne souffrit pas de la conquête mongole mais Kerman subit en 1494 le siège d'Agha Mohammed Khan et, après trois mois de pillage, la ville fut détruite et le quartier zoroastrien au nord de la ville, complètement rasé. A l'époque du règne d'Akbar (1542-1605), des zoroastriens se rendirent en Inde au rassemblement des religions décidé par le Grand Moghol où avec leurs coreligionnaires parsis, ils eurent la joie de convertir le souverain œcuménique à leur foi. Aujourd'hui, les Parsis sont encore fiers du dastur Meherji Rana (1536-1591) de Navsari, qui participa au congrès des religions de Fatehpur Sikri entre 1576 et 1579, y réussissant à convertir Akbar à sa foi dont il lui aurait remis les deux symboles, le *sudreh* et le *kusti*, la chemise blanche et le cordon sacrés.

Les rapports entre les Zartoshtis et les Parsis de l'Inde reprirent de manière accrue dès la fin du XVe siècle et, malgré leur pénible existence, les *Guèbres* d'Iran, accrochés à leur foi ancestrale, conservaient mieux la tradition que les exilés indiens. Jusqu'au XIXe siècle, les routes pour se rendre d'Iran en Inde étaient peu sûres et ce n'est que par l'intermédiaire d'amis musulmans que la plupart des lettres entre Parsis et Zartoshtis purent circuler d'un pays vers l'autre. Dès les premiers contacts, les Parsis réalisèrent que leurs lointains coreligionnaires avaient mieux conservé la tradition ancienne et, de 1478 à 1766, vingt-deux messagers voyagèrent en Perse, porteurs de lettres traitant de questions diverses sur le rituel, le culte, les observances, etc. Cette correspondance précieuse en persan sera connue sous le nom de *Rivayats*.

Huit des Rivayats furent rédigées en forme de manuscrit par Hormazyar Framarz et cinq autres par son fils Darab, auxquelles s'ajoutèrent neuf autres collections [1].

Au XVe siècle, un fonctionnaire des impôts de Navsari, Changa-bin-Asa (Changashah) (1450-1515) regroupa toutes les questions litigieuses des prêtres et à ses frais envoya en Iran un Parsi de Broach, Nariman Hoshang, par la route terrestre du Beloutchistan. Parvenu à Yazd, l'intrépide voyageur dut apprendre le persan avant de pouvoir se faire comprendre de ses lointains coreligionnaires. Après une année d'études Nariman Hoshang put converser avec les dastûrs de Yazd et, satisfait des réponses obtenues, il retourna en Inde en 1478, entamant une série de voyages porteur de questions et de réponses entre les zoroastriens d'Iran et les Parsis.

Vers 1532, à la demande du Parsi Manekshay, le dastûr Kaûs se rendit de Perse à Navsari et en 1720, le mobad Jamasp estimait encore que la culture religieuse des Parsis restait assez médiocre. C'était, en effet, pour les Parsis une époque de décadence culturelle où le temporel prenait le pas sur le spirituel, où l'attachement frénétique à un rituel mécanique aura des conséquences lourdes pour l'avenir de la religion et sa déviation dogmatisée.

On confondait la fravarti avec l'âme (urvan), l'enfer et le paradis n'étaient considérés qu'en fonction de peines ou de joies physiques, l'accent était mis sur les rites de purification et d'exorcisme et la pureté rituelle l'emportait sur celle de la conscience. Une orthodoxie sévère découlera de cette période jusqu'à nos jours dans certains milieux parsis.

---

1. *The Persian Rivayats of Hormazyar Framarz and Others* by E.B.N. Dhabhar, Ed. K.R. Cama Oriental Institute, Bombay, 1932.

❊

Au XVIIᵉ siècle, des Européens rencontrèrent les Guèbres en Iran et les Parsis en Inde et découvrirent que l'antique religion de Zoroastre n'était pas morte. A la même époque, Mohsan Fani, auteur du *Dabistan*, cite encore 14 sectes zoroastriennes en Iran : les Sipasiens, Abadiens, Jamshaspiens, Samradiens, Khodayens, Radiens, Shidrangiens, Paikariens, Milaniens, Alariens, Shidabiens, Akhshiyens, Zardustiens et Mazdakiens ; auxquelles s'ajoutaient les Yazdaniens, qui parmi d'autres ci-dessus énoncées, croyaient en la réincarnation et pratiquaient l'ascétisme comme les Mazdakites d'époque sassanide. Ces témoignages, confirmés par ceux plus anciens d'Eznik, d'Elisaeus et de Shahristani, sur l'existence de plusieurs « églises » zoroastriennes dont certaines remontent aux époques pehlevie et avestique, montrent combien la revendication du monopole zoroastrien par la seule théocratie sassanide était abusive. De cette réduction de la religion de Zoroastre au seul néo-mazdéisme d'Etat des Sassanides découle l'erreur fondamentale de nombreux historiens de juger le zoroastrisme au travers de la sévérité de l'orthodoxie du sacerdoce officiel de cette époque tardive.

En 1665, Jean Chardin écrit à son retour de Perse que les Guèbres sont attachés à l'agriculture qu'ils respectent autant que la prolifération de la famille. En 1715/22, durant l'invasion afghane de Mîr Mahmûd contre les Safawides, Kerman fut occupé par les Ghilzi-Afghans qui enrôlèrent de force des zoroastriens dans leur armée. En 1794, le premier souverain Khadjar poursuivit le dernier roi de la dynastie Zand réfugié dans Kerman et se vengea de l'hospitalité accordée au souverain déchu en faisant aveugler 20 000 Kermanis. A la même époque, en Europe, Voltaire louait une règle morale qu'il avait trouvée dans le *Saddar* des Guèbres et qu'il trouvait remarquable entre toutes : « Quand il est incertain si une action est juste ou injuste, abstiens-toi » (*Les Guèbres ou la tolérance*, 1769), admirable reflet de l'éthique zoroastrienne. A travers tant de siècles, les communautés zarthoshties demeurèrent soudées par leurs traditions et leur foi ainsi que par leur principal dialecte, *dari*, qui remonte aux Sâmânides de Boukhara. Au début du XIXe siècle, leurs lointains cousins de l'Inde, gagnés à l'opulence, vinrent à leur tour les aider matériellement et régénérer leur culture. Peu à peu, les fils de mobads suivirent l'instruction religieuse des séminaires parsis en Inde dont ils reçurent l'investiture traditionnelle. La misère avait réduit les Zartoshtis à un tel état d'abandon culturel que beaucoup d'entre eux ne portaient plus le traditionnel *kushti* et fumaient le tabac, ce qui fut considéré comme un crime contre l'élément sacré du feu par les Parsis.

Au XVIIIe siècle, il semble pourtant que quelques familles iraniennes se rendirent en Inde[1]. Sous l'impulsion parsie, près de mille familles émigrèrent de nouveau en Inde au siècle dernier.

Les troubles survenus en Iran après la mort de Karim Khan en 1779 poussèrent davantage de zoroastriens à prendre la route de l'Inde. A Bombay, un Parsi, Framji Bhikaji Panday se dévoua tellement à la cause des réfugiés qu'on l'appela « le père des Parsis iraniens ». Avec l'aide de ses fils et du savant K. M. Cama, il fonda la « Society for the Amelioration of the Condition of the Zoroastrians of Persia » et, en

---

1. M.L. Hataria, *Ishar-i siyahat-i irân*, Bombay, 1865.

1854, Manekji Limji Hataria âgé de 41 ans débarquait à Bichour dans le Golfe Persique, à 150 km au sud-ouest de Shiraz, pour entreprendre la difficile défense des intérêts zoroastriens dans l'Iran des Quâdjârs.

Voyageant armé, accompagné de son fils Hormuzdiar, il fut plusieurs fois en danger et risqua sa vie plus particulièrement pendant les persécutions de 1854-1864 contre les zoroastriens [1]. Aidé par sa citoyenneté britannique, M. L. Hataria parvint à améliorer les rapports entre les autorités musulmanes et les communautés zartoshties et il finit par obtenir l'autorisation de restaurer les temples du feu, l'ancien Atash-Behram de Yazd en 1885, celui de Kerman en 1857. Toujours grâce aux aides financières des Parsis indiens, il fit entreprendre la reconstruction des villages zartoshtis de Khorramshah près de Yazd et d'Adarans à Qanat-ghesan près de Kerman, qui gardent encore les inscriptions commémoratives de cet événement. Hataria s'efforça aussi de remettre en état les dakhmas de Yazd, de Kerman et de Shahrifabad-i Ardekan-i Yazd en 1864, de Qanat-ghesan en 1865 et d'en faire édifier une à Téhéran vers 1870. Mais la plus grande victoire d'Hataria fut bien d'obtenir en 1882 après vingt-cinq années de lutte l'abolition de la taxe sur les Infidèles, la *djizya*, par un décret royal (*firman*) « levant les dîmes et les impôts sur l'eau, les propriétés foncières et les taxes sur le commerce ; les Zoroastriens doivent être traités de la même manière que nos autres sujets » [2].

Plusieurs personnalités diplomatiques en poste à Téhéran avaient soutenu la cause de Manekji Hataria en faveur d'une minorité persécutée, en particulier l'ambassadeur britannique, le célèbre orientaliste G. Rawlinson et surtout Arthur de Gobineau, décrié pour

---

1. Hataria, *op. cit.*, ch. VI, p. 9.
2. Trad. Karaka et Murzban.

un ouvrage hâtif sur l'inégalité des races humaines (1855) dont le pangermanisme allait misérablement se servir en en extrapolant les conclusions, mais dont on ignore le rôle bienfaiteur que l'auteur joua en faveur d'une minorité victime de l'Iran musulman [1].

Déplorant que les Musulmans ne fussent pas punis pour le meurtre d'un zoroastrien, M. Hataria note que durant les dix premières années de son séjour en Perse, et ceci malgré une amélioration du sort de la communauté, cinq Zartoshtis furent massacrés, sept blessés et torturés, de trente à quarante furent agressés, plus de cent pillés dans leurs maisons et les autres volés sur les chemins [2]. Toute forme d'instruction étant interdite aux zoroastriens, Hataria réussit à ouvrir des écoles à Yazd et Kerman dès 1857. En 1882, on comptait douze écoles zartoshties en Iran, à Téhéran, Yazd et Kerman et grâce à l'éducation parsie, les élèves zoroastriens devancèrent vite les jeunes musulmans des écoles coraniques. Compte tenu de l'opposition farouche du pouvoir islamique à l'instruction des filles, il fallut toutefois attendre le début du XXe siècle pour que des écoles leur soient ouvertes à Yazd et Kerman et dans les villages environnants. Alors qu'à l'époque où Hataria arriva à Téhéran et ouvrit une pension pour les Zartoshtis de passage, la ville n'en comptait qu'une centaine, un siècle plus tard et juste avant la révolution islamique de Khomeini, la moitié de la population zoroastrienne d'Iran habitait la capitale.

Si l'urbanisation à Téhéran et à Bombay a considérablement relevé le standard de vie des anciens « Guèbres », Mary Boyce pense que leur perte d'assi-

---

1. Lettres de Manekji Hataria à Gobineau (Bibliothèque de l'Université de Strasbourg) et du Panchayet Parsi et A. de Gobineau, *Trois ans en Asie*, Paris 1859, p. 374.
2. Hataria, *op. cit.*, ch. VI.

duité religieuse, voire de leur gaieté naturelle a correspondu au relâchement des anciens liens communautaires et à l'éclatement d'une existence folklorique et rurale vers la vie sophistiquée et matérialiste des grandes cités [1]. Certes, la communauté zartoshtie a gardé de Manekji Hataria le souvenir d'un bienfaiteur universel mais, en dépit de la généreuse philanthropie parsie à leur égard, nombre de zoroastriens iraniens préférèrent se maintenir sur la terre ancestrale que d'aller grossir la colonie indienne du Gujarat et de Bombay.

Pourtant, un survol panoramique de l'histoire de l'Iran incline à conclure que « la religion des Guèbres rendit autrefois le royaume de Perse florissant ; elle corrigea les mauvais effets du despotisme » et l'auteur de *l'Esprit des lois* ajoutait cette phrase qui revêt aujourd'hui une tragique réalité : « la religion mahométane détruit aujourd'hui ce même empire » (XXIV, 11).

---

1. Prof. Mary Boyce, *Manekji Limji Hataria* in Iran, in Golden Jubilee Volume, K.R. Cama Oriental Institute Bombay 1969.

LES PARSIS EN INDE

Si la culture occidentale d'expression latine a autant méconnu le parsisme, c'est sans doute parce que les anciennes colonies italiennes et espagnoles ne furent jamais en contact avec le monde iranien, et plus particulièrement avec l'ethnie incroyablement minoritaire des Parsis en Inde. Les comptoirs français de l'Inde semblent avoir pareillement ignoré les commerçants parsis qu'ils rencontrèrent dans les villes côtières. Pourtant, c'est à Surate où une nombreuse colonie parsie était établie depuis le xe siècle, que la Compagnie Française des Indes, créée par Colbert en 1664, s'implanta dès 1667. Les administrateurs de la Compagnie et les négociants français de Surate n'ont, semble-t-il, pas laissé de relation sur les Parsis. Les Portugais, eux, connurent tôt les Parsis dont ils pillèrent la ville de Broach au xviie siècle où nombre d'entre eux s'étaient réfugiés avec leur feu sacré. Dès 1566, des Portugais avaient rencontré des Parsis à Thana, actuellement un faubourg situé au nord de la nouvelle ville de Bombay, mais leur contact avec les Parsis fut loin d'être aussi prolongé ni aussi chaleureux qu'entre ces descendants lointains de l'Iran mazdéen et les Hollandais installés à Masulipatam dès 1611, puis, surtout avec les Anglais (Bombay 1626, Madras 1640).

Dans l'ensemble, bien que provenant de diverses régions d'Iran, les colonies d'émigrés parsis suivaient un rituel et des traditions à peu près communes à l'ensemble du zoroastrisme.

Des relations commerciales et culturelles existaient déjà entre l'Inde et l'Iran sous les Sassanides (226-651). Le *Mahabaharata* et les *Puranas* parlent des « Parasikas » (de *Pars* et de *Sakas*, Perses et Saces) qui auraient établi un royaume sous autorité sassanide entre le Rajasthan et le Kashmir, du IVe au VIIe siècle, après la chute de l'empire Koushan (*Raghuvamsa* de Kalidasa).

Mais, la première émigration des Parsis (pehl. *parsik*, pers. *parsi*, « originaire du Pars/Fars ») devant l'Islam se fit du Khorassan vers l'île d'Ormuz au sud du Golfe Persique (751). De là ils s'embarquèrent sur sept bateaux et arrivèrent en Inde à Diu (766) à l'extrémité du Kathiavar et à l'entrée du golfe de Cambay où ils demeurèrent. S'embarquant à nouveau vers Sanjan, un petit village de pêcheurs sur la côte occidentale du Gujurat, ils y débarquèrent vers 785 et le raja local, Jadi Rana (Jadhav Rana), leur donna l'hospitalité. En général la tradition situe en 790 la construction du premier Atash Behman à Sanjan, mais on relate aussi qu'un temple du feu y fut édifié en 721 par des prédécesseurs iraniens. Cinq conditions furent posées aux Parsis par le souverain hindou : l'explication de leur religion par le grand prêtre qui les dirigeait et qui avait sauvegardé le feu sacré tout au long de leur exode ; l'adoption du *gujarati* comme langue maternelle ; le port du sari par les femmes perses ; l'abandon de leurs armes et, finalement, que les processions de mariage aient lieu à la nuit tombée.

※
※ ※

La plupart des Parsis se regroupèrent près de Sanjan sur la côte du Gujarat (pron. *Goudjarat*) en 936 où ils reçurent l'hospitalité des Hindous. Au Xe et XIe siècle, d'autres réfugiés persans les rejoignirent, fuyant le colonialisme islamite des Ghaznévides (également dénoncé par Firdousi) et l'avance des Turcs.

La société parsie se moula dans les structures indiennes dont le système des castes préservait l'indépendance culturelle, d'autant que les Parsis surent adroitement mettre en relief les parentés théologiques du mazdéisme et de l'hindouisme. Bien tolérés à la condition de ne pratiquer aucun prosélytisme en Inde, ils se fermèrent en caste jalouse de son identité religieuse, d'où naîtra un sectarisme dont la communauté souffrira longtemps.

Les premiers temps de l'immigration furent misérables. Les Parsis conservèrent toutefois leur langue puisqu'on a retrouvé des inscriptions pehlevies dans une grotte proche de Bombay, datées de 1009 et 1021. Au XIe siècle, ils commencèrent d'adopter le *gujarati*, continuant cependant d'instruire les enfants en persan jusqu'au XIXe siècle où il sera supplanté par l'anglais. Au XIIe et XIIIe siècle, des textes pehlevis furent traduits en sanscrit, langue adoptée par certains amis de Brahmanes, et Neryosangh Dhaval fut le plus célèbre de ces Parsis sanscritistes (v. 1200). En 1142 un prêtre parsi, Kamdin Zarthosht, voyagea de Sanjan à Navsari pour y célébrer des fêtes religieuses. Deux autres prêtres firent le même déplacement en 1215. En 1290 différents rameaux (*panthaks*) furent établis à Sanjan, Navsari, Godavreh, Broach et Cambay.

De 1178 à 1190 un prêtre nommé Ervad Mahyar se rendit de son village natal du Penjab jusqu'au Séistan (Iran oriental) et ramena en Inde un manuscrit du *Vendidad*.

Vivant jusqu'alors surtout d'agriculture, une partie de la population parsie prospéra vers les villes du nord-Gujarat où la première colonie (*panth*) des *Bhagarias* s'établit à Navsari, près de Surate, d'autres se fixant à Broach et à Cambay (942/997) où ils s'initièrent au commerce extrême-oriental avec Ceylan et Canton, activité dans laquelle ils allaient passer maîtres.

*
* *

En 1485, les Parsis de Sanjan qui ne furent pas tués par les troupes du sultan Mahmud Bîgara, durent s'enfuir avec le feu sacré dans les montagnes, d'où ils s'établirent à Navsari en 1496. Ce bourg devint la ville sainte du parsisme et les prêtres des Bhagarias et des *Sanjânas* y vécurent en commun mais en désaccord fréquent jusqu'au XVIIIe siècle. Cambay fut plusieurs fois ruiné par les musulmans et ses derniers prêtres durent fuir au XVIIe siècle. De son côté, Broach fut pillé par les Portugais, mais la tradition resta intacte à Navsari et à Godavra. A la fin du XVIIe siècle et au début du XVIIIe, surgit un conflit opposant le clergé bhagaria de Navsari aux Sanjaniens. De sérieuses émeutes éclatèrent entre les deux colonies le 7 septembre 1686. Des prêtres et des laïques furent tués, des maisons pillées durant 19 jours. Les Sanjaniens durent quitter la ville avec le feu sacré en 1742 et s'installer dans un petit village de la côte, *Udvada*, proche de l'endroit où leurs ancêtres avaient jadis débarqué et où le plus ancien feu brûle depuis lors. Les Sanjaniens modifièrent alors leur rituel en fonction des récents contacts renoués avec leurs coreligionnaires persans, adoptant, par exemple, l'usage iranien de croiser les jambes des morts et abandonnant la coutume parsie de couvrir le visage des mourants d'un voile, le *padân*, tandis que les Sanjaniens de Nargol et de Bulsar maintenaient la tradition bhagaria. Peu après, la première assemblée pleinière, anticipant sur la fondation du futur *Panchayet* parsi, allait se tenir à Navsari le 6 novembre 1642 (Parsee Prakâsh). Mais vers 1630, les Parsis s'aperçurent que leur calendrier était en retard d'un mois sur l'année iranienne. Le dastur Behram Ardeshir donna son avis dans la 15ᵉ Rivayat (1635) et conseilla aux Parsis de revenir au calcul persan. La controverse passionnée qui en découla engendra trois schismes : les Shahinshahis calculent l'année depuis la mort du dernier roi sassanide, Yarzdagird III. Les Kadimis (Anciens) continuèrent de dire que leur calcul décalé d'un mois était le plus correct et les Fasilis suivent l'année saisonnière du calendrier agricole des Gahambars et observent le 21 mars comme l'unique Nouvel An zoroastrien.

Jusqu'à nos jours, les Parsis fêtent trois différentes dates de nouvelle année. En 1721, le mobad persan Jamasp vint de Kerman à Surate et y trouva la culture parsie si déclinante qu'il resta pour y instruire les dasturs de Surate, de Navsari et de Broach. Ayant rejeté l'usage indien du padân des moribonds, dont la pratique divisait la communauté, Jamasp nota aussi que le calendrier parsi était encore d'un mois en retard sur l'année de l'ère de Yazdagird (débutant en 632) : « année X de l'empereur Yazdagird de la dynastie sassanide de l'Iran bienheureux ». Le Persan fit réformer l'erreur (1746), non sans soulever d'effroyables polémiques entre les Shahinshahis et les Kadimis. Les morts qui n'avaient pas le padân étaient refusés à Surate et devaient être transportés sur les dakhmas de Navsari. Un schisme sépara les Shahinshahis (Impériaux) des Kadimis (Anciens) qui firent dissidence.

Dans l'ensemble, plus soucieux de la lettre que de l'esprit, les Parsis conservaient fidèlement le rituel des cérémonies « intérieures et extérieures » (au temple et en dehors) et seuls quelques détails variaient avec le *Nirangestân*, le « Livre du lieu des rites » iranien, qui gardait la tradition sassanide. Ce précieux recueil fut apporté à Surate en 1721 et un autre fut amené à Bombay à la fin du XIXe siècle. Mais les temps changeaient et, tandis que la prospérité des Parsis dans l'empire britannique leur ouvrait une ère de culture intense, les Zartoshtis d'Iran tombaient dans une misère qui nécessitera plus tard l'aide et le secours des Parsis. Ailleurs, de pieux Parsis, fatigués du formalisme de leur religion, suivirent des courants mystiques et essaimèrent des disciples à Patna, à Lahore et au Cachemire, reprenant en milieu indien des tendances ascétiques d'anciennes sectes zoroastriennes.

*
**

Certains auteurs ont suggéré que la communauté indienne était tombée à cette époque dans un état d'ignorance, voire d'égarement dans sa foi ; raison du rapprochement recherché par les Parsis avec leurs lointains coreligionnaires de Perse (Yazd et Kerman) du XVe au XVIIIe siècle, dans le but de comparer leurs connaissances théologiques et rituelles avec celles des Zartoshtis demeurés sur la terre ancestrale. Mais les comptes rendus de voyageurs anglais écrits avant les dernières *Rivayats* exposent que la croyance parsie monothéiste restait tout aussi remarquable que lorsque les anciens auteurs grecs avaient pu, plus de vingt siècles auparavant, la louer chez les anciens Perses [1]. Ceci semblerait indiquer que l'esprit de la religion et de la morale zoroastrienne millénaire n'avait pas subi d'altération grave dans ses profondeurs. Le 26 août

---

1. *Cf.* Streynsham Master en 1672. James Ovington en 1689. John Henry Grose en 1750.

1810, le dastur Mulla Feroze emmena Sir James Mackintosh dans un temple du feu pour lui expliquer sa foi. Il y remarqua aussi la lucidité de leur esprit et la vigueur de leur santé, après mille ans de résidence en Inde [1]. Les Portugais vinrent en Inde pour le commerce des épices et pour y sauver des âmes. Les Anglais ne vinrent que par intérêt économique mais respectèrent une stricte neutralité en matière religieuse. Au XVIIe siècle, la venue du dastur persan Azar Kayvan, de Shiraz (Fars) à Patna (Inde), inaugura un mysticisme néo-zoroastrien pénétré de soufisme indo-musulman et qui inspira plusieurs traités ésotériques tels que *Jam-i-Kaikhusru, Makashefat-i-Kairami, Khishtab, Zaredasht Afshar* et *Zindah Rud*. Les disciples les plus connus d'Azar Kayvan furent les mobeds Farzan Behram de Shiraz, Hushiyyar de Surate, Sarosh et Khuda Jui. Des protestants anglais venant à Bombay aux XVIIe et XVIIIe siècles, furent peu à peu subtilement séduits par le monothéisme et l'éthique religieuse des Parsis.

Cependant il est un point sur lequel le zoroastrisme rejoint étonnamment le protestantisme dans sa *doctrine luthérienne de la profession* qui rejette toute vie contemplative, monacale et ascétique au profit d'une glorification du travail et du succès dans la vie économique.

*
**

Il est bien connu qu'une certaine forme du protestantisme a contribué à l'éthique de la société capitaliste par le zèle à l'activité temporelle né de l'esprit de la Réforme, en Allemagne, aux Pays-Bas et jusque

---

1. Cité par R.B. Paymaster. *A Biography of Mulla Feroze Bin Mulla Kaus Jatal*, Bombay 1931, p. 29.

dans les conceptions de l'*ethos* du gain de l'argent, de Benjamin Franklin aux Etats-Unis [1].

Quand on songe à l'emprise de l'esprit européen sur le parsisme dès le XVIIe siècle, on ne devrait pas s'étonner de voir les Parsis adopter peu à peu l'esprit anglais, en particulier ce dont Montesquieu écrivait déjà dans son *Esprit des Lois* (XX, VII) : « C'est le peuple du monde qui a le mieux su se prévaloir à la fois de ces trois grandes choses : la religion, le commerce et la liberté. »

Mais là où le capitalisme verra dans la recherche des biens de ce monde une fin en elle-même, le zoroastrisme tardif n'y avait cherché qu'un moyen de mieux servir Dieu... Bien qu'on trouve dans l'hagiographie de Zoroastre et dans les développements historiques du zoroastrisme des traces épisodiques de certaines formes d'ascétisme, la pensée religieuse iranienne s'opposa toujours aux idéaux contemplatifs proposés par des religions nées sur son sol (manichéisme) ou étrangères (sectes gnostiques, bouddhisme). En outre, dans les Gâthâs, Ahura Mazdâ promet aux justes le bonheur *dans les deux mondes* et pas seulement dans l'au-delà comme dans les religions essentiellement apocalyptiques ou d'abstinence envers le monde. C'est le thème de la *Gâthâ Ahunavaiti* (28.2). « Je viens à vous, ô Seigneur, avec la Bonne Pensée, afin que vous me donniez dans les deux mondes, celui des corps et celui de l'esprit, les biens que l'on obtient par la Vertu, et avec lesquels vous faites le bonheur de ceux qui vous réjouissent. » Mais les joies que l'homme obtient dans ce monde ne sont pas forcément de nature matérielle et peuvent être pour beaucoup aussi bien affectives, esthétiques, spirituelles. Quoi qu'il en soit c'est toujours la « joie dans les deux mondes »

---

[1]. Max Weber, *L'Ethique protestante et l'esprit du capitalisme*, Plon 1964.

que vise le Sage pour l'homme et pas seulement l'attentisme d'un bonheur post-mortem. Le fidèle demande à Ahura Mazdâ le bonheur terrestre donné par « la vache Azî », symbole de richesse ici-bas et dans le monde spirituel. La vache Azî, la vache idéale de trois ans, représentait à la fois la récompense terrestre comme elle symbolisait la récompense du juste dans l'au-delà (Y. 29.5 ; Y. 34.14). C'est d'ailleurs une promesse du Prophète lui-même envers son fidèle : « Celui-là qui pieusement réalisera dans sa conduite ce que désire le plus Zarathushtra, celui-là aura récompense méritée *dans les deux mondes*, avec tous les biens qu'il m'a donnés et avec la vache Azî » (Y. 46.19). Si le Sage pratique l'ascétisme, dans la « Gâthâ de la fuite » il se plaint d'être impuissant à répandre la loi de Mazdâ car il est « pauvre de troupeaux et pauvre d'hommes » (46.2). Il ne tourne donc pas le dos aux choses de ce monde et utilise les biens terrestres et le pouvoir temporel d'un roi (Vishtaspa) pour mieux diffuser sa doctrine. Bien que l'esprit général des Gâthâs soit de finalité essentiellement spirituelle, le monde matériel n'est pas rejeté parce qu'il reste le meilleur moyen de servir le monde idéal de l'Esprit, la première création d'Ahura Mazdâ. Malheureusement cet utilitarisme, de but initialement spirituel, a tôt fait d'être interprété à son seul profit matérialiste.

De même la procréation est vantée comme hautement précieuse puisqu'elle permet d'incarner des âmes qui serviront davantage le Ciel ici-bas.

A l'origine, la profession agricole était noble parce qu'elle permettait de vivre de moins en moins sur les sacrifices d'animaux. Elle continua longtemps, dans l'Avesta et à sa suite chez les Guèbres, à être regardée comme activité hautement vertueuse, car l'homme ne doit pas mendier son pain ni vivre sur le meurtre des animaux, mais le gagner par son travail.

Le rév. Ed. Terry, de la East India Company, notait

en 1616/1619 que les Parsis respectaient les autres confessions au point de s'abstenir de viande de porc pour ne pas choquer les musulmans. En revanche, en 1872, un livre parsi « *Procere Payumbaros* » de dialogue théologique avec l'islam, souleva une révolte musulmane que la justice indienne dut réprimer.

***

Les Portugais furent les premiers à apporter l'éducation européenne à cette partie occidentale de l'Inde. Ils ouvrirent un orphelinat pour enfants indiens à Salsette en 1526 puis un autre près de Thana en 1556. A la fin du XVIe siècle, les Jésuites et les Franciscains avaient ouvert plusieurs écoles d'enseignement primaire autour de l'île de Bombay.

Le premier britannique connu ayant visité l'Inde fut un prêtre jésuite, Thomas Stephens, présent à Goa en 1579. A son retour en Angleterre ses rapports suscitèrent les premières vocations commerciales vers l'Inde. Les avantages de Bombay comme port naturel furent rapidement mis en valeur et les Anglais tentèrent d'acquérir la baie des mains des Portugais en 1626. Les Portugais étaient entrés en relation avec les Parsis dès 1556 à Thana, devenu un faubourg du nord de Bombay.

A l'occasion du mariage de Catherine de Bragance avec Charles II en 1662, les Portugais cédèrent Bombay aux Anglais, moyennant une assistance militaire contre les Hollandais.

En raison de la présence des Britanniques, des Français, des Hollandais et des Portugais dans le pays, les Parsis jouèrent le rôle subtil de médiateurs entre les différents intérêts dans lesquels ils se trouvaient impliqués.

Le premier voyageur britannique qui fit un compte

rendu intéressant sur les Parsis fut Streynsham Master en 1672, neveu du gouverneur de Bombay, George Oxinden. James Fryer visita Bombay en 1673 et fit l'erreur de dire que les Parsis adoraient le soleil et les dakhmas, notant à propos de leur morphologie : « Ils sont un peu plus blancs et je pense, plus sales (*sic*) que les *Gentues* (Hindous)... »

D'autres missionnaires protestants anglais furent peu à peu plus favorablement inclinés envers ces Parsis monothéistes dont la morale était somme toute assez proche de l'éthique chrétienne, qu'à l'égard de l'hindouisme aux sectes leur paraissant polythéistes et idolâtres. « Je confesse, écrivait George Viscount Valencia dans un compte rendu de voyage sur les Parsis daté de 1804, que je les préfère infiniment à toute autre race d'Orient sous mandat britannique »[1].

Le premier voyageur qui fit l'effort non seulement d'observer les Parsis mais de les comprendre fut John Henry Grose en 1750. George Viscount Valencia (1809) indiquait que « leur religion est tolérante... et peut être considérée politiquement comme bonne » (*sic*).

James Ovington qui visita Surate en 1689, remarquait qu'avec leur monothéisme les Parsis avaient pour vertu cardinale la charité et qu'ils aidaient les pauvres et ne laissaient jamais un des leurs dans le besoin, ce pourquoi il n'existait « pas un seul mendiant dans toute leur tribu ». Rustam Manek (1653-1721), de Surate, utilisa l'argent qu'il gagnait comme

---

1. *Voyages and Travels to India, Ceylon,* London 1809, vol. 2, p. 187.

courtier des Européens, à fonder des hôpitaux pour les pauvres de toutes les communautés indiennes.

Le commerce avec la Compagnie des Indes Orientales que les Parsis eurent la sagesse de ne pas concurrencer, inaugura l'âge d'or de leur prospérité matérielle. La première fabrique anglaise fut construite à Surate en 1608. Les Hollandais ouvrirent la leur en 1617 et employèrent dès le début des Parsis comme courtiers, en raison de leur honnêteté et de leur savoir-faire. Un exemple remarquable est donné déjà par Rustam Manek. Courtier d'une manufacture anglaise, représentant les intérêts du raja de Battam à Singapour et, en même temps, agent et interprète des Portugais de Surate, en 1672, Rustam Manek obtint la levée de la djizya (capitation) que l'empire des Moghols avait maintenue sur les Parsis de Surate. Bien qu'il fut dépouillé par la East-India Co dans une malheureuse affaire, Rustam Manek a laissé des constructions de ponts, de routes, de puits, de réservoirs et aussi d'hospices pour les pauvres.

L'ère de l'histoire moderne des Parsis commença vraiment avec la montée de la puissance portugaise et anglaise en Inde et surtout avec le développement de Bombay en port maritime de première importance. La date de l'arrivée des premiers Parsis à Bombay se situe autour de 1670. Un rôle important fut joué par les Patell et débuta auprès des Portugais avec l'arrivée à Bombay dès 1640 de Dorabjee Nanabhoy en provenance de Soomari près de Surate. Son fils, Rustam, sauva Bombay d'une attaque des Siddhis en 1692 pendant une épidémie de peste. Durant les 150 années qui suivirent, on retrouve les Patell comme chefs-gouverneurs de Bombay, administrant des villages, créant des transports, armant des navires, développant les pêcheries et approvisionnant en eau fraîche les bateaux de la East-India Co. Les Parsis furent les premiers armateurs et constructeurs de docks maritimes. La

East-India Co construisit les docks de Surate en 1700 mais leur entretien fut confié à des Parsis, dont Lavji Nusserwanjee Wadia (1702-1774).

Le *Captain* Alexander Hamilton observait en 1716 : « Ils sont très industrieux et diligents dans le commerce et la fertilisation des terres. Ils sont de bons charpentiers et de bons armateurs, subtils dans le commerce des tissages et des broderies. Ils travaillent bien l'ivoire et l'agate et sont de très bons ébénistes. Ils distillent les alcools bien que ce soit interdit... » Il y a aussi parmi eux des horlogers et des opticiens réputés depuis le xviiie siècle.

Dès 1730, des Parsis installèrent leur commerce partout en Inde, à Mysore, à Mangalore, Cochin, Calicut, Madras et commercèrent avec la Birmanie et la Chine (1756). De 1756 à 1856 les Parsis entretinrent un commerce florissant avec Canton, Macao, Hong Kong et Shanghai. Les Anglais ne devinrent la puissance économique de la région de Bombay que vers les années 1730. Sir James Mackintosh écrivait en 1808 : « Les Parsis sont un petit reste d'une des plus fameuses nations de l'ancien monde qui échappa aux persécutions en se réfugiant en Inde, demeurant longtemps perdus dans la pauvreté et l'oubli » et, attribuant le mérite de la réussite économique des Parsis à l'Angleterre, il ajoute : « Jusqu'au moment où ils rencontrèrent un gouvernement juste sous lequel ils s'élevèrent rapidement jusqu'à devenir un des groupes parmi les plus opulents en Asie. » (*Bombay Courrier*, 20th August 1808).

En 1790, la première installation massive des Parsis à Bombay se fit par suite de la famine sévissant dans le Gujarat. A partir de 1790, les Parsis s'implantèrent dans le quartier du Fort de Bombay où la plupart des affaires s'effectuaient.

**

Qu'étaient les Parsis dans le Bombay du XVIIIe siècle ? Il y a peu de traces de leur montée socio-économique parce qu'ils n'étaient pas encore assez littéraires pour avoir laissé des comptes rendus, alors qu'au XIXe siècle le volume des informations et des archives montre assez que ce fut l'époque d'un progrès social et culturel de croissance continue.

L'orientaliste Anquetil Duperron[1] tomba au beau milieu de la crise calendaire entre les Shahinshahis et les Kadimis (1758-1761) et se fit instruire sur l'Avesta par Darab, le disciple de Jamasp qui avait dû quitter Surate. D'autres soucis attendaient Anquetil à son retour en Europe quand il publia son « Zend-Avesta » (1771), d'après 180 manuscrits dont l'authenticité fut contestée par les Anglais. L'attaque vint d'Oxford où William Jones, disciple de Voltaire, ouvrit une polémique venimeuse contre le savant français. En réalité, prenant le rituel parsi traduit par Anquetil pour le message original de Zoroastre, William Jones s'aligna sur Voltaire pour stigmatiser « l'abominable fatras attribué à ce Zoroastre », entamant ainsi une ère de disputes académiques passionnées et interminables entre certains spécialistes des études avestiques.

Dès 1794, les Anglais louent la qualité morale et la prospérité des Parsis de Bombay, dont Naoroji Rustomji avait amorcé la réussite dès la première moitié du XVIIIe siècle. Mais, après les commentaires de J.A. Pope (1816) et de W. Erskine (1818) sur les Parsis, ce dernier rejetant les attaques injustes de W. Jones contre Anquetil, le rév. John Wilson exagéra son zèle de missionnaire protestant en convertissant des jeunes Parsis. La société parsie

---

1. C'est ainsi qu'il signait son nom.

s'en émut (1830-1840) et saisit à cette occasion l'intérêt de s'initier à la méthode critique en matière d'histoire des religions et de théologie. Le *Rahnumae Mazdayasnan Sabha* fut fondé en réponse aux critiques incessantes des missionnaires chrétiens devant les enfants parsis qui suivaient l'enseignement de leurs collèges. R.P. Masani écrit dans sa biographie de Dadabhoy Naoroji : « La méthode de ces zélés propagateurs de la foi chrétienne était simple : pour une heure de catéchisme donnée aux jeunes Parsis ils leur offraient quatre heures d'anglais, d'histoire, de géographie et de mathématiques. » Deux enfants parsis subirent le prosélytisme du Révérend John Wilson et se convertirent au christianisme. Le tollé soulevé dans la communauté parsie fit tomber le nombre des élèves de l'école du Dr Wilson de 500 à 70... En 1842 un magazine mensuel, *Rahnumae-Zarathoshti,* fut fondé pour défendre les préceptes de Zarathoustra et divers séminaires créés pour la formation théologique des futurs prêtres.

Dans quelles conditions les tentatives de conversions au christianisme furent-elles effectuées par les Missions [1] ? Les Parsis réalisèrent que ces conversions étaient dues à la méconnaissance de leur propre foi dont les prêtres mêmes ignoraient la théologie et l'apologétique, puisque le parsisme ne faisait plus aucun prosélytisme depuis son établissement en Inde.

La seconde vague de Parsis arriva à Bombay lorsqu'un incendie détruisit plus de la moitié de la ville

---

1. Œuvre d'apologétique chrétienne pour la conversion de jeunes parsis du Rev. John Wilson. *The Parsi Religion as contained in the Zand-Avasta and propounded and defended by the zoroastrians of India and Persia, unfolded, refuted, and contrasted with Christianity* (London 1843).

de Surate en 1837. La ville de Surate ne donne plus aucune idée de sa splendeur passée. Chantée jadis par le poète hindou Wali, contemporain d'Aurangzeb, elle fut un lieu de pèlerinage pour les Indiens de toute secte et de rendez-vous pour les étrangers de toute nation.

> *Entre les villes merveilleuses,*
> *Surate luit par sa beauté ;*
> *Sur les harpes mélodieuses*
> *Son nom célèbre est répété...*
> *La vérité luit dans Surate*
> *Comme le flambeau sur l'autel.*
> *Sa lumineuse enceinte éclate*
> *En servants du culte éternel.*
> *Là se presse un royaume d'âmes,*
> *Des Européens et des brames* (brahmanes)
> *Et les adorateurs du feu.*
> *Enfants d'Adam, tribus errantes,*
> *Ils ont cent sectes différentes*
> *Pour adorer un même dieu...* [1].

*
**

Les Parsis avaient déjà montré leur habileté dans le tissage de coton et dans la broderie au Gujarat, à Surate et Broach. Ils développèrent cette industrie à Bombay dont K.N. Davar ouvrit la première usine, *Bombay Spinning and Weaving Co* en 1857.

Le commerce de coton de Bombay se développa surtout durant la guerre de Sécession américaine jusqu'en 1865.

Jamshedji Bamanji Wadia (1756-1821) construisit des navires de guerre et des frégates pour la Royal

---

[1]. Œuvres de Wali, XVIIe siècle, trad. par Garcin de Tassy.

Navy. Son fils Nowroji (1774-1860) construisit un vaisseau qui participa à la bataille de Navarin (Grèce) en 1827, et le vaisseau *Asia* de 84 canons. La fonction d'armateurs demeura dans la famille Wadia pour près de cent cinquante ans. Ardeschir Wadia construisit les premiers bateaux à vapeur et installa l'éclairage au gaz de la ville de Bombay.

La seconde partie du XIXᵉ siècle vit la santé et la culture parsies se développer considérablement avec la création d'hôpitaux, d'instituts et de collèges de qualité. Les enfants des familles aisées fréquentèrent les meilleures universités d'Angleterre dès 1850 et s'inscrivaient en faculté de droit ou de médecine. L'éducation, l'instruction et l'esprit d'entreprise des Parsis élabora la société la plus éminente de l'Inde victorienne, tenant des postes clés dans le commerce, la banque, la médecine, le droit et les sciences. Le savant dastûr K.R. Cama, élève de Spiegel, introduisit l'étude de l'avestique et du pehlevi à l'université de Bombay (1887) et de plus en plus de Parsis lettrés s'activèrent autour des travaux d'iranologie des chercheurs européens. Des noms tels que ceux de Sir J. Jejeebhoy, B.M. Malabari, S.S. Bengali, K.R. Cama, C. Ferdunji, J.J. Modi, J.N. Tata, illustrent, parmi bien d'autres comme Patell, Kabraji, Wadia, Jamshedji, Davar, etc., l'importance du progrès social et de la montée culturelle anglo-parsis.

Au début du XIXᵉ siècle, les Parsis sont déjà les plus grands propriétaires de Bombay, y compris des maisons et jardins habités par les Européens [1]. Mais, contrairement à ce qu'on pourrait penser, ils ne furent pas seulement de riches bourgeois avides de puissance. La plupart des fortunés furent souvent des personnalités aussi nobles que désintéressées. Des ban-

---

1. Maria Graham (Bombay 1809) in *Journal of a Residence in India*, Edinburgh 1812.

quiers parsis comme Vicajee (1781-1853), Pestonjee Meherjee (1799-1854), aidèrent plusieurs fois le gouvernement de Bombay (1802) et même la East-India Co (1835). Et l'homme qui révolutionna le système bancaire indien fut Sorabji N. Pochkahnawala (1881-1937). La *Central Bank of India* qu'il fonda avec Pherazeshah Mehta fut la première banque entièrement indienne aux mains de cinq Hindous, de quatre Parsis et d'un Musulman, dès le 28 décembre 1911.

L'intelligence des Parsis, leur sens des affaires et leur honnêteté, en firent les collaborateurs subtils des Britanniques, formant vite à Bombay une gentry anglo-parsie cultivée. Mais l'avenir allait prouver qu'ils ne furent ni serviles ni inconditionnels des Anglais, car ils démontreront qu'ils étaient Indiens avant tout, à part entière et attachés à l'indépendance de leur pays.

Le rôle de l'introduction de la langue anglaise dans l'éducation indienne dès 1835, fut un facteur prépondérant dans l'édification de la société moderne parsie qui maîtrisa très tôt cette langue internationalisée par l'Empire britannique.

L'Angleterre souhaitait que l'éducation britannique en Inde amenât une classe d'Indiens « de sang et de couleur, mais anglais de goût, d'opinions, de morale et d'intellect » (Lord Macauly). Ces principes furent appliqués à Bombay par l'Elphinstone College. Mais les Anglais n'avaient pas prévu que l'imposition de leur langue destinée à supplanter l'*ourdou* arabo-persan qui était la langue administrative de l'Inde, allait se retourner contre eux.

Langue véhiculaire, l'anglais permit aux intellectuels indiens de prendre conscience de leur unité culturelle au-delà des cadres archaïques des ethnies et des sectes et de jeter les bases du futur mouvement nationaliste indien.

***

Dès 1885, il semble que l'européanisation des Parsis fut un phénomène quasiment accompli. Rien n'est plus caractéristique de cette étape que l'anglicisation du nom de certains Parsis, abandonnant leur nom persan ou indien pour un sobriquet d'origine souvent professionnelle devenu patronyme : *Captain, Architect, Engineer, Contractor, Readymoney, Cabinetmaker,* comme Naservanji N. *Petit* (1784) avait reçu son nom de marins français, tandis que d'illustres Parsis étaient anoblis par la couronne.

Les principales entreprises parsies qui furent les champions du développement industriel de l'Inde démarrèrent à l'initiative de Sir Jamsetjee Jejeebhoy (1785-1859), de Sir Dinshaw Manekji Petit[1] (1823-1901) et de Sir Cowasji Jehangir (1853-1934). La première firme parsie en Angleterre fut fondée à Londres et à Liverpool en 1885.

Figure centrale de l'histoire parsie au XIXe siècle, Jamsetjee Jejeebhoy entreprit les premières adductions d'eau de l'Inde (*Poona Bund and Water Works, 1845*). Il reçut la citoyenneté de la ville de Londres et fut fait chevalier par la Couronne britannique.

L'ancêtre de la célèbre famille Tata, Jamsetjee Tata, enrichit la ville de Bombay de constructions modernes à la fin du siècle dernier (Taj Mahal Hotel, 1898), et fit assécher les marécages de Salsette pour y élever les nouveaux quartiers de Bandra, Mahim et Juhu Tara. Il favorisa surtout le « nationalisme économique », affirmant que l'indépendance politique serait peu valable sans une égale indépendance économique. En 1910, il fit édifier la *Tata Hydro Electric Supply Co* qui fournit l'électricité à la ville de Bombay. Les Tata firent l'électrification des chemins de fer indiens dont

---

1. L'orthographe particulière des noms parsis est respectée dans chaque transcription personnelle anglicisée.

le réseau avait été mis en place par les Anglais. Lord Curzon a pu dire : « Aucun Indien de cette génération n'a fait plus pour le commerce et l'industrie que Mr Jamsetjee Tata. » Les compagnies aériennes *Air India* et *Indian air lines* naquirent des *Tata Air Lines* nationalisées en 1953. Les Tata fondèrent aussi la *Tata Oil Mills* et le groupe de presse le plus important de l'Inde. Mais ils firent aussi beaucoup pour la science avec la fondation du *Tata Institute of Social Science, Tata Memorial Hospital for Cancer, Tata Institute of Fundamental Research* (recherches nucléaires et mathématiques) et à Bangalore de *l'Indian Institute of Science.*

Comme les Tata, Ardeschir Burjorji Godrej (1867-1936) fonda une dynastie d'industriels experts en instruments de chirurgie, fabrication de coffres-forts, de réfrigérateurs et de savons, avec une usine en Malaisie. Les usines Godrej, au nord de Bombay, sont ultramodernes avec logements, dispensaires et écoles, exemplaires du progrès social indien. Homme d'extraordinaire esprit d'entreprise, Pirojsha Godrej, fils du fondateur de la dynastie industrielle de ce nom, Ardeshir Godrej (1897), développa les compagnies du groupe Godrej et réalisa son rêve de fonder une cité industrielle « écologique » au milieu de jardins tropicaux de toute beauté à Vikhroli qui, il y a trente ans, n'était qu'une jungle sauvage. Aujourd'hui, l'ensemble industriel Godrej appelé Pirojshanagar abrite plus de vingt mille personnes, travailleurs et leurs familles, dans des immeubles modernes. Basé sur le principe zoroastrien d'élévation des ténèbres de l'ignorance vers la lumière de la connaissance, la première école d'Udayachal avait pour but d'instruire et d'éduquer les enfants des employés. Depuis 1955 le centre socio-éducatif Pragati Kendra dispense une instruction exemplaire aux élèves pauvres de tous horizons, depuis les bases classiques en langues marathie, gujaratie ou anglaise, la musique et les sports jusqu'à l'enseignement technique le plus avancé et proche du domaine professionnel. Un système d'assistance médicale rare en Inde permet à plus de sept cents familles d'être intégralement couvertes des frais médicaux et d'hospitalisation et tous ceux qui n'ont pas de mutuelle restent cependant couverts à 75 % grâce au programme de protection médicale du groupe qui en fait un organisme à la pointe du progrès social indien, dans un pays où la misère sévit encore tragiquement.

*
**

Dans le domaine des lettres, Kaikhoshrau Navrojee Kabraji (1842-1904) fut un journaliste éminent qui publia des romans d'intérêt ethnologique sur la vie familiale parsie, en *gujarati*. Editant un journal féminin très populaire, *Stri Bodh*, « Sagesse féminine », il fonda aussi deux journaux influents : *Parsi Mitra*, l'Ami des Parsis et *Rast Goftar*, le Messager de la vérité, ce dernier en collaboration avec Dadabhoy Naoroji en 1851. Le *Rast Goftar* fut durant dix ans le porte-parole des idées réformatrices indiennes, tant en politique qu'au point de vue social.

Exemple de l'esprit d'entreprise des Parsis, Shapoorji Pallonji Mistry (1887-1975), pourtant issu d'une famille très pauvre, fut le véritable maître d'œuvre du Bombay moderne.

L'éducation des filles avait été gravement négligée au Elphinstone College. La *Students' Literary and Scientific Society* fut fondée en 1848 par des jeunes réformateurs hindous et parsis sous la conduite de Dadabhoy Naoroji qui fit ouvrir neuf écoles pour filles. En 1855, sur 740 filles inscrites à l'école, 475 étaient parsies et 265 hindoues (178 marathies et 87 gujaraties).

Des Parsis furent à l'origine de la réforme de la

Charte de la East-India Co en 1853 et la *Bombay Association* fut fondée par un groupe d'Hindous et de Parsis sous la conduite de Dadabhoy Naoroji qui fut aimé et révéré comme le « Grand Old Man » de l'Inde.

Il s'attacha à promouvoir l'éducation féminine, à dénoncer l'exploitation britannique de l'Inde (*Poverty and Un-British Rule in India*, 1901) et lutta pour l'indianisation de l'administration coloniale de l'*Indian Civil Service* (ICS). Il fut étroitement associé à la fondation du *Congrès National Indien* en 1885. C'est en 1888 qu'il se lia avec le futur Mahatma Gandhi et fut élu en 1892 à la Chambre des Communes à Londres. Il fut ainsi le premier Indien élu au Parlement britannique qui allait compter aussi le député travailliste Shapuji Saklatwala (1909). A la session de 1906, D. Naoroji osa déjà demander la « Swaraj », la pleine indépendance de l'Inde.

Sir Pherozeshah Mehta, avocat à Bombay de 1869 à 1876, fut considéré comme le meilleur orateur de l'Inde, aidé par sa parfaite maîtrise de l'anglais. Il devint un ardent pionnier du Congrès National Indien, ayant commencé à soutenir l'action de Gandhi pour les droits des Indiens d'Afrique du Sud. Gokhale, le gourou politique de Gandhi, écrivit à Mehta cette étonnante adhésion philosophique : « J'aimerais mieux être dans l'erreur avec vous que dans la vérité tout seul. » En 1911, Mehta devint vice-chancelier de l'université de Bombay et fonda le quotidien *Bombay Chronicle* en 1913. Sir Dinshaw Eduljee Wacha fut aussi un éminent leader du mouvement national, *Indian National Congress*, de 1894 à 1912. Les réformes sociales entreprises par Dadabhoy Naoroji, Pherozeshah Mehta et Dinshaw Wacha jouèrent un rôle déterminant dans le fondement de la lutte pour l'indépendance nationale indienne.

Behramji M. Malabari (1853-1912), poète de talent, journaliste fondateur de l'*Indian Spectator* (1876) et traducteur des œuvres de Max Muller, fut un réformateur significatif du progrès indien. Luttant contre la tradition indienne de l'*Infant-marriage* qui obligeait une enfant de dix ans à vivre avec le mari qui l'avait choisie, pratique que les Parsis avaient adoptée, Malabari réussit à obtenir le *Parsi Matrimonial Act* (1891) reportant à quatorze ans l'âge de telles épousailles [1]. Dans son ouvrage *Gujarat and the Gujaratis*, Malabari dénonçait aussi l'injustice du système des castes avant Gandhi et stigmatisait l'hypocrisie religieuse des hindous, des musulmans ou de ses propres coreligionnaires. Ce philosophe parsi, courageux et inspiré, pour qui « toute bonne pensée était une manifestation du divin dans l'humain », ne vécut pas assez pour appliquer son désir profond de réformes.

L'activité de Behram M. Malabari et de Sorabjee Shapurjee Bengalee (1831-1893) aboutit à obtenir des autorités britanniques les réformes des *Indian Factory Acts*, de 1881 à 1891 et les actes de la *Bombay Mill Hands Association* de 1890, de la *Amalgamated Society of Railway Servants of India and Burma*, 1897, de la *Printers Union* in Calcutta en 1905 et du *Kamgar Hitvardhak Sabha* en 1909. Importante aussi fut l'œuvre politique de B.P. Wadia, de la famille des grands armateurs, théosophe et collaborateur d'Annie Besant dans le *Home Rule Movement*. Wadia voulut fondre le *Labour Movement* et le *National Movement* et créa le *Madras Labour Union*, « le premier parti moderne de l'Inde », dira Kulke.

En 1920, Lala Lajpat Rai forma le *All India Trade Union Congress* et S.H. Jhabvala fonda en 1927 le *Workers and Peasants Party* avec l'aide de deux communistes britanniques, P. Spratt et F. Bradley.

---

1. Malgré les interdits, dix mille mariages d'enfants de cinq à dix ans furent encore célébrés en 1980 en Inde lors de la fête de la Penavakshay Tritya !

Framroze J. Ginwala fut le leader unioniste de Bombay où il dirigea treize fédérations et fut le président du *Central Labour Board* de Bombay en 1931. La première femme parsie à militer dans le Mouvement National fut Mme Bhikaiji Cama (1861-1936). Elle devint si active dans sa lutte contre les Anglais qu'elle dut s'enfuir à Paris où elle demeura en exil. Elle publia en 1905 le journal *Vandemataram* à Genève. Elle dessina le premier fanion de l'indépendance qui servira de modèle au drapeau national indien. Les Britanniques demandèrent à leurs alliés français d'interner Mme Cama pour activité subversive de 1915 à 1918. De son côté, Rustomji Jivanji Ghorkhodu (1864-1924) joua un rôle actif dans le Mouvement National en aidant la publication du journal révolutionnaire de Gandhi, *Native Opinion*, et il fut envoyé en prison plusieurs fois pour ses activités extrémistes en faveur du Mahatma.

Khurshed Framji Nariman (1883-1948) lutta aussi ardemment pour l'indépendance de son pays et devint le plus populaire maire de Bombay dès 1934. Burjorjee Framji Bharucha (1880-1963) fut un ardent nationaliste du Gujarat. Ami de Jawarharlal Nehru, le Premier ministre indien, il édita un journal, *Tindi Mitra*, en gujarati et en anglais, destiné à informer politiquement les Parsis. Il faut aussi rappeler l'homme politique J. Nusserwanji Mehta (1886-1952) maire de Karachi en 1933, lequel fut notoirement connu comme « le roi sans couronne de Karachi ».

On a très peu écrit sur la participation des femmes indiennes au mouvement libéral, dont pourtant et malgré leur minorité, plusieurs furent des Parsies. Des centaines de femmes parsies figuraient aux manifestations de rues à Bombay en 1930 à l'occasion du soutien à Gandhi pour le boycott des marchandises britanniques et pour le *Civil Disobedience Movement* (29 mai 1930). Une des plus actives fut Perin D.S. Captain (1888-1958) qui, depuis sa rencontre avec Gandhi en 1919 jusqu'à sa mort demeura une militante active au sein du Congrès. Il faut aussi noter l'action de remarquables Parsies au plan social : Dinbai F.S. Patuck (1874-1963) et Mary Clubwalla Jadhav (décédée en 1975), H.R. Furdoonji (m. 1956), Meherbai S.H. Jhabvala (m. 1970). Mme Furdoonji lutta avec Margaret Cousins dans le *All-India Women's Conference* pour les droits civils et politiques des femmes indiennes. Pionnier dans la bataille pour le vote des femmes indiennes fut aussi Hirabai A. Tata (1889-1941), secrétaire honoraire du *Indian Women Association* fondé par Annie Besant et Margaret Cousins en 1917.

Sa fille, Mithan J. Lam (née en 1898) fut la première femme indienne nommée avocat à Londres. Elle aida à faire voter différentes lois sociales dans les années 50 et continua à œuvrer au Maharashtra State Council. Ainsi, bien que grandement minoritaires dans leur pays, les Parsis, hommes et femmes, jouèrent un rôle déterminant dans la lutte pour l'indépendance de la nation indienne comptant alors près de 400 millions d'âmes.

La fondation du premier Panchayet parsi datait de 1673. Institution inspirée de la coutume communautaire indienne du Panchayet hindou de chaque ville et village, le *Parsee Panchayet*, créé à Bombay en 1725 et destiné à légiférer la communauté tant au point de vue civil que religieux, fonctionnait selon des règles traditionnellement démocratiques.

Navsari avait formé son Panchayet parsi dès 1642

où siégèrent ensemble laïques et prêtres, ces derniers jugeant les disputes d'ordre religieux qui leur étaient portées. Surate suivit Navsari et créa son propre Panchayet dans lequel Nanabhai Punjia et Rustam Manek furent des conseillers éclairés. En 1778, le Panchayet de Bombay durcit sa position et obtint du gouverneur l'assistance du pouvoir temporel pour sévir contre les Parsis qui ne respectaient pas ses décisions. Puis en 1830, le système d'élections démocratiques fut supprimé par l'instauration de dirigeants héréditaires, les *Akabars*.

Dès 1836, cette assemblée commença à perdre tout prestige aux yeux de la communauté laïque, en raison d'abus intolérables de pouvoir. De vigoureuses protestations s'élevèrent contre ce totalitarisme et, en 1849, J. Jejeebhoy écrivit le *Kholaseh-i-Panchayet* (en gujarati) pour exprimer ses vues sur une nouvelle orientation du Panchayet. Sa fondation de la *Parsi Benevolent Institution* vint au secours de familles pauvres de Bombay, Surate, Broach, Udvada, Bulsar, Bilimora et Navsari. C'est cette œuvre qui permit aux affamés par suite de l'incendie de Surate de survivre grâce à des cargaisons de riz et de vêtements distribués tant aux Parsis qu'aux Hindous. Le Panchayet continua de régner jusqu'à ce que Sir Jamsetjee Jejeebhoy lui oppose un nouvel organisme, The *Parsi Benevolent Institution* qui récupéra des membres du Panchayet en 1851, et dont le but fut d'obtenir la reconnaissance des lois spécifiques parsies. En 1828 les autorités de Bombay désignèrent une commission pour « enquêter sur les usages faisant lois dans la communauté des Parsis de l'Inde et sur la nécessité d'établir une spéciale législation à leur égard ».

Ces mesures conduisirent aux premières reconnaissances officielles des lois intérieures parsies par le *Parsee Chattels Real Act* (N° IX de 1837) qui ne donna satisfaction aux Parsis qu'à moitié.

La *Parsee Law Association* fut formée par une assemblée de 3 000 Parsis en 1855. Elle obtint la proclamation par le Gouvernement général de deux importantes lois parsies : « *The Parsee Marriage and Divorce Act* », n° XV de 1865, et la « *Parsee Succession Act* », n° XXI de 1865 qui ne suivait pas la loi anglaise alors en vigueur de succession par ordre de primogéniture. Non seulement la bigamie pratiquée par certains Parsis fut interdite mais des cours matrimoniales, tenues par des juges parsis, furent instituées à Bombay et en plusieurs villes de l'Inde.

*
**

Kharshedji Rustamji Cama (1831-1909) fut le premier Parsi qui voyagea pour étudier l'Avesta sous le patronage de savants occidentaux.

Il travailla avec Jules Mohl (le traducteur du *Livre des Rois* de Firdousi) à Paris et avec F. Spiegel à Leipzig en 1858. A son retour à Bombay, Cama ouvrit en 1861 un cours de philosophie avestique et pehlevie destiné aux jeunes mobeds. En 1864, Cama fonda la *Zarthoshti Din-ni-Khol Karnari Mandli, Society for the Promotion of Researches in the Zoroastrian Religion.* Cama fonda aussi le journal *Jarthoshti Abhyas* (gujarati) « Zoroastrian Studies ». K.R. Cama favorisa l'essor des collèges d'enseignement de l'avestique, du pehlevi et du persan aux étudiants parsis tels que la Mulla Feroze Madressa, la Sir Jamsejtee Jejeebhoy Zarthoshti Madressa créée en 1863 et il ouvrit lui-même la Nusserwanji Ratanji Tata Madressa à Navsari le 24 avril 1854.

Plusieurs éminents parsis furent ses élèves dont : Ervad Kavasji Edulji Kanga (lequel traduisit l'Avesta en gujarati), le Dastur Sir Jivanji Jamshedji Modi (1854-1933) dont l'ouvrage *The Religious Ceremonies and Customs of the Parsees* reste une étude inégalée et jamais complétée depuis.

K.R. Cama étant un dévoué franc-maçon nourrissait un goût certain du symbolisme. Fin 1886 et début 1887 il organisa à Bombay des réceptions pour le célèbre orientaliste James Darmesteter, comme Martin Haug et le Dr West avaient été préalablement invités comme professeurs d'études d'avestique et de pehlevi. Lorsque les Parsis voulurent remercier le prof. W. Jackson pour ses conférences et son attachement à la cause zoroastrienne, à l'initiative de K.R. Cama, ils lui présentèrent une gerbe de fleurs disposée en forme du *sudreh* et du *kusti* traditionnels. C'est à cette occasion qu'on entretint l'éminent chercheur de la Columbia university de l'authenticité d'une sculpture en pierre trouvée à Tâq-i Bostân en Iran et identifiée comme une prétendue statue de Zoroastre.

Sur les doutes de Jackson, J. J. Modi alla examiner la pièce d'archéologie en 1925 sur place et conclut qu'effectivement il ne s'agissait pas de la représentation de Zoroastre mais probablement d'un *Môbadân Mobâd* ou d'un *Dasturân Dastur* de la cour impériale sassanide [1].

A la mort de Darmesteter en 1894, B. M. Malabari et K. R. Cama réunirent la somme de 3 000 roupies en faveur des études d'iranologie et en mémoire de leur grand ami.

Appelé le « dastour laïque » par James Darmesteter, K. R. Cama rencontra à Karachi en 1901 le pauvre prêtre Ervad Dhalla et fut si stupéfait de ses connaissances qu'il le recommanda à W. Jackson pour l'inscrire à la Columbia university à New York. A son retour à Bombay après quelques années d'études aux Etats-Unis, Dhalla fit une telle impression sur d'importantes personnalités parsies comme K.R. Cama, J.J. Modi que,

---

1. J.J. Modi, *K.R. Cama*, Bombay University Press, 1932.

sur le conseil de W. Jackson, ils acceptèrent la demande de la communauté parsie de Karachi de l'élever à la dignité de dastour du Sind et du Béloutchistan (Pakistan) où il mourut le 25 mai 1956 après avoir publié une œuvre importante sur les études zoroastriennes.

Le nom du savant parsi Cama couvre aujourd'hui encore le prestigieux *K.R. Cama Oriental Institute*, fondé en 1916 pour perpétuer sa mémoire et son impulsion des études orientales. L'institut de Bombay conserve une collection rare de manuscrits et de livres anciens uniques au monde et publie un Journal de ses conférences académiques. Parmi ses présidents, Sir J.J. Modi et Sir R.P. Masani acquirent une réputation mondiale et le professeur P.J. Shroff, qui fut également président de l'*India-Iran Cultural Sty*, reçut en 1968 à Bombay l'ex-shah d'Iran en présence des autorités du Maharashtra.

*
**

La *Gatha Society*, dont le siège demeure au Cama Institute, fut fondée en 1902 pour la diffusion des enseignements des saintes gâthâs de Zarathoustra, à l'initiative de l'éminent orientaliste parsi Sohrab Jamshedji Bulsara. La Société des Gâthâs fut ranimée en 1931 par Behramgore T. Anklesaria (1873-1944), lequel produisit une nouvelle traduction remarquable des hymnes de Zoroastre, publiée en anglais en 1953 par le *Rahnumae Mazdayasnan Sabha* à Bombay.

Le *Rahnumae Mazdayasnan Sabha* reste aujourd'hui encore une très importante institution parsie. Le *Cama Athornan Institute* est, lui, un séminaire de futurs prêtres. En 1861, Dadabhoy Naoroji avait fondé la *London Zoroastrian Association* avec un cimetière réservé dans le Surrey, ainsi que la *London Indian Society*, au rôle plus politique. La *London Zoroastrian*

Association devint la *Parsee Association of Europe*, avec pour présidents, Sir Ph. Mehta et K.R. Cama, puis se dénomma enfin la *Zoroastrian Association of Europe* (1972) tandis qu'un effort international pour unir les Parsis aux Zartoshtis d'Iran et surtout à une importante diaspora, fondait la *World Zoroastrian Organisation* (en 1980) [1].

---

1. En 1969, fut fondée en France la Société d'Etudes Zoroastriennes et une association zoroastrienne de Paris fut formée en 1982 par les Zoroastriens iraniens de France. La World Zoroastrian Organisation cherche à faire reconnaître son statut à l'ONU pour y défendre les intérêts de l'ethnie.

L'IRAN CONTEMPORAIN

En Iran, sous le régime de Mohammed Reza Pahlavi, dernier shah très attaché à la culture ancienne de son pays, le zoroastrisme persan connut de son côté une activité culturelle intense qui porta des Zartoshtis à participer à tous les congrès académiques orientalistes. L'Anjoman de Téhéran créa une vaste bibliothèque et de nombreux érudits iraniens et étrangers confrontèrent leurs travaux au sein de la Société culturelle de l'ancien Iran, *Anjoman Farhang Iran Bastan*. Dès 1962, l'Anjoman de Téhéran et l'élite culturelle iranienne reçurent un éminent dastûr de Bombay, le Dr Framroze A. Bode, professeur d'histoire des religions orientales, qui visita aussi les communautés de Yazd et de Kerman. En 1965, le congrès de l'UNESCO se tint à Téhéran. A l'occasion du 2 500e anniversaire de la fondation de l'empire perse, deux cent cinquante Iranologues du monde entier (y compris d'URSS, d'Angleterre, d'Australie et d'Argentine), se rendirent à Shiraz pour le congrès mondial d'Iranologie en octobre 1971.

Témoignage de la perdurance de la foi zoroastrienne sous l'islam, en 1979, il restait en activité trois temples du feu à Téhéran, un à Shiraz, vingt-deux à

Yazd et environs et quatre à Kerman. Le dernier président de l'Anjoman de Téhéran, l'éminent Dr Fahrang Mehr, suscita une importante réforme en permettant les mariages mixtes entre Zartoshtis et Musulmans et en autorisant le *Sudreh Kushtidâdan*, « don du sudreh et du kushti », aux enfants nés de telles unions.

Pour l'orthodoxie parsie, choquée par de telles alliances, seuls les enfants nés de *père parsi* sont d'authentiques fidèles, *Bedhin*. En 1979, on dénombrait encore 30 000 Zartoshtis, dont 15 000 à Téhéran. Depuis les événements menés par l'ayatollah Khomeini, plus de 2 000 auraient quitté leur pays et la situation des zoroastriens dans la République islamique serait identique à celle des autres minorités non-musulmanes d'Iran. Le tremblement de terre de juin 1981 qui ravagea Kerman accentua encore la misère de la plus ancienne et vénérable minorité d'Iran.

Une aussi longue cohabitation que celle des Parsis en terre indienne et que celle des Zartoshtis en milieu musulman, ne va pas sans entraîner certaines osmoses sociales et culturelles. Ainsi, en dépit de l'ostracisme environnant, les communautés zartoshties adoptèrent certaines pratiques de la société rurale musulmane. Certains villageois tuant des moutons aux festivités, on a cru y voir des pratiques sacrificielles à Mihr. Au siècle dernier, deux villages zoroastriens proches de Yazd firent d'exceptionnels sacrifices de vaches au *Dari-Din*, « porte de la foi », en raison d'une légende locale et non comme on l'a cru en l'honneur de Mithra. Choqués, les Parsis intervinrent et le Parsi Manekji Limji Hataria fit arrêter ces pratiques antizoroastriennes jamais plus renouvelées depuis lors.

L'*Anjoman Zartoshtian* de Téhéran confirmait en 1970 qu'aucun sacrifice d'animaux n'était effectué par des zoroastriens en Iran.

A partir du règne de Reza Pahlavi et jusqu'à la fin du régime impérial renversé par la révolution islamique (1979), la situation des Zartoshtis s'était notablement améliorée, grâce à l'attachement du régime du Shah envers la culture de l'ancien Iran.

Par mesure d'hygiène, à l'époque de Reza Pahlavi, des fidèles de Téhéran, dirigés par Arbad Kaikhushro Shehrukh, commencèrent d'adopter l'inhumation des morts au lieu de la traditionnelle exposition sur les tours du silence, procédé qui fut encore encouragé par Mohammed Reza Pahlavi, en 1960. A Yazd même, les dakhmas furent peu à peu abandonnées au profit de tombes en ciment, hermétiques à l'eau et à la terre. Seule la dakhma de Sharifabad restait en service ces dernières années.

*
* *

La haute moralité et l'assiduité au travail des derniers fidèles de Zoroastre, les firent apprécier dans toutes les fonctions qu'ils remplirent dans le privé ou pour l'Etat, après n'avoir longtemps été employés que pour leurs qualités d'horticulteurs dans les jardins du Shah. Devant l'attitude généreuse de l'ancien régime impérial à leur égard, des Parsis bénéficièrent d'une faveur leur accordant le passeport iranien et certains regagnèrent la terre ancestrale.

Pourtant, ces deux communautés n'ont en fait plus grand chose de commun entre elles : 1 300 ans de séparation, les uns en milieu musulman dont ils subirent les persécutions mais aussi l'empreinte profonde ; les autres en milieu indien dont ils épousèrent des coutumes et qui, dans l'Empire des Indes, reçurent une forte anglicisation depuis le XVIIIe siècle. Seule la foi identique et des pratiques rapprochées par les échanges des derniers siècles rappellent l'origine commune antique.

On dit quelquefois que les Parsis sont plus généreux et charitables que les Zartoshtis iraniens. Toutefois, le portrait moral décrit par Montesquieu pourrait s'appliquer encore à la plupart des Zoroastriens persans d'aujourd'hui : « Il y a ici un Guèbre qui, après toi, a, je crois, la première place dans mon cœur : c'est l'âme de la probité même. Des raisons particulières l'ont obligé à se retirer dans cette ville où il vit tranquillement du produit du trafic honnête, avec une femme qu'il aime. Sa vie est toute marquée d'actions généreuses, et, quoiqu'il cherche la vie obscure, il y a plus d'héroïsme dans son cœur que dans celui des plus grands monarques » (*op. cit.*).

Tant il est vrai que l'honnêteté et la droiture caractérisent encore et généralement les héritiers des deux rameaux subsistants de la religion de Zoroastre.

LE PARSISME MODERNE

En Inde, tandis que la tradition religieuse se maintenait dans les sanctuaires du Feu (*Agiyari*) et dans le culte domestique des traditionalistes, d'autres Parsis s'attachaient à l'enseignement de gourous, de yoguis, ou devenaient sous l'influence britannique, théosophes, francs-maçons ou adhérents de la Science chrétienne, sans pour autant renier les principaux actes de la vie liturgique parsie : navjote ; *ashirwad* (cérémonie du mariage) et rites funéraires au *doongawardi*, le « cimetière » des dakhmas, qui engagent l'important culte des morts.

Le rituel funéraire des Parsis maintient le plus important culte des morts connu depuis les anciens Egyptiens. Les coutumes parsies qui accompagnent la mort tiennent une place majeure dans cette société. De tout ce que caractérise le parsisme, les dakhmas (gujarati *dokhmou*) ou « tours du silence » au haut desquelles le cadavre est exposé au bec et aux serres des vautours pour y être décharné avant que le squelette ne soit jeté dans le puits central, constituent bien ce qui étonne le plus l'étranger[1]. De tous temps les

---

[1]. J. Darmesteter a donné une description détaillée d'une dakhma qui reste valable aujourd'hui (*op. cit.*, vol. II, pp. 155-158).

tours du silence captivèrent l'attention des voyageurs européens, mais contrairement à nos reporters qui aujourd'hui veulent en violer le macabre secret, les colons anglais surent toujours les faire respecter :

« Le 29 février 1792 le gouverneur de Bombay expulsait de la Compagnie des Indes orientales un habitant européen de l'île, qui irrespectueux de cette décence qui illumine l'attitude des gens envers les cérémonies des Indigènes de l'Inde, pénétra dans un de leurs réceptacles funéraires à la grande détresse de ladite caste [1]. »

Premiers croyants en la résurrection de l'âme, les Parsis estiment que le don de leur corps physique aux vautours est l'acte de générosité ultime de leur vie envers « Mother Nature ».

La plus ancienne tour de Broach date d'avant 1300 et à Navsari d'avant le XVIe siècle. Thomas Herbert en 1626 signala des dakhmas à Surate, en faisant un compte plus précis que celui d'Henry Lord. On dit que la première dakhma fut construite en 1673 par Heerji Wacha Modi mais le témoignage de James Fryer qui visita cette ville cette même année ne permet malheureusement pas de confirmer la date exacte d'édification.

On ignore quels temples du feu et quelles tours du silence furent édifiés par les Patell de Bombay, à Thana et Bassein pour les pauvres Parsis de ces agglomérations (entre 1730 et 1842 ?). De même, on ne sait pas exactement quels temples et tours du silence J. Jejeebhoy fit bâtir en Inde au siècle dernier. La première tour de Madras aurait été bâtie en 1796. A Broach (Gujarat) il reste des tours du silence près d'un vieux cimetière hollandais mais on ignore lesquelles restent encore en service. Sur les sept anciennes

---

1. J. Douglas, *Bombay and Western India,* London 1893 (from Clayton's Personal Memoirs, London 1859).

dakhmas de Bombay (Malabar Hill) trois restent en service actuellement. Selon mes sources, il resterait une soixantaine de dakhmas en Inde, toujours en usage, désaffectées ou en ruine.

A Bombay, le parc funèbre (doongawardi) de la colline résidentielle de Malabar Hill garde trois tours en service sur sept anciennes de plusieurs siècles. Le cadavre est porté sur la tour dans un cercueil de fer de trois à quatre heures après le décès. Cette rapidité de destruction du cadavre, égale à celle de l'incinération indienne et justifiée par la chaleur, ne semble pas tenir compte du délai *post mortem* de trois jours qui précède la rencontre de l'âme avec sa daêna.

Le chien, animal vénéré dans l'ancien monde indo-iranien, s'approche du mort et en chasse le démon de la Druj en reniflant, *sag-did* (de *sag*, chien, et *did*, vue). Dans l'ancien Iran, on pensait que certains chiens sentaient instinctivement si le mort avait rendu l'âme ou s'il conservait un souffle de vie.

Jusqu'à nos jours, aucun non-Parsi ne pouvait voir le visage du mort après que le padân (gujarati *padam*) eut été posé (*Sackhar*), règle que beaucoup transgressent maintenant malgré les protestations des orthodoxes. Après que le sag-did a été accompli, le feu sacré est apporté dans un *afarghan* et alimenté en bois de santal et en encens. Puis, tandis qu'on récite la Gâthâ Ahunavaiti deux mobeds placent le voile (padan) sur la face du mort. Puis le sag-did est accompli de nouveau...

Ensuite, accompagné des proches, le cadavre est porté jusqu'au pied de la dakhma où le sag-did est accompli une dernière fois. Seuls les croque-morts, *Nasâsâlars* (de *Nâsu*, la sorcière qui putréfie les cadavres selon l'Avesta), montent le cadavre sur la plate-forme ronde du sommet. En temps normal, le corps est dévoré par les vautours et les corneilles en moins de trois heures. Les os décharnés sont jetés régulièrement dans le puits central dans lequel on verse du sable et de la chaux. A la mousson, les oiseaux sont plus rares et l'accumulation des cadavres jetés par-dessus les ossements dans le puits central de la tour, pose des problèmes d'hygiène pour ces dakhmas. La plus proche des tours est situé à trois cents mètres des premiers buildings de Malabar Hill d'où l'on ne voit rien du festin funèbre même des étages les plus élevés, souvent habités par des Parsis. A Surate les vautours restent beaucoup plus nombreux qu'à Bombay où la pollution urbaine en diminue le nombre de manière inquiétante pour la salubrité des dakhmas, véritables tombes ouvertes à plein ciel.

Depuis 1970, de plus en plus de Parsis choisissent le cimetière ou la crémation *électrique*, mais les mobeds orthodoxes refusent les prières des morts aux âmes des incinérés de Bombay.

Dans la maison, la pièce où reposa le cadavre est lavée à grande eau et un afarghan y brûlera trois jours et trois nuits. Un portrait du décédé sera fleuri matin et soir et une petite lampe à mèche ou une bougie y sera allumée durant 10 ou 30 jours. Durant les trois premiers jours tout membre de la famille ne mangera que de la nourriture végétarienne. L'âme est censée demeurer là où habita le défunt pendant trois jours sous la protection de sa fravarti et de l'ange Sraosha. Le quatrième jour, tandis que l'âme est libérée des attaches terrestres une cérémonie familiale invoque l'aide de Sraosha et prie pour le salut du mort autour de quatre heures du matin.

Des prières commémoratives seront encore récitées le 10e et le 30e jour, puis au bout de six mois et enfin au jour anniversaire du décès.

Ces « tours du silence » désaffectées en Iran musulman à Téhéran, Yazd et Kerman depuis 1972 à l'exception de la dakhma de Sharifabad qui fut construite en 1963 à côté de l'ancienne tour abandonnée constituent le dernier témoignage du rituel funèbre le plus étrange et comptant parmi les plus anciens du monde (*cf.* Strabon).

La répulsion que nous opposons souvent à ce rite macabre n'a d'égale que l'étonnement des Parsis pour notre préférence à faire dévorer nos corps en putréfaction lente par les vers sous la terre. Si l'attitude parsie se motive par une terreur ancienne d'entrer en contact avec le cadavre et de le voir polluer les éléments nobles, feu, eau, terre, nécessaires au culte, à la vie, à l'agriculture, la foi zoroastrienne dans la survie de la personne spirituelle et dans sa résurrection, s'affirme dans l'importance donnée aux prières des morts et aux fravartis des ancêtres. On vénère les portraits des disparus, on les fleurit régulièrement, on cuisine même des nourritures qu'on mange en leur honneur, mais on ne cultive pas un attachement matérialiste et désespéré aux conservatoires de la mort que sont nos cimetières.

Les anciens Aryens pratiquaient un important culte des ancêtres. Mais au cours des siècles ce culte général des « fravartis saintes de l'humanité » s'est restreint au cercle réduit de la famille, aux mânes des aïeux, les *fravasyô nmânyà* qui sont particulièrement honorés. Et depuis les antiques *Yashts* consacrés aux Fravartis des Justes (Farvardin Yasht, Yt 13) jusqu'à la longue Toussaint des Parsis, durant les dix derniers jours de l'année mazdéenne (Fravardigan), le culte des morts du parsisme est, quoique différent, bien le plus impressionnant depuis celui de l'ancienne Egypte.

Si elle est louable dans son respect de nos prédécesseurs et dans l'affection spirituelle des défunts, la place primordiale donnée au culte des morts dans le parsisme détonne par rapport à l'esprit vivifiant des Gâthâs et s'accompagne souvent d'une angoisse de l'au-delà qui est disproportionnée avec l'espérance proprement zoroastrienne de survie *post-mortem* et de résurrection.

*
**

Les Parsis se divisent en trois communautés principales : Shahinshahi, la plus importante ; Kadimi, d'environ 8 000 adeptes et Fasali, d'environ 1 000 fidèles qui suivent l'ancien calendrier perse. Des petits groupes tels que le *Mekhushnum* et le *Pundole* professent des idées jugées intégristes et sectaires par la majorité. Des organismes religieux et laïcs règlent et maintiennent la cohésion de la communauté ou président à des œuvres dont profitent aussi des Indiens non-Parsis. Les prêtres sont issus de familles sacerdotales.

Un Herbad est celui qui connaît l'Avesta et qui a reçu le Nâvar (c'est-à-dire qui a été admis à la prêtrise).

Un mobed est celui qui a une bonne connaissance de la langue de l'Avesta et qui pratique le service du yasna.

Un Dastur est celui qui connaît par cœur l'Avesta et qui comprend le sens des écrits pehlevis et auquel on obéit quand il ordonne d'exécuter les actes religieux [1].

Actuellement, un mobed gagne en moyenne 350 roupies par mois soit 210 F de nos francs actuels, plus la nourriture. Cette misérable condition fait que les 42 agiaries à Bombay et 4 Atash Behrams manquent de mobeds à plein temps.

---

1. Rivayats, *op. cit.*, p. 334.

Comme séminaires de mobeds, il y a le Cama Athornan et le Dadar Athornan Madressa et des efforts sont faits pour que des revenus plus décents leur soit payés.

Le Panchayet dicte l'orthodoxie avec une rigueur souvent jugée comme obscurantiste par de nombreux Parsis. Le conseil permanent présidé par le *Pancha* et composé de mobeds et de laïcs influents élus par l'Anjoman, gère aussi les biens fonciers et religieux de la communauté. D'autre part, chaque ville indienne d'importance a une association zoroastrienne (*Anjoman*) comme il en existe aussi en Iran, au Pakistan, à Ceylan, à Formose (Taïwan), aux USA (principalement en Californie et dans plusieurs grandes villes dont Chicago) et en Europe, partout où s'assemblent des Zoroastriens pour défendre leurs intérêts [1].

*
* *

Si l'âge d'or de la société parsie semble bien révolu depuis quelques décennies, de nombreux Parsis participent encore activement à la promotion sociale de l'Inde dans le cadre de ses structures professionnelles, administratives et politiques, comme certains s'activent au sein d'organismes internationaux (O.M.S., UNESCO, World Will Fund, etc.).

A Bombay, les journaux « *Jame-Jamshed* » (conservateur) et « *Parsiana* » (libéral) se partagent actuellement les informations de la communauté. Avec le journal libéral *The Zoroastrian*, la contestation actuelle a pour leader Dara J. Cama qui, à l'aide de petites publications privées dénonce souvent avec pertinence

---

1. Par exemple au sein de la Zoroastrian Association of Greater New York ou de la Zoroastrian Association of Québec. En avril 1982 eut lieu à Montréal (Canada), un congrès des Zoroastriens d'Amérique du Nord et ce genre d'initiative se multiplie un peu partout.

certains usages abusifs et croyances d'un conservatisme parsi jugé obscurantiste par un nombre croissant de fidèles [1].

L'intérêt d'exposer des connaissances actuelles sur le culte, la liturgie, le rituel et les fêtes s'avère d'autant plus manifeste que D. Menant elle-même en 1898 (*op. cit.*) reconnaissait avoir dû emprunter à l'auteur parsi D. Karaka quant aux fêtes religieuses parsies dont la tradition reste vivante et fidèle aujourd'hui.

*
**

De nos jours, la piété parsie se manifeste toujours par une discipline assez suivie dans l'ensemble. Au cœur de Bombay, le puits sacré *Bhikha Behram* voit chaque jour des parsis tirer son eau bienfaisante depuis 1725. Deux prières dominent la foi zoroastrienne en Inde : *Ashem vohû*, éloge de l'état de sainteté ; *Yathâ ahû Vairyô*, la plus sacrée des prières parsies, « Le désir du Seigneur est la règle du bien », et l'éloge de la charité qui tient ici une place aussi capitale que dans le christianisme : « celui qui secourt le pauvre fait régner le Seigneur » (Baghan Yt. 1).

Les autres prières de la profession de foi sont :
— *Frastuyê* : louange aux bonnes pensées, bonnes paroles, bonnes actions (Humata, Hûkhta, Huvarshta ; en *gujarati* : Manashni, Gavashni, Kunashni) (dans l'usage courant : Mansni, Gavasni, Kunasni) [2].

---

1. « *The Flame* », destiné aux prêtres parsis ; « *Let Parsis think* », dédié aux Parsis « drogués par l'influence narcotique des prêtres », Bombay 1982.
2. Frastuyê : « Je loue et appelle les bonnes pensées, les bonnes paroles, les bonnes actions, dans ma pensée, dans ma parole, dans mon action... Je fais l'éloge de la sainteté : la sainteté est le bien suprême et c'est aussi le bonheur. Le bonheur à celui qui est saint de la sainteté suprême. »

— *Fravarânê :* profession de foi du nouveau Bedhin lors de la cérémonie du navjote qui l'affirme « adorateur de Mazdâ et disciple de Zarathoustra »[1].
— *Astuyê :* éloge d'Ahura Mazdâ comme Maître spirituel idéal et seul auteur du bien et de la paix[2]. C'est la remise du sudreh (nimak) et du kusti (Iran : *kushti*), de la chemise blanche et du cordon tressé de 72 fils de laine blanche qui fait trois fois le tour de la taille et que le fidèle doit porter toute sa vie, qui consacre l'enfant zoroastrien, de sept à neuf ans en Inde et de dix à quinze ans en Iran. L'âge idéal était de sept ans trois mois à quatorze ans trois mois, mais il se pratique maintenant jusqu'à quinze ans aussi en Inde. Autrefois appelé *Nô-Zûd*, « nouveau zoatar », en Iran où le *Sudreh Kushti-dâdan* désignait l'investiture d'un prêtre. Mais le terme de navjote qui définit l'investiture du prêtre en Iran (Nô-zoud), comme le *navar* indien, prend à la lettre le sens de nô-zoud, « nouveau zaotar », considérant que tout fidèle (Bedhin) est un prêtre ou plutôt un « chantre à la gloire d'Ahura Mazdâ ». Le navjote est le correspondant de l'*upanayana* hindouiste. Le jeune enfant se prépare au navjote par l'étude du catéchisme au moins six mois à l'avance. Encore bébé, l'enfant parsi aura été préalablement présenté au temple et marqué au front de cendre du feu sacré. De parents zoroastriens, le néophyte ne l'est que virtuellement et ne le devient réellement que par un *choix* personnel. Le navjote se célèbre tôt le matin ou avant midi. Après avoir pris un bain purificateur (nahn) avec de l'eau provenant du puits sacré, le néophyte tout vêtu de blanc dans un pyjama blanc appelé *ijar* se tient

---

1. Fravarânê : « Je me déclare adorateur de Mazda, disciple de Zarathoustra, ennemi des daêvas, sectateur de la loi d'Ahura. »
2. Astuyê : « Je loue la bonne pensée, je loue la bonne parole, je loue la bonne action ; je loue la bonne Religion de Mazda, qui repousse les querelles et fait déposer les armes. »

debout devant le feu d'un *âfargân*, vase de bronze posé sur un socle de pierre, tenant le *sudreh*, la tunique sacrée dans ses mains. Avec le mobed, l'enfant récite une partie du Fravarânê. Le mobed place ensuite le sudreh sur le récipiendaire en psalmodiant la Yathâ-ahû-Vairyô. Se plaçant derrière le nouveau Bedhin et face à l'est, le prêtre récite avec lui les prières du kusti : l'*Ashem vohu* qui montre comment être un homme bon et droit, la *Kem-na Mazdâ* qui écrase le mensonge et la Druj, l'*Ahura Mazda Khodaï* qui combat tout esprit démoniaque, les louanges aux Amesha Spentas et principales Entités angéliques du zoroastrisme : Ahura Mazda, Asha, Vohu Manah, Kshathra, Aramaiti, Shraosha, Atar, Daêna, Drighu (ange des affligés et des dépossédés de la terre), Manangha (l'esprit humain purifié par Ahura Mazdâ). On récite aussi la *Jasa-Meh Avangha-e-Mazdâ* qui est la promesse de vivre selon la volonté de Dieu. L'Ashem Vohu termine encore les prières du kusti. Le mobed montre à l'enfant comment nouer trois fois le kusti autour de sa taille puis on chante l'entière Fravaranê avant la bénédiction finale. Le sudreh ou tunique sacrée symbolise le chemin pur et droit qui mène à Ahura Mazdâ. Les anciens Iraniens l'appelaient *Vohu Manik Vastra*, litt. « le vêtement de l'esprit bon et aimant d'Ahura Mazdâ ». Le sudreh se porte à même la peau et tient sur le devant une poche en forme de V appelée *kisseh-i-kerfeh* ou poche des bonnes actions. Le kusti est tressé de 72 fils de laine blanche répondant aux 72 hâs (chapitres) du Yasna, l'ensemble de l'enseignement prêté à Zoroastre. Cette ceinture qui ne quitte jamais le fidèle, fait trois fois le tour de sa taille correspondant aux bonnes pensées, bonnes paroles et bonnes actions. La piété quotidienne du Parsi s'exprime par des prières prononcées le visage tourné vers le soleil, le feu ou la flamme d'une bougie. Chaque jour est dédié à un ange particulier (Yazad/Ized), secondé par des

« co-ouvriers » sacrés, génies appelés *Hamkars*. La journée se divise en cinq « heures » (Gâh) qui en sacralisent le déroulement : le *Hâvan-gâh,* du lever du soleil à midi ; le *Rapithwan-gâh,* de midi à trois heures ; le *Uzeran-gâh,* de trois heures au crépuscule ; le *Aivisaruthrem-gâh,* qui commence dès que les étoiles brillent au ciel ; et l'*Ushahin-gâh,* après minuit jusqu'à la disparition des étoiles devant l'aube.

A ces veilles, répondent des prières aux anges et génies propitiatoires, les *farishtas,* accompagnées de gestes symboliques de purification : le croyant se lave les mains et le visage et renoue son kusti. Les prières quotidiennes usuelles sont l'*Ashem,* le *Yatha* déjà nommées et le *Kusti.* Ces veilles ponctuent la piété individuelle mais les cultes doivent aussi les respecter pour l'heure de leur célébration. Les repas débutent par une bénédiction en prière murmurée appelée Vâj-bâj.

*
**

L'année sainte se divise en douze mois et 360 jours, les cinq derniers jours du *Muktâd* étant dédiés aux cinq Gâthâs. Les trente jours du mois s'appellent : Hormazd, Behman, Ardibehest, Sheherevar, Aspendarmad, Khordad, Amardad, Dai-Pa-Adar, Adar, Aban, Khorshed, Mohar, Tir, Gosh, Dai-Pa-Meher, Meher, Sarosh, Rashne, Farvadin, Behram, Ram, Gowad, Dai-Pa-Din, Din, Ashishangh, Astad, Asman, Zamyad, Marespand, Anneran. Les douze mois sont : *Farvadin* (Farvardegân), mois des Fravartis, 21 mars/19 avril ; *Ardibahisht* (Asha-Vahishta), 20 avril/19 mai ; *Khordâd* (Haurvatât), 20 mai/18 juin ; *Tîr* (Tishtrya), 19 juin/18 juillet ; *Murdâd* (Ameratât), 19 juillet/17 août ; *Shahrêvar* (Khshathra), 18 août/16 septembre ; *Mihr Meher* (Mithra), *Mehr* en Iran, 17 septembre/16 octobre ; *Abân* (Apô), 17 octobre/15 novembre ; *Adar-Atash* (Atar), *Azar* en Iran, 16 novembre/15 décembre ; *Dai* (Dathush), 16 décembre/14 janvier ; *Bahman* (Vohu Manah), 15 janvier/13 février ; *Asfandârmad* (Spenta Armaiti), *Esfand* en Iran, 14 février/14 mars. Les principales fêtes sont, en premier, celles du Farvadin/Farvardegân qui débutent dix jours avant le 21 mars, date du *Nawroz*, le Nouvel An persan (Norouz) avec festivités (Jamshedi Navroze) et absolution des péchés (Pateti), du *Meherangân* (Mithrakâna), qui dure six jours. Cinq jours après le Nouvel An, se célèbre la date traditionnelle de la naissance du Prophète, le *Khordal-Sal*, l'Année de Perfection, aussi fête de la révélation d'Ahura Mazda à Zoroastre. Puis viennent les fêtes de saisons, *Gâhanbars*, au nombre de six : *Maidhyôi-Zaremaya*, au 45e jour de l'année : fêtes 30 avril au 5 mai ; au 1er juillet a lieu le solstice d'été « Jashne Tirgan » — *Maidyôi-Shema*, au 105e jour : 4 juillet — *Paitishahya* (Pêtishah), au 180e jour : 16 septembre — *Ayâthrima* (Ayâshrim), au 210e jour : 16 octobre, la fin de sept mois d'été — *Maidyâriya*, (Mêtyâriya), au 290e jour : 4 janvier — *Hamaspathmaêdaya* (Hamaspatmêdim), au 365e jour de l'année (20 mars) à l'équinoxe de printemps. Les Gahambars sont des fêtes de saison d'action de grâce autrefois liées à l'agriculture et à la cosmogonie, aux temps sassanides.

Le premier Gahambar est une action de grâce envers les cieux de la mi-printemps. La mi-été est fêtée par une action de grâce envers les eaux. Le Gahambar d'automne se célèbre envers la terre ; le Gahambar de l'époque de reproduction des animaux est en rapport avec la végétation ; celui mi-hivernal avec la création animale et celui du début du printemps avec l'homme. Chaque Gahambar dure cinq jours dont le plus important est le cinquième. A la bénédiction de chaque Gahambar appelée *Afrin* quatre mots clés sont prononcés : « Yazad, sazad, khurad, dehad », c'est-à-dire « Prie, prépare, festoie et donne ». S'ajoutent aussi les fêtes dites : *Rapithvan*, le 3ᵉ jour du premier mois — *Amerdad-Sal*, fête secondaire de vacances — *Zarthost-no-Diso*, commémoration de la mort de Zoroastre le 11ᵉ jour du 10ᵉ mois. Ces fêtes donnent lieu à des distributions de *darûns*, sortes de grosses hosties de pain sans levain lors des cérémonies importantes dites *Jashan*. Les Jashan sont célébrées le 21 mars pour le Nouvel An ou Jamshedi Navroze. En 1983, le Khordad Sal (naissance de Zoroastre) tombe le 26 mars ; le jour férié du Farvadegan (Farvadin) ou Jour des morts, le 8 avril ; le solstice d'été ou Jashne Tirgan, le 1ᵉʳ juillet ; le Meherangan en l'honneur de Meher (Mithra), ange de miséricorde (Jashne Mehergan), le 2 octobre ; le Zarthost-no-Diso (mort de Zoroastre), le 26 décembre ; le Jashne Sadeh, le 24 janvier.

Les principales liturgies sont : le *Yasna*, appelé aussi *Ijashne*, culte proprement dit du « sacrifice », principal acte de piété parsie qui se déroule selon un rituel élaboré au temple du feu au moment du Hâvangâh quotidien. Les fidèles se déchaussent pour marcher sur le sol du Temple et l'assistance reste à l'extérieur de *l'âdarân*, dôme central où brûle en permanence le feu de *l'âfargân*, posé sur un socle dit *âdosht*. Le feu est entretenu d'offrandes de bois de santal (*Machi*) par un mobed dont l'haleine est protégée par un padân (voile), aux cinq gâhs de la journée qu'une petite cloche annonce aux alentours. Le Yasna s'accompagne de consommation de dârun et de beurre (*ghee*), symbolisant la graisse animale, et de libation de Parahôm, suc végétal tiré de *l'éphédra* (d'où l'on tire l'éphédrine en médecine) ersatz de l'antique haoma, mêlé d'eau bénite, de lait, de plante (tige de grenadier, *l'urvarâm*) ce qui donne un liquide sacré renfermant les vertus des eaux (zôhr), des plantes et des animaux, auquel s'adjoignent l'ablution et l'absorption d'urine de taureau (gomez) du rite, *nirang*, et la consommation de pain sacré, le *draona*. L'oubli regrettable du respect passé des bovins a porté les prêtres à placer le bœuf en métaphore rituelle. De nombreux Parsis consomment du bœuf et seule une minorité suit un végétarisme strict d'influence indienne ou s'abstiennent seulement de viande de bœuf. Tout le rituel au temple se pratique avec un barsom de tiges métalliques qui remplacent les branches végétales d'autrefois. Ce culte qui remonte, comme tant d'autres éléments hétérogènes du parsisme, à l'époque d'adoption du zoroastrisme par les mages (à partir du ve siècle avant J.-C.), et découle de mythologies extérieures ou antérieures au zoroastrisme proprement dit, fut incorporé à la doctrine par le mazdéisme d'Etat des Sassanides. C'est ainsi que « sous ses formes tardives, la religion de Zarathoustra laissa le rituel et la magie chers aux clergés prévaloir sur ses inspirations les plus hautes, et, sous l'influence du zervanisme, longtemps submerger son monothéisme éthique » (J. Murphy). Monothéisme qui se réaffirma dans le parsisme dès le XIXe siècle grâce aux travaux des savants occidentaux et au besoin de présenter aux Européens une éthique religieuse proche de celle du christianisme des colons anglais.

A côté du Yasna, prennent place le *Tandarusti*, prière quotidienne du prêtre, ainsi que des prières liturgiques qui se récitent soit au temple (agiyari), soit à la maison ou en tout autre lieu à l'occasion des actes suivants : *Srôsh*, prière en mémoire des morts et de protection contre les démons — *Nog-nawar* : sacrement d'un nouveau prêtre (nâbar), autrefois durant le seul Hâvan-gâh mais qui se déroule maintenant à l'Uzeran-gâh. Deux cérémonies initiatiques ouvrent l'accès à la prêtrise, le Navar (Nâbar) qui fait du fils de famille sacerdotale un Herbad apte à officier le culte, et le Martab (Marâtib) qui fait le Mobed en le qualifiant pour toutes les cérémonies. — *Ratwoburzad* (berezato) : louange au « Maître exalté » avec consécration de fleurs, de fruits (*myazd*) et nourritures accompagnées de darûns, célébrée aux festivités saisonnières (*gâhâmbârs*). — *Prières chez les fidèles et au temple* : louange aux divers anges (Izeds) — *Prière des cinq premiers jours du Fravardigan* : période des dix derniers jours de l'année consacrés aux morts dont les fravartis redescendent sur terre pour y recevoir les prières des proches. Une fois l'an les Fravartis de tous les hommes justes sont fêtées à la cérémonie du *Muktad* qui a lieu dix jours avant le nouvel an zoroastrien du 21 mars. Durant les cinq derniers jours du Muktad les cinq Gâthâs sont récitées à raison d'une par jour, au Temple et à la maison [1]. Le 10ᵉ jour du Muktad les Fravartis qui sont descendues sur terre auprès de ceux qui les prient, bénissent les vivants et retournent au Royaume de Lumière d'Ahura Mazdâ. — *Prière du Sedos* : durant les trois premières nuits qui suivent le décès d'un Parsi. Prière qui se termine par la cérémonie de fin du deuil le quatrième jour du décès (*Uthamma*). Les prières des morts se renouvellent les 10ᵉ, 30ᵉ jours et à l'anniversaire du décès.

*
* *

Toutes ces cérémonies où les fleurs et les parfums jouent un rôle important, s'accompagnent de prières murmurées (pratique héritée de la prière des mages) ou de formules sacrées dites à haute voix (*manthras*), durant lesquelles les prêtres s'inclinent vers les points cardinaux et expriment des actions de

---

1. Les jours intercalaires des cinq Gâthâs tombent aux dates suivantes : Ahunavaiti 15.3 ; Ushtavaiti 16.3 ; Spenta Mainyu 17,3 ; Vohukshathra 18.3 ; Vahishtoishti 19.3 et pour compléter, Avardad (Hauvartât) Sal-Gah, le Génie de la bonne année, le 20.3 (en 1984).

grâce aux eaux, au soleil, à la lune et aux farishtas (génies et anges).

Le mariage parsi reste l'acte primordial de la vie puisqu'il a pour but de produire des nouveaux Bedhins. L'union incestueuse entre frère et sœur, *hvaêtvadatha*, des temps anciens ne désigne plus de nos jours que le mariage entre cousins devenu assez rare chez les Parsis. La cérémonie (*ashirwad*) a lieu le matin ou l'après-midi mais plus généralement le soir. Souvent fastueuse, la réception se fait dans un hôtel ou dans la cour d'un agiyari où les mariés s'assoient dans des fauteuils placés sur une estrade. Ils sont entourés sept fois par un fil avant de prononcer leur consentement mutuel en présence de deux prêtres et de deux témoins. Comme le marié, ces derniers portent la traditionnelle toque noire, *paghdi*, qu'on voit de moins en moins en ville. La mariée, vêtue de blanc comme une mariée européenne, et son mari, écoutent les longues psalmodies des mobeds qui les aspergent de grains de riz en signe de prospérité. Puis les mariés répondent trois fois « Pasande kardam » (j'approuve) en guise de oui sacramentel. Suit généralement un banquet largement ouvert aux invités avec danses de mode occidentale. De nos jours, un nombre de Parsis épousent des non-Parsies et trouvent des prêtres pour bénir leur union mixte et pour recevoir leurs enfants au navjote. Mais les enfants de mariages mixtes nés de pères non-Parsis se voient refuser les bénéfices de la communauté (aides sociales, bourses d'études). Dernièrement, des filles Parsies mariées à des Hindous se virent refuser leurs droits par le Panchayet. L'affaire fut portée en justice où elles eurent gain de cause contre l'autorité orthodoxe. Compte tenu de nombreux célibataires, le problème de la survivance de l'ethnie se pose âprement et des dastûrs, conscients de cette gravité, célèbrent l'union de filles Parsies avec des étrangers et donnent le navjote à leurs enfants.

Chaque foyer vénère une image naïve de Zoroastre, vêtu de blanc de la tête aux pieds comme un dastûr, barbu et les yeux levés au ciel. Toute la piété parsie s'élève vers les farishtas et se polarise sur les temples du feu, Atash Behram, Atash Kadeh et Atash Adaran où aucun *juddin* (non-zoroastrien) n'est admis à pénétrer. Le plus sacré des temples est le « Feu de la Victoire », l'*Atash Behram* d'Udvada, correspondant de l'*Iran Shah*, mais aussi fermé que la Ka'aba de la Mecque, alors que l'Atash Behram de Yazd est ouvert à tous. Les temples du feu portent tous affiché sur leur porche extérieur l'avertissement : « Tress Passers will be prosecuted » (*sic*), pour se préserver des étrangers.

*
* *

La hiérarchie des feux se place dans l'ordre suivant : des huit Atash Behrams consacrés en Inde, les quatre de Bombay, celui de Navsari, les deux de Surate, restent en-dessous de celui d'Udvada, Pak Iranshah, et ils siègent au-dessus des autres temples, y compris des quarante-deux de Bombay. Tout pèlerin qui vient s'agenouiller devant les huit feux principaux gagne en avancement de son âme par le miracle du *Ravaan bokhagi*. Mais le Pak Iranshah Saheb a le privilège d'avoir été allumé par le feu céleste de la foudre des mains de celui qui conduisit l'exode parsi fuyant l'Islam, le dastour Nairyosang Avval lui-même. Le Feu d'Udvada est vénéré comme l'*Adar Yazada*, le « Fils de Dieu » (Puthro Hormazd), mais beaucoup de Parsis ne veulent y voir que le symbole de la puissance et de la pureté divines.

Pour les théologiens matérialistes, il est donc proprement une partie physique de « Dadar Ahura Mazda », un peu comme l'Eucharistie incarne consubstantiellement la présence du corps de Jésus-Christ pour les catholiques.

Actuellement le dastour Hormuzdiar K. Mirza reste le grand prêtre en charge du temple sacré d'Udvada, une discrète Mecque champêtre et humble de la côte du Gujarat tandis que l'*Anjoman Atash Behram* de Bombay a pour grand prêtre le dastour K. M. Jamaspasa, éminent savant en science avestique. D'autres dastours vivent dans ce pauvre village, habitant quelques maisons coloniales en bois et se disputant les fidèles dont les plus misérables habitants vivent sur place de la charité des pèlerins parsis.

La consommation énorme de bois précieux, principalement de santal dans les cent temples de l'Inde, choque certains Parsis qui souhaiteraient voir cette dépense utilisée à des fins plus sociales. D'évidence, certains mobeds élèveraient spirituellement leur pensée toute rivée sur le feu physique de l'adaran en approfondissant une théosophie de la Lumière telle qu'elle s'est prodigieusement et richement exprimée dans le soufisme iranien ou dans le bouddhisme. En revanche, si d'aucuns dénoncent le gaspillage causé par les feux Behram en bois de santal, on pourrait tout autant le faire pour les bougies dans nos églises. L'économie et le domaine de la foi n'ont jamais fait bon ménage et l'onction de la tête de Jésus avec un parfum précieux par une femme de Béthanie, scandalise encore les petits esprits.

La pureté et l'innocence du culte d'Atar « fils d'Ormazd » chez les Parsis, qui répond à celui d'*Agni* de l'hindouisme, n'a pas manqué de surprendre les Jésuites en Inde, qui en firent le rapprochement avec la veilleuse de l'autel catholique et le rôle important joué par les chandelles et les cierges dans le mysticisme chrétien. Si le feu biblique, à l'opposé du feu bienfaisant du mazdéisme, a souvent été infernal, destructeur et noirci par les holocaustes d'animaux, c'est sous l'apparence d'une flamme que l'ange de Yahvé apparut à Moïse au buisson ardent. Le christianisme naissant, lui, fit descendre l'Esprit Saint aux apôtres sous la forme de langues de feu, et le thème de la lumière divine et des ténèbres infernales fructifia autant chez saint Jean que dans tout le gnosticisme.

L'attachement pathétique des Parsis pour leur feu sacré au travers de tant de vicissitudes et d'un si long exode, perpétue l'unique témoignage vivant de l'angoisse de l'humanité primitive à conserver le feu et à le maîtriser, tout autant qu'il évoque de manière troublante l'antique vénération des Anciens pour le premier élément cosmique universel.

*
* *

Un système religieux trop rigide paralyse une communauté et la prive de tout l'élan vital voulu par le puissant Réformateur. Les écailles de la lettre du rituel sont tombées sur les yeux de mobeds conservateurs qui, trop aveuglés par leur feu cultuel, ont perdu la vision du Soleil de Zarathoustra. Fiers d'une religion minoritaire qu'ils veulent maintenir statique, ces prêtres vénèrent des partitions de musique dont ils ne savent plus entendre la symphonie. Toute religion trahit ses propres finalités quand elle dégénère en théologie dogmatique.

Comme tant de chrétiens à l'égard du message de Jésus, trop de Parsis ont perdu le sens spirituel des préceptes de Zoroastre. Et trop de dastours, accrochés à une tradition ritualiste qui tient plus du magisme que du zoroastrisme originel, ne veulent voir que l'interprétation étroite qu'ils ont retenue du Vendidad et de l'héritage glorieux du néo-mazdéisme d'Etat des Sassanides.

Pourtant, avec les plus grands historiens de l'ancien Iran, G. Widengren a fort bien résumé la psychologie du néo-mazdéisme des Sassanides dont, dit-il, « *le caractère religieux lui est propre et se montre fort peu zoroastrien. Naturellement, la tradition zoroastrienne ultérieure a tenté d'effacer autant que possible les traces de ce caractère non zoroastrien* »[1].

Attachés aux dogmes du clergé sassanide, trop de prêtres parsis ne retiennent que les pratiques « magiques » des mages de la religion populaire de l'empire perso-mède qui ont matérialisé la belle doctrine de Zarathoustra en rites mécaniques supposés apporter à ceux qui les observent des effets miraculeux plus grands que le véritable miracle permanent que peut donner l'application du message zoroastrien, de noble philosophie et de pure métaphysique. La foi zoroastrienne repose sur l'espoir du miracle profond de transfiguration du monde par l'effort et par la métamorphose intérieure de l'homme. Elle rejette comme artifices secondaires et futiles les superstitions liées aux pratiques de la magie amenées dans la religion par les mages de Médie devenus prêtres de l'empire mazdéen, coutumes qui hélas ont perduré jusqu'à nos jours chez les Parsis les plus conservateurs, tels que l'exorcisme, l'intercession, la simonie, exercés par nombre de mobeds comme jadis l'Eglise romaine y était accoutumée chez nous.

Lorsque le rituel perd son rôle de *moyen* pour devenir un *but en soi*, il se substitue dangereusement à la piété et à l'action éthique qu'il dégrade à l'état de pures métaphores. A ce niveau le rituel se *mécanise* et, ici, trahit le message du Sage Iranien qui voulait la métamorphose réelle de l'homme et du monde, non par des rites susceptibles « d'acheter le ciel en ce monde » (*Gîtî-khirid*) ou de transfigurer l'humanité par un culte magique de substitution « de rénovation du monde » (*Frashôkereti*), mais par des pensées, paroles et actions généreuses et effectives. Toute bonne pensée

---

[1]. G. Widengren, *op. cit.*, p. 352.

qui ne se prolonge pas en bonne action, n'embraye pas sur le monde et la trilogie zoroastrienne des **Humata, Hukhta, Huvarshta** (Mansni, Gavasni, Kunasni) dénonce remarquablement toute forme de pharisaïsme religieux. C'est pourquoi il est dommage, par exemple, que le précoce respect de la vie de Zoroastre ait été transposé au seul rituel alors que l'Occident s'éveille à peine à cette conquête de la conscience que constitue la protection des animaux voire l'abstinence de carnivorisme, sous l'influence de grands sages indiens, hindous ou jaïns, ou de penseurs comme Gandhi ou Albert Schweitzer.

L'orthodoxie de chaque religion a le privilège ethnocentrique de persuader rapidement l'étranger qu'elle détient la Vérité absolue. Et chacune est sincère. L'erreur repose sur le fait que personne ne peut comprimer l'ensemble de la vérité métaphysique pour en conserver jalousement le monopole dans une Église. Cela reviendrait à soutenir que garder en aquarium quelques litres d'eau d'une mer avec des échantillons de flore et d'espèces, autorise à tirer des conclusions sur l'ensemble de la nature hydrographique des océans et de leur contenu. La prétention provient de ce que l'orgueil humain procède précisément d'une origine métaphysique.

Pour se faire une idée de la sévérité de l'orthodoxie parsie, il importe de connaître certaines des prescriptions et des croyances traditionnelles enseignées par les dastours conservateurs.

Tandis que Behram Malabari avait, au siècle dernier, porté ses efforts de réformes sur l'émancipation sociale et spirituelle de la religion, Minocheher N. Pundol (1908-1975), se disant inspiré pour la vraie connaissance de sa foi, voulut en renforcer les principes théologiques et liturgiques de manière très intégriste. A l'occasion de l'inauguration d'un nouveau grand temple du feu à Udvada (Gujarat), édifice d'architecture moderne qui porte depuis le nom de « Minocheher N. Pundol Adaran-i-Iranshah », l'ouvrage de ce dernier, « *La vraie connaissance de la religion zoroastrienne* » (gujarati) fut publié le 14 novembre 1976 (année 1346 de Yazdagûd). L'auteur prévient que sa connaissance dépasse celle des dastours et des savants de la communauté, qu'elle lui a été inspirée par la tradition et l'inspiration directe ainsi que des Magav Sahebs de Demavant Koh, les initiés zartoshtis d'Iran. En fait, sa théologie résume assez fidèlement la stricte discipline théologique des orthodoxes parsis puisque son œuvre est recommandée par ceux-ci. M. N. Pundol rappelle qu'un zoroastrien possède par nature six feux célestes en son âme : Adar-i-Mino Karko — Atash-i-Vohu Frayan — Atash-i-Dara — Atash-i-Nairyosang — Adar Khoreh et Adar Frah. Un Juddin (non-zoroastrien) lui, ne détient pas le plus élevé, Adar-i-Mino Karko, mais un autre feu spirituel nommé Atash-i-Urva qui le guide vers sa destination éternelle (Dakhyu) après sa mort. Le théologien parsi en tire une conséquence importante qui justifie le refus de laisser entrer les étrangers dans un temple du feu. En effet, l'Atash-i-Urva d'un infidèle étant plus faible que le Mino Karko d'un Bedhin, s'il se trouve en présence du Feu sacré (Atash Padshah) qui est composé de parcelles ignées de l'Adar-i-Mino Karko, le propre Atash-i-Urva de son âme quitterait brutalement son corps pour toujours. *Post mortem*, ce phénomène se traduira par l'incapacité de son âme à rejoindre sa destination éternelle, Dakhyu, en raison de l'absence de l'élément spirituel devant l'y conduire, son Atash-i-Urva perdu de son vivant par la vision fulgurante du Feu sacré.

Cette subtile explication entend donner une raison

acceptable par les étrangers qui se voient refuser toute entrée d'un temple parsi mais n'explique pas pourquoi les temples zartoshtis iraniens restent ouverts aux non-zoroastriens. Minocheher N. Pundol insiste aussi sur l'importance de la cérémonie complète du navjote de l'enfant de sept à neuf ans, c'est-à-dire obligeant l'enfant à boire une gorgée de *nirang*, l'urine de taureau des anciens temps. De même, le maintien de l'exposition des cadavres au soleil (*guj.* Khurshed Negirashni) pour être décharnés par les oiseaux au sommet des dokhmous, paraît impératif au réformateur intégriste, Zarathoustra lui-même, selon lui, ayant institué cet usage du *dokhmenashini*. Mais les Gâthâs ne font aucune allusion à cette pratique et la réforme zoroastrienne ne s'est pas attachée aux problèmes de la pratique religieuse. M. N. Pundol condamne donc vertement toute autre manière de traiter les morts et en particulier par le feu, élément sacré connu comme « Fils de Dadar Ahura Mazda », auquel certains commettent le crime impardonnable de jeter les cadavres. Péché est donc de fumer, d'écraser le feu d'une cigarette sous son pied et d'incinérer des corps en décomposition. On comprend mal pourquoi l'orthodoxie parsie peut rejeter l'incinération des corps sous prétexte qu'ils souillent le feu, même s'il ne s'agit pas du Feu épuré par le rituel au bois de santal des temples, mais du feu ordinaire, domestique, alors que la puissance ignée neutralise la corruption. C'est par le feu qu'on combattait les épidémies de peste au Moyen Age en Europe. En outre, la destruction abondante d'arbres précieux à cause de leur propriété terpénique de parfum odoriférant à des fins de rituel religieux s'accorde mal avec le respect profond de la nature de l'ancien zoroastrisme, et tel qu'il se manifeste encore chez beaucoup de Parsis envers la « Mère Nature ».

Des milliers de cérémonies pour les défunts sont censées leur assurer le repos éternel qui commence par un séjour de cinquante-sept années dans les sphères astrales ; cérémonies coûteuses en fruits, fleurs et encens. Une telle piété pour les disparus parsis revêt néanmoins un caractère plus spirituel que nos usages de fleurir annuellement les tombes de nos cimetières dans l'espoir vainement matérialisé par le monument funéraire ou dans celui non moins matérialiste d'une résurrection purement physique et aussi contraire à l'esprit des Evangiles qu'à la biologie la plus élémentaire. Il n'en reste toutefois pas moins vrai que pour Zoroastre, seules nos pensées, paroles et actions sont de nature à conditionner notre existence post-mortem.

Le conservateur parsi, M. N. Pundol, poursuit ses prescriptions théologiques en invitant les fidèles à faire leurs prières quotidiennes avec une rigueur digne du Vendidad, et si possible en langue avestique, comme il stigmatise les Parsis qui s'égarent dans d'autres croyances. Il enjoint ainsi celui qui s'est laissé séduire par le christianisme à réciter sa vie durant et aussi souvent que possible le *Haptan Yasht,* pour l'hérésie hindouiste ce sera l'*Hormazd Yasht,* pour le judaïsme, le *Khordad Yasht* et, pour l'Islam, le *Behram Yasht.*

On ne peut douter que les instructions de M. N. Pundol, vénéré d'une grande partie des orthodoxes, reproduisent fidèlement celles de la tradition connue [1]. Mais il énonce une croyance qui porte à douter de tout son édifice théologique lorsqu'il affirme qu'un zoroastrien qui épouse une infidèle entame sa décadence spirituelle. En effet, selon lui, la plupart des feux de l'âme du Bedhin pratiquant une inter-alliance vont s'éteindre au point qu'à sa mort, elle ne pourra franchir le mystique *Pont Chinvat* et sera condamnée à renaître dans une vie encore plus misérable. Quand on sait que le zoroas-

---

1. *The true knowledge which Minocheher Pundol Saheb acquired from the Sahebs of Demavand Koh,* Udavada 14 nov. 1976.

trisme ignore traditionnellement la réincarnation, sauf de rares mystiques influencés par le système religieux hindou, on ne peut que s'étonner qu'un champion de l'orthodoxie parsie la plus sectaire s'égare à faire un emprunt aussi étranger au parsisme.

*
* *

A l'opposé des thèses orthodoxes, des mouvements libéraux se pressent à l'horizon de la destinée du parsisme. Une tentative libérale sans grand lendemain fut lancée ces dernières années par un groupe de jeunes sous le thème de « Zarathoustra pour l'humanité » dans le mouvement ZEST (Zarathushtrians for Emancipation and Socio-religious Transformation). Les objectifs visaient à : affirmer le zoroastrisme comme religion destinée à toute l'humanité et permettre les conversions d'étrangers ; — refondre les croyances et pratiques zoroastriennes sur la base de l'application sincère et rationnelle de la philosophie gathique ; — autoriser la cérémonie zoroastrienne du mariage (*ashirwad*) à tout couple dont l'un des deux partenaires est zoroastrien ; — garantir un traitement égal aux enfants de mère zoroastrienne et de père de confession étrangère, en matière de religion ; — l'accès aux lieux saints (temples) et aux funérailles des zoroastriens doit pouvoir se faire pour toute personne dont l'attitude est révérencieuse ; — instituer une prêtrise basée davantage sur l'aptitude personnelle et la valeur morale, et susceptible de vivre décemment par un contrôle plus strict des revenus des institutions parsies actuellement financièrement aux mains du Parsi Panchayet ; — enfin, établir le zoroastrisme comme religion élargie susceptible de servir philosophiquement et spirituellement l'humanité. *Zest* était prêt à fonder d'autres temples destinés aux adeptes de cette ouverture mais les moyens financiers ont très vite manqué à cette généreuse initiative.

Des efforts sont encore tentés par des organismes comme l'Anjoman de Bombay, de tendance libérale, pour introduire davantage d'esprit démocratique parmi les orthodoxes et en particulier au sein du *Bombay Parsi Panchayet* qui vient de fêter son tricentenaire [1]. Le journal *The Zoroastrian* s'étonne que le vieux Panchayet, « féodal, patriarcal, oppressif, sectaire, conservateur » ne se libère pas d'une « arrogance, d'un obscurantisme et d'un chauvinisme » dépassés et maintenus encore depuis le début du XXe siècle, au point que la communauté parsie, par le biais de l'Anjoman, ne puisse participer à aucune des décisions importantes du conseil traditionaliste du Panchayet, si ce n'est pour élire de nouveaux administrateurs uniquement lorsqu'un siège vient à se trouver vacant.

Il est certain que c'est par un approfondissement de la foi zoroastrienne plus que par un attachement parfois superstitieux au rituel que les Parsis conserveront une identité culturelle adaptée aux circonstances de leur éclatement social. C'est de savoir qu'en Inde un feu sacré brûle encore comme témoin de leur histoire, c'est de garder fidèlement et humblement les coutumes au foyer domestique des grands moments de la vie (navjote, ashirwad, prières des morts), des fêtes traditionnelles et des prières les plus saintes (Yathâ ahu Vairyo, Ashem Vohu, Fravaranê, Frastuyê, Astuyê, Kusti, etc.), c'est d'allumer la flamme vacillante d'une bougie auprès du portrait familial de Zoroastre, c'est de fleurir régulièrement et aux dates anniversaires les photos des chers disparus. C'est enfin de *vivre* la foi zoroastrienne par un choix toujours plus juste de bonnes pensées, bonnes paroles et bonnes actions dans

---

[1]. *The Zoroastrian*, vol. 1, n° 9, may 1982.

l'existence quotidienne et dans un monde en pleine révolution plus qu'en évolution, c'est tous ces petits actes de fidélité et de piété zoroastriennes qui font le zoroastrien authentique ; qu'il soit à Bombay, à Karachi, à Londres, à Capetown, à Chicago, à Los Angeles, à Aden ou à Taïwan.

***

Si le parsisme a connu son âge d'or au XIXe siècle et dans la première partie du XXe siècle, cette ethnie qui s'est portée par ses valeurs intrinsèques au sommet de la culture intellectuelle, économique et politique de son pays, se voit maintenant fortement concurrencée par l'évolution résolument engagée de la société indienne des grandes villes. En nombre, si la population zartoshtie d'Iran aurait plutôt progressé grâce à l'amélioration des conditions de vie et d'hygiène depuis le siècle dernier et jusqu'à la révolution islamique de 1979, la population parsie en Inde est tombée, de 1921 à nos jours, de 101 778 à moins de 90 000, Pakistan compris. Le total s'élève mondialement à 124 000, si l'on compte les 28 000 d'Iran et les 6 000 des pays anglophones (Angleterre, Etats-Unis, surtout Californie et Canada). Ces derniers chiffres sont sujets aux modifications dues aux transplantations de familles entières en raison des événements iraniens depuis 1979.

La dilution internationale des Parsis dans des populations très diverses n'est pas non plus faite pour maintenir le ciment social de la religion. Le Parsi étant d'un naturel très ouvert aux autres, il ne s'enferme pas dans un ghetto et, comme jadis l'ancien Iran le fit au niveau de l'échange des cultures, il donne autant qu'il reçoit des autres. La réaction de repli sur soi d'une minorité demeurée en Inde, assaillie par l'occidentalisation de l'ethnie et par une indianisation démocratique qui a jeté bas la barrière des castes qui avait longtemps préservé le parsisme, apparaît assez naturelle. Une dilution ethnique dans un monde cosmopolite tendant à l'uniformité, provoque souvent en compensation un retour à la sauvegarde de l'identité culturelle par la préservation du folklore, de la religion, des traditions. Craignant la disparition de l'identité parsie dans la nouvelle démocratie indienne, J. Duchesne Guillemin écrivait : « Bientôt il ne restera rien des croyances et des coutumes parsies, de leur volonté même de former un groupe social et de leur détermination à le défendre. Il est concevable que la communauté parsie disparaîtra un jour, mêlée dans la nouvelle société indienne. La plus petite des grandes religions cessera alors d'exister. » (D. G., *op. cit.*, p. 10).

Ils risquent de ne pas disparaître totalement et physiquement mais, à l'image de la noblesse souvent démunie de sa substance sociale et morale, de ne plus avoir que les aspects extérieurs de leur tradition sans plus en garder ni les coutumes, piétinées par les intermariages et l'environnement socio-politique, ni surtout les vertus morales, fondement même de leur vraie justification, perdant tout à la fois l'identité culturelle et la raison philosophique de leur spécificité.

Les Parsis ont déjà probablement perdu leur identité culturelle, noyés dans la société indienne ou islamique et, surtout, puissamment influencés par la culture européenne et particulièrement britannique.

Au reste, c'est certainement la conscience de cette perte d'identité par l'adoption des Parsis depuis deux siècles de la culture socio-économique occidentale, qui en pousse beaucoup à revaloriser une orthodoxie et un rituel bien spécifiques de leur passé ethno-folklorique.

Il est remarquable de constater que les clergés héréditaires, tels que ceux de l'hindouisme et du parsisme, ont élaboré des rituels plus complexes et abondants que les religions où la prêtrise est acquise sur les seuls critères personnels.

Pourtant, au-delà de certains déviationnismes des ritualistes, comme de l'effet magique attendu des formules de *mantras* des prêtres, le zoroastrisme ne permet pas de se débarrasser des péchés par une médiation ecclésiale. Il attend des humains de se conduire en adultes spirituels et de travailler à leur propre salut grâce à cette faculté de conscience placée en notre âme. Un mauvais choix, comme celui originel d'Ahriman, qui se perpétue dans l'entêtement et la bêtise, conduit nécessairement à des conséquences néfastes. Néanmoins, le bon choix, la bonne pensée, la bonne parole, la bonne action n'étant pas toujours évidents, même pour le saint, comme Zoroastre le vit lui-même (Yt 31), la Sagesse divine, Mazdâ, sait pardonner au cœur sincère et repentant dans le secret de sa daêna, « à la façon d'un vent puissant qui nettoie la plaine », ainsi que nous l'avons vu plus haut. Mais ici aucune hypocrisie religieuse, aucune attitude pharisaïque, aucune pirouette morale ne permet de tromper l'ordre divin, Arta. L'Esprit de vérité et l'Esprit d'erreur se disputent le cœur de l'homme mais c'est l'Esprit divin que recherchera l'homme pieux et humble, jusqu'à ce qu'il en reconnaisse la lumière au milieu de sa jungle existentielle. « Ne rien dire d'autre que la vérité, ne rien faire d'autre que ce qui est pur » fut la morale des anciens Perses comme elle reste celle des Parsis, et constitue le seul moyen d'atteindre le port du Paradis. Le *vrai* zoroastrien est son propre prêtre et son esprit sa propre église. Le temple du feu n'est pas le véritable sanctuaire du zoroastrien qui a la nature et sa voûte céleste pour seule cathédrale. Ahura Mazda n'est accessible que par des œuvres relevant de la nature de la Bonne Pensée (Vohu Manah) et de l'Ordre divin (Asha, Arta), affirme le yasna 48. La seule voie pour l'homme d'atteindre à la réalisation spirituelle se trace par son comportement éthique en quête de l'ordre divin (Asha), « Ayvo pathao ye ash he ; vishpe anyasham spentham » dit l'Avesta.

*
* *

On ne peut nier que ce sont les principes mêmes des vertus zoroastriennes d'élévation spirituelle et de rectitude morale, enseignés dès le plus jeune âge aux enfants parsis, comme jadis Socrate le constatait des jeunes Perses de son temps, qui ont porté les descendants de Zoroastre à être très tôt appréciés par les Britanniques pour leur éducation de *gentlemen*. Aujourd'hui encore, nombre de Parsis et de Zartoshtis, riches ou pauvres, gardent une honnêteté morale et une *gentilhommerie* qui frappent l'étranger autant qu'elle rappelle des vertus d'honneur aujourd'hui totalement oubliées des Occidentaux [1].

La pérennité de ce phénomène moral dans la tradition zoroastrienne confirme bien qu'elle fut la source de l'éthique chevaleresque, telle qu'elle s'est élaborée dans la chevalerie des Parthes et des Sassanides longtemps avant celle de nos fiers paladins du haut Moyen Age sortis à peine dégrossis des croisades. Au reste, Eugenio d'Ors ne s'y est pas trompé quand il a reconnu l'éthique d'un code de chevalerie dans la morale zoroastrienne.

A la question de savoir ce que signifie suivre la vertu, qui est la voie divine, et non la voie démoniaque, la réponse est que la pratique des bonnes pensées, bonnes paroles et bonnes actions constitue la première et que celle des mauvaises pensées, paroles et actions fait la seconde, ajoutant que l'honnêteté, la

---

1. *Cf.* N. M. Cooper, *The zoroastrian Code of Gentlehood*, London 1908.

charité et le culte de la vérité guident les bonnes pensées, paroles et actions [1].

« La charité est également regardée par les zoroastriens comme la plus haute vertu et explique les donations considérables faites de nos jours par les Parsis à la communauté » (M. Haug). « Un autre trait du caractère parsi apparenté à la charité est la philanthropie et l'esprit civique » (Samuel Lang).

Les Parsis montrent aussi la plus parfaite tolérance envers les autres religions. Et cette attitude généreuse ne provient pas uniquement de l'environnement indien puisque les Zartoshtis persans étaient davantage ouverts que les Parsis à l'admission de non-zoroastriens dans la foi mazdéenne.

L'avenir du zoroastrisme en tant que religion semble étroitement dépendant de son ouverture aux conversions. La fermeture des Parsis sur eux-mêmes en ce domaine, s'avère d'autant plus inconséquente qu'elle apparaît récemment dans l'histoire du parsisme et que le refus d'accepter des convertis ne repose sur aucune réalité historique.

Les Rivayats, c'est-à-dire les consultations sur l'orthodoxie de la tradition traitées entre les deux communautés des Parsis de l'Inde et des Zartoshtis de Perse, établies entre la fin du XVe siècle et celle du XVIIIe, donnent une réponse catégorique sur le problème des conversions. A la question : « Un fossoyeur, un incinérateur de cadavre (c'est-à-dire des hommes considérés comme impurs), et un darvand (c'est-à-dire appartenant à une foi étrangère), peuvent-ils devenir Behdins (convertis à la religion *mazdayasnienne*) ? », la

---

1. *Pandnâmeh*, texte pehlevi de Buzurgche-Meher.

réponse est : « S'ils observent fermement les règles de la religion et lui restent attachés, qu'aucun mal n'est fait aux Behdins (fidèles), cela est correct et permis [1]. » A une question relative à la réadmission d'un fidèle ayant épousé une foi extérieure, la réponse dit qu'il est permis de réintégrer la communauté sous réserve de repentir, de s'engager à ne plus pécher et de la récitation d'un *patet* (prière d'acte de contrition) [2]. De même, si des esclaves, garçons ou filles, ont foi dans la bonne religion, la conversion reste autorisée [3].

Que des Parsis se soient disputés à la fin du siècle dernier sur le fait de savoir si leurs ancêtres avaient le droit d'aller convertir l'empereur Akbar au XVIe siècle et s'il le fut réellement importe peu. Ce qui compte c'est que la communauté parsie d'alors avait parfaitement conservé l'attitude traditionnelle favorable aux conversions et que l'idée de faire embrasser leur foi par un souverain moghol, s'inscrivait en somme parfaitement en conformité avec la démarche originelle et exemplaire de Zarathoustra envers le roi Vihstaspa, d'auguste mémoire.

Sur la question des conversions, d'éminents chercheurs en science avestique interrogés par les Parsis répondirent ainsi à la question « Un Juddin (infidèle) peut-il être amené à la religion zoroastrienne ? » : « Convertir les infidèles par le moyen des mots et des doctrines est tenu pour une obligation sacrée. La religion de Zarathoustra est une religion de culture, de progrès moral et spirituel et de connaissance... Une telle religion, ou une telle philosophie, ne peut rester

---

[1]. *The Persian Rivayats of Hormazyar Framarz*, by Ervad B.N. Dhabhar, K.R. Cama Oriental Institute, Bombay 1932, p. 275. (*Cf.* Lithographed edition of Darab Hormazyar's Rivayat brought out by Manekji Rustomji Unvala, vol. I, p. 281).
[2]. *Ibid.*
[3]. *Ibid.*

confinée à un cercle étroit ; sa propagation et la conversion de tous les hommes sont des idées fondamentales de son essence. » (B. Geiger). « L'histoire de la propagation de la foi, aussi loin qu'on puisse chercher, implique que des efforts missionnaires portent l'Avesta aux terres étrangères aussi bien que sur tout le territoire iranien. Des textes parlent de conversions hindoues, et même des Grecs sont soupçonnés d'avoir embrassé la croyance. Il est possible que Zoroastre lui-même se soit engagé dans le mouvement général de prosélytisme. » (A. V. W. Jackson).

Et L.H. Mills, professeur de philosophie zend à Oxford, ajoutait le 18 juillet 1903 : « La principale question qui importe est de savoir si l'originale religion zoroastrienne décourageait l'admission de prosélytes. Après quoi la communauté (parsie) pourra procéder à une action statutaire. Sur ce point, je répondrai que c'est au dernier degré improbable en fait puisque c'est exactement contraire à la lettre et à l'esprit des documents originaux [1]. »

De fait, l'Avesta dit qu'Ahura Mazda a ordonné que la bonne religion de Zarathoustra soit répandue à toutes les races du monde entier (Yt. XIII 94, 99, 100, 143. Dk., vol. 10, livre 5, 14). Le plus haut mérite qu'un croyant puisse acquérir c'est de renoncer à sa propre religion pour embrasser la foi mazdéenne [2].

Au reste, toute la prédication des Gâthâs appelle des prosélytes à la foi de Zarathoustra, leur auteur. Et le premier disciple, le fidèle cousin du Sage, Maidyömâha, qui « prêchait la loi d'Ahura Mazda et la pratiquait, plus précieuse pour lui que la vie » *voulait la répandre à tout l'univers* (Yt. 51.19).

---

1. *Parki dinwalaone Zarathoshti din madhe dakhal kervani terfeni shahdhto, takeraro, tetha a sumbandhna beeja lakhano senghra* (gujarati), a collection from various sources by « A mazdayasnan », Ed. J.N. Petit Parsi Orphanage, Captain Printing Works Lalbaug, Parel 1909.
2. *Sacred Books of the East,* vol. 18, Appendix, p. 415.

Comment pourrait se réaliser l'œuvre finale du sauveur Saoshyant sans diffusion de la loi des **Gâthâs** puisque la Transfiguration du monde prévoit « l'organisation de la plus grande partie des humains selon la loi et le tempérament gâthiques » (*Vinârišn i frahist 'martom 'pat gâsânik xêm u dât*) Dk. Livre 7. 10.10.

A noter que s'il s'agissait seulement pour les hommes d'acquérir l'esprit des Gâthâs, la prescription n'aurait parlé que du « tempérament » et non premièrement de la *loi* gâthique.

Si l'ensemble des Gâthâs exalte l'expansion de l'enseignement d'Ahura Mazda transmis par Zoroastre, la Gatha Ahunavaiti IV (yasna 31), Ushtavaiti II (yasna 44) insistent sur le devoir des hommes de faire régner Ahura Mazda et d'adhérer à la doctrine de Zoroastre. Plus particulièrement, la Gatha Ushtavaiti III (yasna 45) annonce : « Je proclamerai ce qui est la première des choses dans le monde d'Ahura, telle que me l'a dite Mazda Ahura qui la connaît. Ceux qui d'entre vous n'accompliront pas la parole divine, telle que je la conçois et l'exprime, malheur à eux jusqu'à la fin du monde ! » « Je proclamerai ce que m'a dit le Très Bienfaisant, parole excellente à entendre aux mortels. Ceux qui l'écouteront de moi et l'enseigneront... ils iront auprès d'Ahura Mazda. » Et la glose du Denkart confirme « qu'Ohrmazd est le roi des créatures et que, pour le satisfaire, les hommes doivent pratiquer son culte, ses ordres et ses mesures » (Dk. 9.38.8).

Le fait que les Parsis et les Zartoshtis iraniens revendiquent hautement les Achéménides comme glorieux souverains zoroastriens, qu'ils donnent traditionnellement à leurs enfants souvent les prénoms de *Cyrus* ou de *Darius*, alors même que rien ne prouve que ces antiques empereurs furent véritablement zoroastriens *de confession* (voir p. 103), mais seulement *mazdéens*, qu'ils ne firent aucune mention de Zarathoustra, qu'ils en contredirent certains préceptes essentiels (sacrifices d'animaux), et surtout que rien n'atteste qu'aucun Achéménide ait reçu l'essentiel navjote ou son rituel antécédent, démontre amplement qu'il y a là un paradoxe monumental dans l'attitude des Parsis envers les conversions. Ils rejettent comme infidèle, *juddin*, toute personne qui n'est *née parsie* ni n'a reçu l'indispensable remise du sudreh et du kusti selon la plus stricte orthodoxie, mais ils se réclament héritiers de rois qui ne sont très probablement pas *nés* dans la *pure* tradition zoroastrienne et qu'aucune preuve n'existe d'un rituel zoroastrien dans leur vie personnelle, uniquement parce que leur gloire passée flatte l'histoire ancienne de la communauté parsie. La même remarque pourrait s'appliquer pour les rois sassanides à un degré moindre, car tout en protégeant officiellement la religion zoroastrienne, ils poursuivirent des pratiques héritées des mages et du passé mazdéen, complètement opposées à ses préceptes (sacrifices d'animaux).

Et cependant, le grand souverain sassanide Shapour II s'efforça de promulguer la foi parmi les incroyants avec l'aide zélée de son grand mage Atarpât [1]. Le Denkart parle même d'usage de la force pour la conversion des étrangers [2].

Un traité d'époque pehlevie sur les rites zoroastriens, confirme la pratique d'admettre des profanes [3]. Un autre ouvrage pehlevi traitant des pratiques sociales et légales des Sassanides enseigne que si un esclave chrétien embrasse la foi de son maître zoroastrien, il devra être affranchi [4].

---

1. Dk. vol. 9, p. 579.
2. *Sacred Books of the East,* vol. 37, livre 8. 26.
3. *Aerpatastan,* L. 1. 4.
4. *Madigan-i-Hazar Dadistan.*

⁂

Dans le cas ou les Parsis entendraient que la diffusion du zoroastrisme ne doit se faire que vers des initiés, des saints et des sages (en référence aux strophes 11 du yasna 45 et 3 du yasna 48), ils se trouvent devant un nouveau dilemme. En effet, l'histoire ancienne des conversions d'époque sassanide les présente dirigées vers des populations entières et l'histoire moderne offre des exemples courants de réception au navjote d'enfants naturels nés de maîtresses hindoues, voire même d'esclaves indiens durant la deuxième partie du XVIIIe siècle (Dhalla, *History of Z.*, ch. LIII, p. 474 s.). Les Zartoshtis d'Iran consultés sur le fait de ces conversions les approuvèrent comme conformes à la tradition zoroastrienne ce qui entraîna des polémiques cuisantes en milieu parsi. Depuis lors, tout prosélytisme a été banni des mœurs, beaucoup plus, semble-t-il, pour des raisons sociales et raciales que selon des arguments historiques et valables.

Au demeurant, si Zarathoustra a voulu la diffusion d'une éthique du bien par la pratique des bonnes pensées, paroles et actions, et d'une piété personnelle au sens d'une religion intérieure (*daênam*) de la Sagesse divine, et non la transmission d'un rituel de pratiques extérieures et compliquées, les Parsis n'ont que deux attitudes pour demeurer en complète légitimité avec le schéma historique : ou bien ils maintiennent cette sagesse parallèlement à leurs rites et doivent obligatoirement la faire partager par le moyen des conversions, ou bien ils admettent que le message originel de Zoroastre s'adresse très légitimement à tout homme en dehors de toute médiation ecclésiale rendue inutile, et de tout cadre socio-religieux. Dans les deux cas, s'ils renoncent à servir d'exemples vivants et de témoins du passé pour le bienfait de leurs frères en humanité, ils s'écartent dangereusement de la mission humanitaire du Sage qu'ils vénèrent et ne représentent plus qu'un minuscule îlot d'archéologie et de sectarisme religieux, intéressant seulement l'ethnographie. La prudence et la sagesse consisteraient à créer deux catégories de fidèles : la première essentiellement attachée au parsisme par la famille, la tradition et le respect du folklore religieux, la seconde ouverte par une conversion spéciale à toute personne non née parsie, sans que cette ouverture n'implique une quelconque soumission hiérarchique ou dénigrement des seconds par les premiers. Ce double mouvement aurait l'avantage d'ouvrir l'esprit des orthodoxes les plus sectaires à la véritable dimension du zoroastrisme et d'amener une population nouvelle à une religion qui se meurt par fermeture sur elle-même. En raison de l'éclatement des communautés persane et parsie et des divisions entre progressistes et conservateurs, une philosophie néozoroastrienne détachée de tout sectarisme et de tout rituel pourrait bien naître pour la plus grande gloire de la pensée, librement de par le monde au gré des mentalités et des milieux touchés par le besoin d'une réflexion nouvelle. La diffusion extérieure du zoroastrisme, utopique à partir du milieu parsi, lèverait dans le monde un intérêt grandissant pour l'ethnie, la sauverait par une attention particulière et lui donnerait une dimension nouvelle à laquelle sa minorité numérique ne peut actuellement prétendre.

L'affaire reste d'autant plus capitale que les conversions sont attestées à des époques où la population zoroastrienne était élevée et qu'elles sont rejetées au moment où la minorité parsie risque de disparaître et qu'elle ne s'est maintenue à ce nombre actuel que grâce à des conversions curieusement admises d'enfants illégitimes et de serviteurs hindous au XVIIIe siècle. Si les pratiques religieuses se sont toujours et partout souvent écartées de toute logique, il faut dire qu'ici elles touchent à l'aberration et au suicide ethnique.

On arrive donc à l'inconséquence d'une religion dont tout le passé et l'esprit de ses fondements originaux invitent à pratiquer l'esprit hospitalier des conversions d'étrangers et qui, aujourd'hui qu'elle est dangereusement minoritaire et sur le point de disparaître dans la population indienne, se refuse contre tout droit et contre toute logique à admettre des convertis. Une attitude aussi aveugle risque non seulement d'étouffer le petit reste des Parsis dans un sectarisme complètement insensé et pitoyable, mais il ne peut que l'éloigner des Zartoshtis d'Iran. En effet, ceux-ci, à l'inverse et dans une exagération opposée, s'ouvrent largement aux Musulmans iraniens et considèrent comme zoroastrien tout Iranien qui se réfugie très légitimement dans l'antique foi persane par réaction au fanatisme islamique instauré en Iran depuis 1979.

Compte tenu de l'attachement traditionnel des Parsis pour leurs origines aryennes, un néo-prosélytisme s'ouvrirait-il surtout vers des personnes d'ethnie indo-européenne ? Certes, les très rares conversions contestées par l'orthodoxie et opérées par des dastours libéraux se firent récemment au profit d'Américains ou d'Anglais. Mais, d'une part, de nombreux Parsis entendent le sens de pureté aryenne *au spirituel* et lui attribuent la valeur éthique de l'ancienne religion brahmanique sublimant les forces « sâttviques » de lumière, de pureté et du bien, censées avoir été enseignées par les antiques Aryas, c'est-à-dire les Indo-iraniens dont la caste des *Kshatryas* a perpétué le souvenir.

D'autre part, on aurait bien du mal à retrouver une identité de morphologie ethnique des types physiques des Parsis et des Zartoshtis tant les mélanges de sang se sont opérés, en Iran par des alliances avec des éléments sémitiques et arabes, en Inde avec des croisements indiens évidents. Si bien des Parsis passeraient facilement pour des Européens, d'autres en revanche présentent un physique proche de celui de la majorité indienne. En outre, il nous paraît important d'ajouter que la connaissance des croyances zoroastriennes lève le problème de l'universalité du message zarathoustrien originellement destiné aux hommes de toute race et de toute nation.

LA TRADITION AUJOURD'HUI ET DEMAIN

Occidentalisés, les Parsis affrontent les mêmes problèmes actuels que ceux qui se posent aux Occidentaux. Le statut de la famille, vénéré dans le zoroastrisme comme dans le judéo-christianisme, craque de partout. Il faut bien reconnaître que l'intégrité familiale n'a reposé depuis des millénaires que sur la fidélité de la femme au foyer, et que la liberté sexuelle de la femme s'accorde mal avec le maintien de la famille traditionnelle. Mais la femme pouvait divorcer tôt en société mazdéenne et l'homme avait liberté d'épouser une seconde femme au cas où la première était stérile. Le tout s'équilibrait par un souci primordial de protéger l'enfant et par les légitimations d'enfants naturels et les adoptions. Aujourd'hui, de même que les jeunes Occidentaux s'allient en dehors du contexte social des parents, les Parsis s'allient de plus en plus en milieu hindou ou étranger. Mais, sans retourner à l'endogamie, cette nouvelle ouverture sociale et ethnique peut-elle s'allier avec la revendication paradoxale de la tradition familiale ici, ou de l'appartenance au parsisme là, pour les enfants nés de mariages hétérogènes ou au mépris des règles passées ?

Alors, faut-il abolir la *loi salique*, la lignée maternelle étant plus sûre que celle du père, comme le pensent justement les Juifs ? Au Congo, l'oncle maternel est responsable de l'enfant de sa sœur. En Polynésie, certaines îles connaissent la garde commune des enfants. Nous ne sommes préparés ni à un système ni à l'autre et des mères occidentales sont dénaturées par les slogans du moment au point de n'avoir pas l'instinct maternel de conserver leur enfant, comme tout animal le fait.

La loi salique a permis des généalogies de filiation exactes mais *génétiquement fausses*, jusque dans les familles royales. Les Parsis, pareillement attachés à l'ascendance paternelle et à la tradition mazdéenne ont pensé pallier les paternités contestables par les adoptions multipliées du *paterfamilias* et par le navjote, légitimation juridique et canonique.

Sans doute, la morale fixée jadis par les impératifs socio-religieux n'est-elle plus adaptée aux sociétés contemporaines. Les interdits d'adultère, plus puissants dans le judéo-christianisme que dans le zoroastrisme, tendaient à protéger la structure familiale et l'ethnie, mais ils n'avaient guère plus de fondement universellement éthique que les tabous concernant l'homosexualité, phénomène généralement condamné et jamais sociabilisé alors que, minoritaire, il n'en fut pas moins commun à toutes les sociétés humaines. Avec Montaigne on peut dire que ce qu'on croit être contre la nature n'est en réalité que contre la coutume, tant celle-ci finit par s'imposer dans les mémoires collectives. Ainsi, la libération des mœurs actuelle répond-elle à un besoin naturel naguère refoulé ou caché, mais qui peut rapidement tourner à l'excès. Quant aux censures morales et religieuses à l'égard de la femme en règles, tant dans le *Vendidad* que dans le *Lévitique*, ou des relations sexuelles interdites comme « fornications » n'ayant pas pour aboutissement la procréation dans le sein du mariage, elles n'avaient pas de fondements autres que ceux censés assurer la paix et la stabilité de l'ethnie.

En revanche, l'avortement demeure, dans le parsisme, un crime contre la vie aussi grave que celui d'arracher une récolte avant terme et revêt pratiquement le caractère d'un meurtre métaphysique.

*
* *

Bien que le parsisme fût incontestablement influencé, dans sa propre conception de son histoire et de sa religion, par les chercheurs occidentaux des deux derniers siècles, c'est aux Parsis seuls qu'il appartient de régler démocratiquement et sagement les problèmes de leur ethnie et de leur religion. On ne voit pas de quel droit des critiques extérieures s'élèveraient à l'encontre de telle ou telle pratique parsie dans la mesure où elle s'inscrit dans l'éthique zoroastrienne et qu'elle profite à l'ethnie. Aucun sociologue ne s'aviserait de juger les pratiques pourtant choquantes de l'abattage des animaux de boucherie selon le rituel musulman ou selon le rite *kasher*. On ne peut davantage critiquer le culte du feu ou l'usage des dakhmas.

Religion trop longtemps identifiée à l'ethnie, son clergé éprouve aujourd'hui du mal à penser de manière universelle, au-delà des seules structures de la communauté parsie.

Dans une atmosphère sociale qui rappelle les milieux protestants de naguère, les Parsis gardent une dignité naturelle qui fait que, des pauvres aux aisés, ces héritiers de Zoroastre portent une distinction comparable aux manières d'aristocrates européens d'autrefois. Rapprochement fragile aujourd'hui tant la notion d'*aristos*, du « meilleur », s'est éloignée très souvent des aristocrates embourgeoisés, plus soucieux de snobisme mondain que des qualités de cœur et de chevalerie jadis prisées des cours seigneuriales qui, rivalisant en émulation *courtoise* de culture et d'éducation, justifièrent les fondements civilisés de la noblesse dans la barbarie du monde féodal.

Ainsi, trop de descendants d'une noblesse dénaturée qui ne suscite plus le mérite personnel, n'ont généralement pas conservé les vertus des anciennes familles. Attachés au seul souvenir d'une classe sociale maintenant démunie de raison d'être civique et politique, ils n'en respectent même plus les valeurs morales qui la distinguaient parfois.

A la fin du XVIIIe siècle, une trop grande partie de la noblesse n'était plus civiquement ni moralement *noble*, de même que trop de souverains revendiquaient une *grâce divine* de droit dont ils ne répondaient plus dans leurs actes, contrairement aux premiers Achéménides s'exposant à perdre leur Gloire divine par des actions non appropriées à leur dignité. Au-delà du caractère d'une caste politique au service des monarques, la noblesse tirait son fondement d'une « vertu morale reconnue de tous », *Nihil aliud est quam cognita virtus* (Cicéron). Vertu dont on disait encore sous l'Ancien Régime qu'il fallait trois générations pour faire un gentilhomme (tierce foi), et certaines professions étaient incompatibles avec cette qualité en raison de la cupidité qui les anime [1]. Au siècle dernier, un auteur de jurisprudence nobiliaire affirmait déjà : « Vous aurez beau gratter l'homme qualifié, dessous vous ne trouverez pas le noble ; il y a encore des hommes titrés, il n'y a plus de gentilshommes [2]. » La qualité de gentilhomme fondait en effet le *substratum* de la noblesse et François Ier et Henri IV la voyaient supérieure à leur condition de roi.

Mais la noblesse, comme la religion, n'oblige plus

---

[1]. Par exemple, encore, les arrêts des 13-1-1667 et 10-10-1688.
[2]. Alfred Levesque, *Droit nobiliaire français*, Paris 1866, p. 3.

et il y a longtemps qu'elle n'est plus « une qualité qui imprime souvent dans le cœur de celui qui la possède, un mouvement secret qui le presse d'aspirer à la gloire et aux belles actions de ses ancêtres, et qui dispose secrètement son âme à l'amour de la vertu et des choses honnêtes » (Honoré de Sainte-Marie).

Ne retenant du passé que la gloriole de noms vidés de leur raison traditionnelle, trop de descendants de familles anciennes ne les honorent plus de la gentilhommerie naturelle que gardait jadis la petite aristocratie provinciale, simple, fière mais courageuse, généreuse et oubliée. Aussi, avec La Rochefoucauld, on peut affirmer que « les grands noms abaissent au lieu d'élever ceux qui ne les savent pas soutenir ». Doit-on pareillement considérer qu'on peut être chrétien par le baptême et vivre en violant les préceptes christiques ? Qu'on peut être Parsi par le navjote sans en pratiquer les vertus zoroastriennes ni en être un modèle vivant ?

Il peut être pareil de la génération montante des Parsis que de l'ancienne aristocratie européenne au cas où, ne retenant que l'orgueil du particularisme ethnique d'une religion zoroastrienne et d'un empire perse autrefois si glorieux, ils se détourneraient des principes qui posèrent les racines d'une des plus grandes et nobles civilisations du monde.

*
* *

Si les us et coutumes des Parsis intéressent l'ethnologie et l'histoire des religions, ce n'est pas dans la seule pratique d'une tradition spécifique que s'incarne l'authenticité zarathoustrienne mais bien dans l'application fidèle des préceptes élevés de Zoroastre que la religion doit revivifier et non pas occulter au bénéfice du seul rituel. C'est là, et là seulement, que le parsisme peut avoir une valeur d'exemple unique pour le monde.

Les derniers Parsis vont-ils trouver en eux la force nécessairement surhumaine d'être un exemple vivant de la noblesse d'âme zoroastrienne, ou quelque néo-zoroastrisme va-t-il naître en dehors d'eux, égaré dans quelque ésotérisme de mode ou dénaturé dans quelque théosophie spirite ?

Le zoroastrisme est une philosophie de la vie et une attitude spirituelle profondément éthique, d'un niveau qui dépasse les particularismes moraux et les tabous sociaux. Il ne saurait se restreindre, ni historiquement en raison du déviationnisme des mages et de l'infiltration de concepts zoroastriens dans le judéo-christianisme, dans le manichéisme, le gnosticisme et le bouddhisme, ni philosophiquement en raison de l'universalisme des Gâthâs, au seul culte ethnique et particulier des Parsis, tout respectable qu'il soit.

LIVRE IV

PHILOSOPHIE
DU RENOUVEAU DU MONDE

L'homme est une corde tendue entre la bête et le Surhomme — une corde sur l'abîme... Pitié ! La pitié pour l'homme supérieur !

F. NIETZSCHE.

UNE LUMIERE DANS LES TENEBRES

Même si les Gâthâs zarathoustriens originaux ne représentent qu'une partie restreinte de l'Avesta, ils n'en restent pas moins regardés comme les écrits les plus sacrés du zoroastrisme. Ils suffisent avec les textes qui s'y réfèrent, à définir la gnose zoroastrienne comme le *Sermon sur la Montagne* contient l'essentiel du message christique.

Une éthique qui s'inscrit à l'origine de tant de concepts spirituels récupérés par le judéo-christianisme : sauveur eschatologique, conséquences post-mortem des actes de la vie (paradis, purgatoire, enfer, avec des nuances importantes), assistances des êtres lumineux (angélologie) et des disparus (*Fravashis*), résurrection au sens originel et non en renaissance des cadavres matériels ; une telle religion avait aussi su trier les actes de nature bonne et ceux de mauvaise nature. Le *Patet*, ou « Repentir », mentionne parmi les péchés, toutes les infractions de pensée, de parole et d'action, à l'égard du Créateur, de la terre (nature), des animaux (bétail et faune) et des plantes (flore). Pour les hommes, il s'agit des actes de brutalité commis envers des hommes de toute espèce, qu'on ne doit tourmenter d'aucune façon, pas plus que les animaux, de l'hospitalité refusée au voyageur, du refus d'assister le prochain, de le soulager de la faim, de la soif, du froid et du chaud. Ne pas avoir secouru le pauvre vient avec la duplicité, l'égarement, le vol, le mensonge, le faux témoignage, le jugement inique, l'impudence, l'oppression, l'ingratitude, la raillerie, l'avidité, l'orgueil, l'esprit querelleur, la tristesse, la colère, la rancune, la luxure.

A noter aussi que celui qui assiste le pécheur est aussi coupable que lui (*Patet* de l'Iran). Toutes ces nobles prescriptions, chrétiennes avant les plus chrétiennes pourrait-on dire, puisque les Evangiles restent muets sur l'attitude envers les bêtes et la nature, prennent place à côté d'obligations plus spécifiquement mazdéennes, comme l'entretien des feux, sacrés et communs, les actes d'impureté domestiques et rituels et la désobéissance à la religion. De même qu'avant nos préoccupations sociales, le zoroastrisme retenait comme grave péché de ne pas payer le salaire dû en paiement du travail ; son attitude précoce de préserver de toute impureté les éléments naturels, air, feu, terre et eau, précédait de deux millénaires nos soucis écologiques de pollution de la nature.

La piété zoroastrienne est si généreuse envers l'univers stellaire, la nature, l'humanité, que chaque croyant se doit de prier et d'agir envers la communauté, comme Hérodote avait remarqué que les Perses ne priaient que pour le souverain et le peuple. Et la foi personnelle brûle cependant d'une intensité qui fait dire au croyant, comme jadis les premiers chrétiens : « S'il faut absolument donner mon corps pour le salut de mon âme, je le donnerai avec joie » (*Ibid.*, 3).

※
※※

L'histoire du monde reflète l'histoire du conflit cosmique entre Ahriman et le monde lumineux et sage d'Ahura Mazda. C'est l'opposition de deux pôles de l'univers, lequel est miniaturisé en l'âme de chaque homme. Le principe du bien et de la lumière est positif, celui du mal et des ténèbres est négatif. Le mystique allemand Jacob Boehme l'appelle *Ungrund*, littéralement « sans fond » pour désigner l'abîme plus profond que Dieu où la lumière divine risque de s'engloutir dans une ténèbre insondable dont l'astrophysique nous donne peut-être une image terrifiante par l'étoile qui disparaît, avalée par un « trou noir ».

De même, nous emmagasinons en nos âmes des nuages enténébrant la vérité, la droiture, le bien et nous construisons des fantômes semblables à ceux qui peuplent parfois nos cauchemars. Parce que toute action en ce monde découle d'une pensée ou d'un mode de conscience lumineux ou ombrageux, ces pensées s'accumulent pour former des nuages de ténèbres que nous retrouvons conservés en notre psyché après la mort, et auprès desquels l'idée de survie devient bien secondaire. Car tout est esprit et c'est par l'âme que tout entre en bien ou en mal dans des cauchemars purgatoresques jusqu'à ce que nos âmes prennent conscience de la monstruosité de nos actes et que, dégoûtés de nos péchés, non pas comme infractions à des lois religieuses ou morales mais en tant que contraires à l'éthique universelle de l'Ordre du monde (*arta*) et comme contrefaçons à la norme spirituelle de notre être intérieur, nous soyons déterminés à ne plus rechercher que la Lumière et la Vérité.

Ainsi, Ahriman incarne l'ignorance, l'inconscience et, partant, la bêtise du monde et de toute pensée limitée dans la finitude. Toute sortie de l'ignorance, tout éveil de la conscience nous libère des ténèbres et nous ressuscite au monde de la Lumière.

Cette vision profonde motive l'intérêt du zoroastrisme pour l'instruction, la culture et l'éducation. Mais là encore, il ne faut pas entendre le savoir seulement didactique ni la science purement objective telle que les Parsis l'ont apprise des Occidentaux, mais bien la découverte existentielle de l'intuition des lois profondes qui régissent la vie et la mort. Attitude intérieure contemplative qui rattache bien cette grande métaphysique, pourtant si virile, au monde irremplaçable des spiritualités orientales.

※

« Nous pouvons croire, nous dit Charles Werner, que les choses sont conduites, à travers toutes les divisions et tous les malheurs, vers un état d'achèvement qui rétablira dans le monde, par une sorte de transfiguration, la totalité de l'essence divine [1]. »

Mais, cette *globalité* de l'essence divine ne peut se reconstituer dans l'humanité divisée que par l'Amour, tel que l'a fondamentalement exprimé saint Jean l'Evangéliste pour qui l'amour de Dieu incarné en Jésus-Christ est montré en Exemple et posé en Pôle vivant à tous les hommes. Pour cela l'Amour doit « exploser » en toutes parts, depuis ses formes les plus élevées jusqu'à ses fragmentations les plus hormonales qui, faute de s'exprimer librement, séparent les êtres, refoulent les désirs sans que la conscience en tire la mesure pour enfin se sublimer et tendre les cœurs les plus généreux vers l'Unité.

---

1. *L'Ame et la Liberté*, essai d'une nouvelle monadologie, Payot, Paris 1960.

L'Amour tire son essence du divin et il en accomplit les deux traductions terrestres, l'amour sublime et celui démoniaque de nature égoïste.

L'Amour donc, le véritable, ne repose pas sur la passion sexuelle souvent destructrice qui, pour Platon, fait oublier le sens du juste, du bon et du beau. Ce sentiment la dépasse ou la transcende, je veux parler de l'affection profonde et généreuse, depuis la plus grandiose jusqu'à l'insondable douleur de l'enfant qui perd son chien, de la tendresse qui se poursuit au-delà de la mort, bref de l'héroïsme des cœurs [1]. Oui, cette union sacrée des êtres, cet appel mystérieux de l'âme, relève d'une nature ontologique comme l'a toujours enseigné l'Orient. Certes, la frontière reste bien floue entre l'amour mystique pur et désincarné tel que l'ont vécu François d'Assise, Jean de la Croix ou Thérèse d'Avila ; entre l'amour idéalisé du platonisme et celui polarisé sur des corps, au mépris parfois de leur identification sexuelle. La frontière entre Orient et Occident passe peut-être par cette conception différente du divin et de l'amour, pareillement unis en une transcendance toute johannique. Là, Esprit, Amour et dieux dépassent nos schémas intellectuels. Ils sont partout, sans tendre à l'anonymat panthéiste, androgynes et libres dans leurs formes d'adoration terrestres. Ici, Dieu est personnifié, mosaïque ou latin, strictement masculin, patriarcal, phallocrate quand ses prêtres niaient l'existence d'une âme féminine, misogyne comme la plupart de ses prophètes ou apôtres. Toujours anthropocentrique, il méconnaît la faune et ne rencontre la femme, épisodiquement complémentaire, que sous les formes opposées et nées de la Déesse-Terre des antiques cultures méditerranéennes. C'est Aphrodite, Athéna, Minerve ou Junon. Le culte

---

[1]. Voir mes articles *Pour une morale sans frontière* in **Panharmonie** 1968, n° 91, 92.

virginal s'édifiera sur ces anciens mythes et la Vierge symbolisera l'archétype féminin sublimé, tandis que le Christ victorieux incarnera le patriarcat souverain et, après Zeus, s'affirmera *Pantocrator*, alors que la tolérance et le pardon de Jésus sont signes de noble féminité. Omnipotent dans son essence virile, le divin occidental reste par nature et pour l'éternité, indépendant et supérieur au Féminin. La Grèce a peut-être tenu pour un temps le milieu entre ces deux visions du divin et de l'Erôs dont ses dieux trahissent l'heureuse complémentarité. Malgré une homosexualité quasi culturelle, le *machisme* gréco-romain se riait toutefois de la féminité orientale des Perses de Darius et des Parthes de Suréna, signe pourtant alors d'une culture plus raffinée qui n'hypothéquait en rien le courage de soldats entièrement et richement vêtus, par rapport à la quasi nudité des troupes macédoniennes et des légions romaines.

D'une manière générale, les dieux solaires furent masculins, tel Mithra. Ils fertilisaient la terre qui, avec les eaux, se révélait féminine. En revanche, Sûrya, divinité solaire indienne originaire d'Iran, reste exceptionnellement féminine. Dans le zoroastrisme, Ahura Mazdâ transcende les sexes mais, divinité virile entre toutes, comme l'est sa religion d'adultes spirituels, il s'annonce cependant *Seigneur* (Ahura) et *Sagesse* (Mazdâ) alors que Spenta Armaiti incarne la Piété et règne sur les anges féminins de la Terre, de même que la daêna, la partie céleste de notre âme est féminine.

Depuis le Paléolithique, la force masculine n'avait pas toujours suffi à asseoir la supériorité de l'homme sur la femme et dans maintes cultures celle-ci conservait un rôle important, voire égal comme en Perse pré-islamique. L'affirmation culturelle masculine et la fixation dramatique de la polarisation des sexes fut l'œuvre non de Byzance, encore asiatique, mais de la Grèce macédonienne et aristotélicienne, puis de la Rome des Césars du *Jupiter Optimus Maximus*, enfin de l'Occident latin qui en prit la suite. La dissociation de l'androgynie originelle entraîne la mort, physique ou culturelle et William Blake de pressentir : « Lorsque l'être mâle et l'être femelle acquièrent l'individualité ils deviennent une mort éternelle. »

La thème de l'amour, que l'Orient célébrait au mystique, au féminin, voire au masculin depuis les amitiés pathétiques de Gilgamesh et d'Enkidou, de David et Jonathan, de Tariel et d'Avthandil, fut encore loué dans sa dimension universelle par les poètes persans, chrétiens orientaux ou de l'islam médiéval, de Firdousi à Saadi, de Hâfiz à Chota Roustavéli et Omar Khayyan. Cette poésie orientale de l'amour bisexuel des jolies femmes et des beaux éphèbes dans l'atmosphère des *Mille et Une Nuits*, a inspiré le lyrisme de notre « amour courtois » au Moyen Age. Les troubadours, trouvères et ménestrels en chantèrent et en versifièrent la forme occidentale de l'exaltation amoureuse. En revanche, seule la femme se voit digne de louanges dans le cadre de cours féodales qui ne sont plus celles des califes ou des émirs d'Orient et d'Espagne, mais de brillants mécénats féminins comme ceux d'Éléonore d'Aquitaine, d'Ermenegilde de Narbonne ou de Marie de Champagne, où les viriles héroïnes de jadis, les Brunehaut et les Frédégonde, font place à des gentes dames altières et sublimées par la noble passion de chevaliers disciplinés par le vasselage d'amour et le code d'honneur de la Table Ronde. Le machisme latin, qu'il ne faut pas confondre avec la priorité sociale masculine du monde musulman, mais la vanité puérile du mâle soucieux d'affirmer sans ambiguïté sa virilité hétérosexuelle phallocratique sur l'élément féminin, a opéré la séparation radicale des sexes par la récupération de toute forme amoureuse au seul monopole du chevalier pour sa dame, sans qu'aucune place affective ne soit désormais reconnue au frère d'armes ou au compagnon de cœur. Attitude d'autant plus surprenante que l'éthologie sexuelle grecque et romaine n'avait rien à envier à la sensualité ambivalente des Orientaux et des Arabes. Hérodote lui-même n'affirmait-il pas que *les Perses avaient hérité de l'homosexualité des Grecs ?* (135.6) Pourtant, dès le clivage sexuel du Moyen Age, le « vice » sera « oriental », toujours attribué par l'Eglise aux hérésies (Bougres, Templiers), et, courant sous la Renaissance, l'amour masculin sera le « vice italien » et ne pouvait provenir que des « païens » d'Afrique et d'Asie.

S'il ne peut rester platonique, l'amour occidental n'a dorénavant droit qu'à l'union conjugale et, comme l'adultère, tout le reste se dissimula dès lors sous le manteau de l'hypocrisie. L'amour latin se fige dans les sexes et dans les dogmes, mutilé de toute liberté affective. Ce tableau succinct suffit à montrer les véritables causes de la présente révolution des mœurs qui, quoique chaotique, est un événement aussi important que celui de la Réforme en matière religieuse. A cet égard, Gandhi, ascète pourtant authentique de la chasteté et du jeûne, a dit : « Il vaut mieux jouir par le corps que jouir par la pensée. Il est bon de chercher à rejeter les désirs sexuels dès qu'ils apparaissent dans l'esprit, d'essayer de les maîtriser ; mais si, faute de jouissances physiques, l'esprit se vautre dans des pensées de jouissance, il est légitime de satisfaire les appétits du corps. Je n'ai aucun doute à ce sujet. » *Young India*, 25 septembre 1924.

Pour le mystique romantique William Blake, pareillement, les représentants de l'Eglise chrétienne ont étouffé un sentiment qui ne doit pas être contrarié dans ses manifestations, *quels que soient les aspects qu'elles puissent revêtir*. Selon le poète anglais, les impulsions sensuelles sont pures en elles-mêmes et ne deviennent causes de souillure que lorsqu'elles s'abritent derrière les compromissions hypocrites de la morale courante. Et Blake de s'effrayer de voir son « Garden of Love » transformé en un sinistre lieu de sépulture où les « froides pierres tombales étalent leur masse inerte et lourde sur les plates-bandes de fleurs, faisant régner le morne silence de la mort là où auparavant la vie s'était épanouie en des couleurs si vives, si ardentes et si gaies [1] ».

Dénonçant l'amour-contrainte dont il voit les obligations sexuelles comme des abus criminels, William Blake dépasse l'amour physique au profit de l'amour désintéressé, sans trace de jalousie, l'amour tout don de soi, l'amour véritable. « En proclamant ce principe, Blake, ce destructeur de la morale acceptée... trouve la voie qui le ramène au centre même de la religion chrétienne, à *l'évangile d'amour*. A cette forme d'Amour que Saint Jean l'Evangéliste identifie avec Dieu : « Celui qui n'aime pas n'a pas connu Dieu, car Dieu est Amour. » (I. J. 4.8.) *Ibid.*

L'Occident a mis deux mille ans à découvrir son sexe. Mais de la manière la plus profane et anarchique qui soit, avec la pathologie freudienne et la pornographie qui l'a suivie. L'effondrement brutal des

---

1. *Songs of Experience* — The Garden of Love — trad. et commentaires de Jacques Roos, *in* Aspects littéraires du Mysticisme Philosophique au début du Romantisme, Université de Strasbourg, éd. P. H. Heitz, 1951, p. 121 s.

schémas sexuels artificiels tient à des raisons autrement plus profondes que le stade des fonctions hormonales auxquelles des biologistes veulent réduire l'amour, dont l'essence est de *nature spirituelle* [1].

Une repolarisation des sexes dans leurs archétypes, rend puérile toute ségrégation sexuelle. Des femmes peuvent avoir un comportement et une existence plus virils que des hommes qui, en revanche, détiennent parfois une féminité apparente ou cachée dont seul un machisme infantile et aculturé peut avoir honte. Il n'y a pas de « moralité sexuelle ». Il y a activité sexuelle ou chasteté. L'amour est souvent le pire ennemi de l'Amour. L'abstinence, acquise sans contrainte et par sagesse se révèle grandement supérieure et glorifie le corps comme substrat d'une âme, susceptible de devenir un temple de l'Esprit, comme le vit saint Paul.

Les religions du Livre, c'est-à-dire s'appuyant essentiellement sur une Révélation écrite (Bible, Avesta, Evangiles, Coran), furent davantage que les autres incitées à édicter des lois morales régissant l'amour. Parallèlement au Lévitique et aux canons de l'Eglise, le Vendidad prononça des lois sévères en matière sexuelle. A cet égard, on ne peut éviter de penser aux poèmes mystiques du Romantique anglais William Blake sur la loi morale, source de péchés :

Les prisons sont construites avec les pierres de la
[*loi,*

---

1. Sur la *Métaphysique du Sexe*, voir le livre de ce nom de Julius Evola, Payot 1976. Sur le *Naufrage des sexes*, l'ouvrage d'Henri d'Amfreville, Buchet-Chastel, 1957.
Les recherches pour déterminer les tendances homo et hétérosexuelles d'après l'étude chromosomique du fœtus sexuellement indéterminé dans une obscure androgynie aux premières semaines de sa formation, restent bien stériles. Pour le dogme perse l'amour entre personnes de même sexe était condamnable comme « mensonge vivant ». Certes, mais quelle est *la vérité intérieure* de chacun au-delà de la contre-nature apparente ?

Les maisons de débauche avec les briques de la [religion[1].

On retrouve à l'époque évangélique une louange de l'amour libre, extrapolation de la tolérance persane, chez Simon le Mage qui essuya la critique apostolique et dont la théorie mazdéenne déviée voyait en la semence sexuelle une parcelle du Feu divin.

En Perse mazdéenne, la chasteté a toujours, il est vrai, été considérée comme aberrante parce que contraire à la nécessaire propagation de la vie humaine et cette attitude fut, on l'a vu, une cause de l'échec des religions ascétiques en terre iranienne (bouddhisme, manichéisme, sectes et monachisme chrétiens). Pourtant, cette éthique de l'amour n'a pas pour autant entraîné la société zoroastrienne dans la luxure parce que le cadre familial y a conservé son premier caractère sacré de cellule sociale de reproduction et d'éducation d'êtres de lumière.

Avec l'amour, la prière est le seul pont qui relie ce monde avec l'Autre, immense, insondable, effrayant et merveilleux, lequel n'est ni avant ni après notre vie mais tout autour de nous et en nous, présent comme l'espace cosmique qui nous environne de partout. L'Univers n'est pas un vide mais un *plein* rempli de virtualités et de potentialités mystérieuses et éternelles. Et le mystère de la vie et de l'univers est si captivant pour l'homme que sa science devient géniale à en sonder les profondeurs. Mais ses méthodes scientifiques *objectives* sont inaptes à approcher une trans-

---

1. *Ibid.*, pp. 123-124.

cendance à laquelle notre nature essentielle participe intérieurement *en sujet* et non *en objet*. Nous sommes composés de matière et d'anti-matière stellaire et d'énergie astrale. De même que nos corps sont constamment bombardés de rayons cosmiques sans que nous en ayons conscience, les ondes spirituelles traversent nos âmes en laissant notre raison indifférente. Notre « antenne » intérieure, organe perceptif spirituel, n'est pas suffisamment développée ou s'est atrophiée comme chez les aveugles de la Caverne de Platon. De même que la pratique de pensées, paroles et actions généreuses s'exerce ou se perd au profit des penchants égoïstes de notre nature animale.

L'exercice spirituel et la *catharsis* des pensées, paroles et actions purifiées qui l'accompagne sont bien la seule discipline où l'homme estime n'avoir à faire aucun effort pour acquérir la compréhension et l'illumination nécessaires. Le danger réside dans le fait que notre nature suit le principe immuable de l'évolution, à savoir que la *fonction crée l'organe* et qu'à force de nier l'Esprit et de renoncer à nourrir notre âme par l'attitude pieuse, la prière et la réflexion métaphysique, les hommes d'aujourd'hui atrophient leur faculté spirituelle, seul organe susceptible d'appréhender le monde suprasensible. A force de se détourner des choses de l'âme, l'*homo sapiens* qu'appelait l'*Homo spiritus* risque de devenir un simple *homo artificialis*, homme artificiel, singe savant uniquement préoccupé de questions pragmatiques, ne comprenant que la psychologie de surface de « l'Esprit de chair » paulinien. De même qu'un athlète doit préparer longuement son corps à l'exercice d'un championnat, qu'on ne joue de la musique sans de patientes années de pratique assidue, nul ne peut prétendre approcher l'intuition des choses de l'au-delà avant d'avoir acquis une longue maturité spirituelle. En refusant d'enseigner la voie de la lumière à nos enfants nous préparons des générations imperméables à toute sensibilité métaphysique. Sur la nature de l'âme, il est indubitable que les Anciens et les mystiques authentiques en savaient infiniment plus que l'homme moderne uniquement soucieux de son immédiat matériel.

※

La raison pour laquelle les rationalistes ont voulu tuer le divin, ce n'est pas tant parce qu'il était incompatible avec leur raison sensible. Une meilleure compréhension du thomisme eût pu les rassurer et la connaissance de l'ontologie orientale leur eût permis d'en dépasser les limites. Mais en détruisant l'idée d'un dieu personnifié avec lequel on entretient des rapports de monarque à sujet et de juge à justiciable, ils ont rejeté toute idée d'ordre moral préétabli et ont cru ainsi libérer le monde à jamais du péché. S'il faut admettre que le judéo-christianisme avait dressé un anthropomorphisme divin parfois puéril, le rejet de tout archétype de l'éthique en même temps que l'oubli des « péchés » de la morale et de la religion, ne pouvait déboucher que sur l'anarchie d'une société permissive où la morale religieuse est remplacée par celle de l'ordre social immédiat, ce qui n'est pas mieux et beaucoup plus dangereux que la morale étroite de la tribu qui avait l'avantage d'avoir été éprouvée par le temps.

Au lieu de s'entêter jusqu'au fanatisme athée, une observation véritablement raisonnable eût permis de reconnaître que la force divine primordiale existe dans l'univers fractionnée à l'infini et réduite à elle-même, aveugle et brutale, déchaînée en torrent dévastateur. La puissance formidable du désir qui dresse tous les êtres vivants les uns contre les autres engendre la guerre universelle, *c'est là le principe du mal*. Toutefois, malgré le chaos, le désir ne cesse pas de tendre vers un bonheur supérieur à celui de tous les désirs et auquel la mort ne puisse mettre fin.

Les matérialistes croient que tout est régi par le hasard et la nécessité, mais ce hasard sans cesse renouvelé dans l'histoire du monde et cette nécessité dont personne ne comprend la cause profonde, sont-ils autre chose que des miracles permanents ?

Au lieu de ne voir que l'outil, que les muscles des hommes qui ont bâti les pyramides, les cathédrales ou les autoroutes, on doit percevoir l'esprit qui a *voulu* ces choses. On comprend alors que c'est l'esprit qui se sert de notre corps comme instrument. Notre volonté participe de la nature spirituelle, c'est donc l'Esprit qui, en réalité au travers de nous et de notre liberté, fait non seulement les pyramides mais aussi les autoroutes. La volonté c'est l'impulsion d'une force surnaturelle sur l'inertie matérielle et sur le mécanisme du corps. L'âme est bien principe de tout ce qui se meut soi-même (*Phèdre, Timée*). Et avec Maine de Biran nous voyons que l'âme détient une volonté supérieure au corps : « Je pense donc je suis » se transforme en *volo ergo sum*. Comme chez Fichte, Biran admet que le moi s'affirme contre une résistance, se pose en s'opposant.

L'athée utilise la force de l'âme pour la nier et pour nier la Source de toute énergie vitale. L'athéisme est un suicide culturel.

Ce qui est religieux n'est pas de croire à tel ou tel dogme ou confession, ce qui est seulement et authentiquement religieux c'est, avec la perception mystique, la volonté et la faculté d'imaginer des réponses métaphysiques à l'angoisse spirituelle de l'homme, au pourquoi et au comment de son être et du monde. C'est sa faculté d'invention et d'imagination abstraite qui révèle sa surnature. Mais, aujourd'hui, l'imagination reste entièrement utilisée à des fins matérielles et technologiques, aucun champ n'étant laissé à la philosophie ni aux choses de l'Esprit.

Parce que nous ne comprenons pas le divin, que nous l'anthropomorphisons sans cesse pour le croire plus accessible, nous le rejetons finalement alors que son souffle nous porte, nous anime, nous habite. Mais nos cœurs nous trahissent et nos âmes appellent des altitudes, des espoirs, de la lumière et du rêve. Et, comme l'estomac réclame sa nourriture, ce besoin permanent d'immatériel, cette soif insatiable d'une dimension que nous pensons approcher en contemplation de la beauté, en découvrant l'amour véritable, en écoutant de la musique élevée, en priant de toutes nos forces, révèlent notre nature spirituelle. La lumière captive des ténèbres appelle son Foyer originel.

Car, on prend les ombres de ce monde pour les réalités finales. Comme l'affirmait déjà Shakespeare, les trésors cachés dans les Cieux macrocosmiques et microcosmiques, visibles ou invisibles, sont si riches que l'esprit humain n'aura de cesse de découvrir et de s'émerveiller devant l'univers. Mais les matérialistes font grossièrement découler l'esprit de la matière et, heureux d'être englués, ils veulent imposer leur stéatose aux autres. Ils prétendent expliquer l'âme par le cerveau, l'infini par le fini et la lumière par les ténèbres ! Pourtant, tout ce monde éphémère de l'utopie matérialiste nous trahit immanquablement le jour où le corps nous laisse démunis de tout, sans préparation spirituelle ou sans l'intelligence du pari de Pascal. Les matérialistes font penser à des primitifs distraits qui passeraient leur existence à patauger dans une rivière, au lieu de s'exercer à l'ascension d'une montagne au sommet de laquelle se découvrent des horizons grandioses, insoupçonnés.

LA SOCIETE ALIENEE

La vie spirituelle est aujourd'hui asservie à la vie matérielle et, faute de pouvoir accéder à l'entendement des philosophes de l'âme, on rejette ceux-ci comme utopistes, pour s'accrocher à la plus grande utopie qui soit.

Le platonisme avait démontré que l'intelligence même relève d'un souvenir, d'une réminiscence d'un monde différent où le Beau, le Vrai et le Bien sont des réalités perceptibles. Mais la psychologie ne connaît de la pensée que la lumière qu'elle répand sur la sensation. Et la métaphysique, science de la pensée en elle-même, échappe toujours à ceux qui ne voient que les effets de la lumière, non la lumière elle-même. On ne s'intéresse qu'au monde des causes ou des effets *mesurables*. Tout ce qui n'est pas *filtrable* par l'homme est inexistant et tout ce qui ne lui est pas utile est vain. Ainsi, le positivisme arrive à son point extrême d'orgueil et de décadence.

Car, à force d'atrophier nos dons spirituels, nous fermons notre esprit mutilé aux intuitions de l'âme, nous forgeons notre habitude à ne penser qu'aux dimensions de ce monde, limité et passager. A ce rythme, les générations à venir perdront peu à peu et sans en être conscientes le sens de l'esthétique authentique, celui des valeurs élevées. Pour se rendre compte de l'effroyable désastre réalisé à cet égard il suffit de voir que ce ne sont pas seulement les notions du *bien* et du *mal* qui furent remises en question (avec quelque raison tant les sociétés en avaient détourné le sens), mais *le sens même* de l'existence du bien et du mal qui se dilue tout en étant relativisé et neutralisé jusqu'à la perte de tout sens moral. C'est tout juste si on ne dit pas de manière primaire que le bien c'est toujours ce qu'on fait, le mal ce que font les autres...

C'est la réflexion philosophique, la culture esthétique, l'exercice spirituel qui font tomber les écailles de nos yeux et révèlent la connaissance de deux pôles et forces opposées dans le cosmos avec une saisine plus affinée du bien et du mal.

On ne transmet plus la lumière aux générations de peur d'être contesté. Alors les ténèbres envahissent tout. Les valeurs sont confondues et plus rien n'est vrai en dehors du monde chosifié des techniques et de leurs manipulations envahissantes.

L'humanité pousse comme une plante sauvage. Elle ne connaît plus rien et avance ses nouveaux idéaux au gré du vent, privée de toute véritable inspiration. Ayant sapé les valeurs authentiques, elle sombre dans la néo-barbarie faute de redécouvrir une sagesse, certes réadaptée, mais éprouvée par le temps.

Car, on ne le répétera jamais assez, il s'avère nécessaire *de connaître le passé pour le dépasser*. A mépriser les leçons de l'Histoire, on reste incapable d'éviter de tomber de nouveau dans les écueils de la nature des sociétés humaines. La société ignare ressemble à l'enfant qui rejette l'expérience des adultes. Chaque génération refait les mêmes erreurs sans rien avoir appris des précédentes. S'il y a réincarnation, ce que ne postule pas le zoroastrisme, la réminiscence est rarissime et la mémoire historique ne s'édifie qu'à la lenteur minérale de l'évolution de la nature.

On considère que toutes nos connaissances sont de l'acquis normal, sans qu'aucun regard de reconnaissance ne soit porté vers nos prédécesseurs qui nous ont transmis leur savoir sans lequel tout serait à réinventer depuis le Néanderthalien.

*
**

La vie est une école et l'histoire cache un sens profond où tout se révèle symbole et signe de la trame qui se crée autre part d'une réalité autrement plus profonde et durable.

Cependant, ayant voulu enfanter un *superman* ici-bas, libéré des dieux mais non des diables, on engendre des *sous-hommes*. Alors, il n'y a plus d'héroïsmes, plus de pionniers dans la société stéréotypée où l'on nous définit le bien et le mal arbitrairement. Ceci est tellement contre la nature de l'homme qu'au lieu d'enfanter une société virile, on fonde une collectivité veule, pusillanime, en proie aux délations, aux diffamations gratuites dont l'auteur ne risque même plus d'écorcher sa peau dans un duel d'honneur, vertu également subversive parce qu'elle révèle la verticale insaisissable de la Personne. Quand on ne se respecte plus, on ne respecte plus les autres.

On peut être bête, cela ne dépend pas de soi, mais on n'a pas le droit d'être lâche, cela est en dessous de beaucoup d'animaux. Le zoroastrisme donne autant de place au courage qu'à la foi et au discernement. Le rejet global du passé conduit au laxisme, à la démission morale et spirituelle qui débouche sur le refus d'élever ou d'éduquer les enfants, la démission des adultes et des parents, le travail de sape de pseudo psychologues qui prétendent remplacer les leçons des siècles par leur science qui vérifie ses erreurs aux dépens des nouvelles générations, véritables cobayes de la sociologie profane. Copiant la non-éducation des enfants-rois américains en réaction contre l'éducation victorienne, on tombe dans l'excès et ainsi on fabrique des monstres irresponsables et inconscients, voulant faire l'amour et pas la guerre mais qui en gardent les racines dans leur égocentrisme aveugle [1]. Et le processus va se dégradant car, sans exemples ennoblissants, on sombre dans la médiocrité grandissante où tout se voit désacralisé jusqu'au langage, redoutable déformation des mentalités.

La civilisation athée se révolte contre celle de l'esprit parce qu'elle est plus simple à réaliser, plus immédiate, à la portée de tous et que ses éléments deviennent encore plus manipulables que les âmes ne l'étaient jadis par l'Eglise.

L'effacement des notions spirituelles et morales fait place à une échelle de valeurs purement arbitraire d'un « bien commun ». C'est-à-dire que, comme dans l'usine de production, on rejette la pièce humaine qui ne correspond pas au désir projeté du programme politique de la société « idéale ».

Le but de la cybernétique semble être d'organiser pour tout le monde une vie uniquement satisfaite de besoins matériels de petits bourgeois matérialistes, affranchie de toute angoisse philosophique et métaphysique par le seul plaisir d'une société organisée de la naissance à la mort en fourmilière humaine où les rares virtualités géniales n'auront plus qu'à se taire, et où tout être différent de la norme, heureuse de ses

---

[1]. On ne peut manquer de songer à l'extraordinaire prescience de Platon à cet égard : « Lorsque les pères s'habituent à laisser faire les enfants, lorsque les fils ne tiennent plus compte de leurs paroles, lorsque les maîtres tremblent devant leurs élèves et préfèrent les flatter, lorsque finalement les jeunes méprisent les lois parce qu'ils ne reconnaissent plus au-dessus d'eux l'autorité de rien ni de personne, alors c'est là, en toute beauté et en toute jeunesse, le début de la tyrannie. »

appétits médiocres, devra se prostituer à cette nouvelle idéocratie inquisitionnelle. Car le génie ne se partage pas. Sa nature transcendantale le rend irréductible aux ambitions démagogiques. Pourtant, on prétend le remplacer par la recherche collective, comme si tous les musiciens de leur époque travaillant ensemble avaient pu remplacer Bach, Mozart ou Chopin ! Une incompréhension grandissante va naître entre les hommes attirés par les choses de l'esprit et la majorité de ceux qui n'aspirent qu'aux vils intérêts du moment.

Dans une certaine mesure, c'est la victoire du marchand sur le clerc et sur le chevalier, mais c'est le triomphe de la partie la plus grossière du Tiers Etat sur les valeurs les plus hautes que ne représentaient véritablement plus ni la noblesse ni le clergé. *Il ne s'agit pas de nier systématiquement et en totalité les prouesses de la culture occidentale mais de s'alarmer que la civilisation qui s'est voulue le phare du monde depuis la Renaissance, soit entièrement tombée sous l'emprise de l'esprit du mercantilisme* qui, dans la Florence des Médicis, n'avait été qu'un véhicule, qu'un moyen et non un but culturel. Mais nul riche n'a plus la noblesse du mécénat et l'artiste ou le chercheur non rémunéré n'a plus qu'à crever de faim dans un monde hostile au génie individuel, ou à se prostituer au travail nécrosant de l'épicerie environnante.

Et, du socialisme hanté par la termitière industrielle à la société américaine aux sectes religieuses inspirées par l'argent, les sociétés occidentales relèvent des mêmes obsessions économiques, abordées seulement différemment.

Le monde moderne, pris au délire de ses découvertes objectives, se croit libéré des ténèbres du passé. Mais la barbarie s'automatise et nous entoure avec plus de cynisme. L'homme est encore un loup pour son prochain, non plus isolément mais organisé en meute parce que sa nature pécheresse grandit avec la paranoïa de sa science.

Mais cette néo-barbarie qui se veut civilisée et au faîte des civilisations, se révèle dans une société érigée sur les seuls rapports de forces où les notions altruistes sont confondues, ou n'existent plus.

Et c'est bien d'un assaut *ahrimanien* qu'il s'agit pour tous ceux qui ressentent encore (mais pour combien de temps ?) le besoin d'une philosophie de la vie plus universelle et d'une transcendance qui, de l'intérieur, invite l'âme humaine à se dépasser pour enfanter « le surhomme » que l'Ange appelait à sa ressemblance.

*
* *

Pour l'heure, l'Occident à mis en branle une danse macabre qui convie tous les hommes à entrer dans sa farandole infernale. Ce qui s'est voulu le fleuron de la culture européenne, l'humanisme, que l'esprit critique occidental avait dressé contre les citadelles de la barbarie humaine, n'a pas vu se profiler l'ombre d'une nouvelle barbarie, plus cruelle parce qu'elle risque d'engloutir l'Ame du monde. A faire des révolutions d'idées et de structures, on ne fait que *déplacer le mal* qui rejaillit chaque fois avec plus de puissance. Et le rire sarcastique de Voltaire pourrait bien se muer en un rictus d'horreur devant le totalitarisme de la tragique mécanisation de l'homo super sapiens en *homo artificialis* dans la société technocratique, de gauche ou de droite.

A peine affranchi de l'esclavage d'antan, on est tombé dans celui bien plus pernicieux, parce que complètement déviateur de cultures, de l'esclavagisme de nos découvertes matérialistes et technologiques.

C'est le passage de l'artisanat à la production industrielle en série qui a comptabilisé le temps du travail, qui en a cadencé le rythme et a mis toute la vie en équation économique en robotisant l'homme dont on vole la vie. On ne fabrique plus l'objet pour l'objet mais une simple valeur économique répétée à l'infini avec, pour but, non pas l'art ni même souvent l'utilité, mais la seule satisfaction de faire de l'argent pour une entreprise ou pour un pouvoir central, en engendrant sans cesse de nouveaux besoins artificiels.

Prostituées au monde artificiel que nous créons et à un système laborieux d'esclavage de productivité, nos vies sont mornes et vidées de tout horizon exaltant.

La soif du progrès fait perdre de vue qu'il n'est qu'un *moyen* et que, faute de grandir l'homme, voire en le dévoyant dangereusement de ses fonctions esthétiques et spirituelles, ce progrès de surface ne constitue qu'une *régression tragique* de l'homme aveuglé par ses jouets, ses artifices et ses idéologies immédiates.

Pour s'assurer que le progrès scientifique de l'homme ne l'améliore pas, il suffit non seulement de voir les cruautés qui courent encore dans le monde et les guerres qui menacent partout, mais de considérer les rêves futuristes que l'homme contemporain projette : films d'horreur de guerres spatiales, de tortures aggravées par la technologie avancée, de terreurs machiavéliques au sein d'un univers toujours plus artificiel.

Vers quelles nouvelles monstruosités l'homme va-t-il encore prostituer son génie inventif ? Car il ne s'agit plus d'inventions libératrices d'efforts mais de produits toujours nouveaux et inutiles, quand ils ne sont pas dangereux pour la nature et pour l'homme. Fortes de leur passé anthropocentrique, nos sociétés chrétiennes ont industrialisé la mort animale. On n'a même plus l'attitude déférente du primitif envers la faune, qui consistait à s'excuser de donner la mort ou bien à tuer rituellement, c'est-à-dire au moins en reconnaissant à l'animal-totem une valeur spirituelle propitiatoire ou en lui accordant une valeur substitutive au dieu lui-même.

Les manipulations biogénétiques se flattent de produire aujourd'hui des souris à la taille de rats et on annonce pour bientôt des vaches de la taille d'éléphants, de quoi doubler le volume des bêtes de boucherie au moment où, précisément, les progrès de l'agriculture permettraient justement à l'humanité de s'affranchir de la tare diabolique du carnivorisme. Après avoir chosifié l'animal et réduit en unité économique, à quand les araignées géantes des films d'horreur ou les reptiles de laboratoires auprès desquels les monstres préhistoriques paraîtront inoffensifs ? A quand les hommes géants ou miniaturisés ? Quel progrès moral représentent de telles recherches ? Il y a longtemps que la science pour la science se moque de la ruine de l'âme annoncée par Rabelais.

Croit-on que la sagesse sauvera l'humanité de ces visions d'épouvante ? Pourtant, dès que l'homme réalise une invention celle-ci n'est-elle pas généralement tournée en mal ? Le rêve fantastique de voler, depuis Icare à Léonard de Vinci, une fois réalisé au début du siècle avec l'avion, ne fut-il pas aussitôt utilisé à fins meurtrières dans la guerre aérienne de 1914-1918 ?

Depuis la Grèce, Rome et la Chrétienté, il y a une mégalomanie occidentale, qu'elle soit « impérialiste » ou marxiste, à vouloir dicter ou appliquer aux autres peuples et aux autres cultures notre vision pseudo-idéale de la société humaine.

L'Europe exporta jadis le christianisme, pensant que nous seuls avions la raison et la vérité et maintenant on exporte de nouveau nos idéologies sociales et économiques... Nous voulons plaquer notre façon de penser la culture sur les autres peuples, comme jadis la religion, persuadés qu'elle leur apporte la clé du bonheur.

En fait, avec nos techniques, nous colportons une *acculturation* destructrice par le balayage des cultures locales, parce que l'Occident tout entier et avec lui maintenant une grande partie du monde, se fascine jusqu'à l'obsession sur le culte du Veau d'or robotisé auquel nous appelons l'humanité tout entière à se convertir.

Dès que l'autochtone d'une ethnie éloignée du « Tiers Monde » découvre la bicyclette, il en a envie et entre dans le système occidental. Pour se la procurer il va travailler à la tâche, prostituer sa vie naturelle pour satisfaire d'autres besoins naissants. L'Occident n'a certes pas inventé le travail, contrainte naturelle sur Terre, mais il en a généralisé l'obligation quotidienne, même lorsqu'il s'agit de produire des besoins inutiles.

On crée ainsi de *l'anti-bouddhisme*, l'éthique du bouddhisme étant de se libérer des désirs et des besoins superflus. Mais le Japon a tourné l'esclavagisme technocratique à son avantage en équilibrant les besoins de ses citoyens attachés au bouddhisme nippon, en produisant moins cher et en exportant mieux que les pays occidentaux vers les pays « en développement » c'est-à-dire en passe de tomber dans le mythe du Tentateur matérialiste. Certains de détenir l'idéal social, nous compensons cette vanité par le complexe du « mauvais Blanc » et nous déclarons « *chômeurs* » des gens d'outre-mer qui vivaient simplement selon *leur* idéal culturel. Nous appelons misère ce qu'ils n'avaient jamais vu ainsi. De sorte qu'au lieu de combler la misère, *on la fabrique*, appelant malheureux tout homme qui détient moins de biens matériels ou de revenus qu'un autre. Les besoins croissants avec la production, nous sommes condamnés à la misère perpétuelle par rapport aux appels publicitaires et au leurre d'une vie matérielle « idéale », alors que l'existence terrestre n'est qu'un *moyen* d'acquérir une vision supérieure du sens de la vie et du monde. Sous le prétexte fallacieux de remplir les estomacs, on vide les âmes.

*
**

A l'opposé des belles statues bouddhiques et jaïns aux yeux clos mais baignées de sérénité intérieure, l'Occident a les yeux grand ouverts sur le monde sensible mais il ne voit plus rien du monde de l'âme et perd le sens des interrogations essentielles. On peut être César à Rome et toutefois décadent. On peut aller sur la lune et en revenir assez bête pour déclarer qu'on n'y a pas rencontré Dieu.

Le monde présent en arrive alors à une véritable dégradation intérieure de ce qui est le sel de l'humanité. Les Parsis constituent la première ethnie non européenne à s'être engagée depuis deux siècles sur l'imitation de l'Occident et le même danger les menace de plein fouet s'ils soumettent l'Orient de leur âme à la fièvre matérialiste occidentale.

Mais la responsabilité ne revient-elle pas à l'interprétation linéaire de l'Histoire à finalité progressive, commune à la fois à l'eschatologie zoroastrienne et au millénarisme judéo-chrétien ? Je veux parler de la frénésie de prétendre instaurer sur Terre le Régime parfait, théocratique ou laïque, en remplacement du *Khshatra* ou Royaume de Dieu qui transcende nos concepts de politique idéale.

Au désert, Jésus avait rejeté les tentations d'un royaume terrestre. Mais à partir du moment où le christianisme a partagé le pouvoir temporel au IVe siècle, les choses changèrent. Ainsi, l'Eglise primitive, fidèle au précepte « Tu ne tueras point », interdisait le service des armes. Tertullien se dresse encore, comme l'infortuné Origène, contre le métier militaire et confirme le « qui se sert de l'épée périra par l'épée »[1]. Avec la reconnaissance officielle du christianisme par Constantin (312), la théorie de l'Eglise s'altère et le Concile d'Arles en 314, sépare de la communion ceux qui refusent de porter les armes. Enfin, au Ve siècle, Saint Maxime de Turin soutient qu'il n'y a rien de condamnable dans le service militaire. Puis, Saint Grégoire le Grand au VIIe siècle et Léon IV au IXe invitent les Chrétiens à obéir à la volonté armée de l'Eglise et promettent le paradis à ceux qui mourront au service de sa foi. Les croisades et le royaume franc de Jérusalem achèvent de séculariser le Royaume eschatologique de Jésus. L'Eglise entendait réaliser *manu militari* la promesse évangélique et se posa dès lors en ambassadeur du Royaume.

Avec l'échec fatal des monarchies catholiques et des saints empires d'instaurer le « royaume parfait », l'espoir revint aux humanistes de trouver une meilleure solution en servant le seul culte de la philosophie rationnelle.

On doit constater, avec Michel Villey, que ce paradis est humain, désacralisé et asservi au seul culte de la Raison. Il vient à travers Kant, de J.J. Rousseau, du romantisme, de la littérature utopique ; il procède de la Cité de Dieu du christianisme temporalisant l'idée eschatologique du Royaume des Cieux. Vérité humaine devenue folie disait Chesterton, cet idéalisme est une contrefaçon de l'ancien message évangélique du Royaume des Cieux[2].

C'est finalement le messianisme du royaume *ter-*

---

1. *Patrologie grecque,* XI, 1231 ; *De Corona,* XI, Opera omnia.
2. *Philosophie du Droit,* Dalloz 1978, p. 113.

restre d'Israël qui a pris le pas sur celui du Royaume lumineux d'Ahura Mazdâ et de la Jérusalem Céleste de Jésus-Christ.

Cependant, le royaume divin n'est pas celui de César et la cité a vaincu Socrate. L'identification amorcée de la Cité de Dieu de Saint Augustin avec le Royaume Céleste se retrouve maintenant transposée sur les idéocraties des divinités marxistes. Si, de tous temps, des utopistes ont rêvé d'une société idéale gouvernée par des philosophes (République de Platon), avec le début du progrès des techniques au lendemain de la Renaissance et jusqu'à la machine à vapeur, les esprits allèrent bon train.

Bacon dès 1624 décrivait la cité idéale (Nouvelle Atlantide), où les techniciens règnent et dont les ambassadeurs sont « des marchands de lumière ». Le Progrès va désormais devenir dieu. Le principe est simple. On pense qu'avec le progrès technique et scientifique il y aura augmentation des moyens d'action et amélioration de la condition humaine. Les Encyclopédistes du XVIIIe siècle, Condorcet, puis Auguste Comte surtout, pensaient parvenir par les sciences et le progrès jusqu'à la « science des sciences », la sociologie, annonciatrice de l'épanouissement du savoir et, par lui, du bonheur de l'humanité. Selon Hegel et Marx, la prise de conscience des leçons de l'histoire suffirait à engendrer le renouvellement moral de l'humanité...

Avant le socialisme et le marxisme, les révolutionnaires de 1789 pensèrent instaurer le règne de la Justice idéale d'une société idyllique pour les hommes. Le sage Léon Brunschvicg croyait que consciences morales et esthétiques sont assimilables à la conscience intellectuelle qui produit la science[1]. C'est contestable, car on peut savoir qu'une chose est mau-

---

1. *Les Progrès de la conscience*, 1927.

vaise et continuer à en user (alcool, tabac, drogues, etc.) ou à la pratiquer (guerres) ; jugement, raison et passion se contrarient souvent.

Il est évident que notre nature imparfaite et limitée (pour ne pas dire *pécheresse*) ne peut instaurer un ordre parfait. Lorsqu'un système a démontré son incapacité à satisfaire l'ambition humaine, on passe généralement dans l'excès contraire. Notre idée de justice est depuis 1789 tendue vers un idéal de liberté, d'égalité et de fraternité, et maintenant de prospérité universelle. Mais au lieu d'être placées à l'instar des Idées platoniciennes et des Amesha Spentas zoroastriens, en archétypes supérieurs auxquels les hommes doivent tendre en se remettant constamment en question, les définitions du progrès social reposent sur des critères non axiologiques de normes collectivistes et de nivellement démagogique qui ne visent plus à satisfaire une conception élevée de l'homme, mais à remporter l'adhésion immédiate des masses au nom desquelles s'édifie et se fonde le Pouvoir.

Le royaume de Dieu n'est pas celui de César et comme César se voulait dieu, c'est maintenant des Partis qui entendent être adorés comme seuls Prophètes inspirés de la société humaine et seuls dispensateurs de la vérité, autrefois religieuse et maintenant socio-politique. « L'utopie du paradis social sur la terre est l'un de ces succédanés offerts par l'Antéchrist, une image inverse du Royaume de Dieu [1]. » En effet, la vraie transfiguration de l'humanité ne dépend pas des systèmes rationnels qu'elle échafaude mais du développement de ses facultés d'imagination, de créativité et d'héroïsme spirituel. Ces facultés peuvent s'étouffer dans une paix des armes et sociale où les hommes deviennent les rouages pusillanimes d'un système cybernétique anesthésiant, alors qu'elles peu-

---

1. Nicolas Berdiaev, *De L'inégalité*, p. 234.

vent naître en temps de guerre ou bien lorsque la tragédie de l'instant fait sortir l'homme de son état habituel, c'est-à-dire de sa somnolence morale et de sa léthargie spirituelle.

*
**

Un des philosophes les plus prestigieux de la première moitié du siècle, Nicolas Berdiaev, eut une vision particulièrement remarquable du phénomène de sécularisation de l'idée religieuse d'un monde idéal par le socialisme marxiste naissant. S'il observait que « *l'ambition de créer la perfection sociale abstraite est une imposture athée. Les expériences d'un paradis sur la terre ont toujours abouti à un enfer...* », il faut dépasser le conflit foi-athéisme et regretter, des principes à la pratique, l'intolérance et le fanatisme de tous ceux qui, au nom de Dieu ou en celui du peuple, croyant faire le bonheur spirituel ou matériel de l'homme, instaurent des régimes de terreur. En 1984, comme il y a trente siècles, on retrouve des despotes bien intentionnés et des hommes irresponsables pour faire leurs basses besognes.

Les deux idéologies opposées édifient donc généralement leur système en utilisant toutes deux *la contrainte de la loi*, légalité laïque ou dogme. Rejoignant en cela ce que j'ai nommé la « radiographie spirituelle de l'homme » dans l'éthique zoroastrienne, le philosophe russe conclut : « *Il faut poser comme axiome, que la loi est incapable de transformer la nature humaine et qu'elle ne peut résoudre aucun problème moral individuel.*[1] » En effet, l'éthique de la loi est celle du fini ; celle de la créativité de la personne est celle de l'infini et de la diversité. Mais la loi et le dogme ne traitent que du général et agissent *par contrainte* sur le particulier. Ainsi, l'impératif de la

---

1. *Op. cit.*

morale du groupe écrase la minorité et la personne. Condamnant l'injustice du droit romain, Saint Augustin décrétait déjà qu'il n'y a pas de justice sans adhésion à Dieu et *que la justice est synonyme de miséricorde* (in Ps. 39.19). Entre une morale sociale et une morale humaine, la différence n'est pas de degré mais de nature, celle de la raison s'oppose à celle du cœur. La loi, en supposant qu'elle soit juste, ne fait que contenir les instincts de l'homme-enfant par crainte du châtiment, elle ne transforme pas la société en profondeur ni dans ses éléments. Mais l'état de la nature humaine exige des lois. Sans elles, tous les crimes et tous les abus sont permis. Sans le droit du travail, et malgré lui, trop de patrons exploiteraient la misère de leurs employés. Mais, puissante à son tour, la loi syndicale peut devenir parfois oppressive, bouclant ainsi la faiblesse de tout système. En revanche, prouvant qu'elles n'ont rien changé de la nature humaine, dès que les lois sont abolies par la révolte ou l'anarchie, tous les excès sont de nouveau accomplis.

En sorte que tout ce qui s'accomplit par peur de la loi ou de l'enfer n'offre aucune valeur morale. Pourtant Hammourabi et Solon utilisèrent la première, Zoroastre et Jésus menacèrent parfois du second. La peur demeure une arme plus efficace que les subtils appels à la conscience. Seul, le progrès axiologique accompli dans le libre-arbitre de la conscience reste la vertu dynamique qui libère du péché en l'anéantissant à sa base.

La loi peut avoir valeur d'exemple mais ce n'est que dans la pleine liberté de la prise de conscience que s'accomplit l'évolution de l'homme. Mais, sans la foi et sans l'idée d'une justice post-mortem, combien d'hommes utilisent leur liberté à édifier ce progrès intérieur, le seul progrès qui soit vraiment ?

Et comment susciter cette volonté de progrès personnel, aujourd'hui comme hier, sans une image axiologique du monde ? Le progrès, tout extériorisé, veut en négliger l'idée et le rouleau compresseur de la frénésie égalitariste, la rejette.

La perte de la dimension de la personne dans le système banalisateur et niveleur d'une société collectiviste est un crime contre l'esprit et l'homme se voit ramené à une simple unité arithmétique de la masse anonyme. Miguel de Unamuno avait raison d'affirmer que l'homme dirigeant ses semblables se doit de respecter la liberté morale inscrite par Dieu dans la créature, car ce n'est que dans la conscience de ce libre-arbitre seule qu'ils se grandissent. Les hommes vont oublier la nécessité intérieure de perfection qui les appelle à un dépassement constant d'eux-mêmes, là où le *mieux* est même l'ennemi du bien moral, religieux, social, parce qu'il relève d'une dynamique de l'être.

Les société passées crurent bon de copier la hiérarchie naturelle dans leur organisation et, ce faisant, elles oublièrent que tous les hommes ont en commun une soif de liberté que connaissent aussi beaucoup d'espèces animales, mais qui se trouve accrue dans l'humain par le besoin impérieux de rêver. Mais l'homme aime ses maux et s'enchaîne volontairement à de dangereuses chimères.

Depuis l'idée stoïcienne de l'égalité des hommes qui fut le moteur des révoltes d'esclaves au 1er siècle après J.C., jusqu'à la Révolution de 1789 réagissant contre les excès de l'Ancien Régime, on a donc cru bon d'inverser le système antérieur en déclarant tous les homme égaux *en droits*, procédé qui a au moins l'avantage de ne pas accepter les classifications arbitraires de classes, de castes, mais qui sombre dans l'excès contraire en passant de l'égalité *dans le Droit*, à celui périlleux *d'un principe philosophique d'égalité universelle...*

De grandes religions commensales, judaïsme, christianisme originel, bouddhisme et islam sunnite, connurent et pratiquèrent une égalité monacale, mais ce fut toujours au profit d'une axiologie spirituelle qui méprise les vanités de ce monde.

En détruisant toute idée de valeurs en même temps qu'on nivelait toute hiérarchie morale en souci social égalitaire, on ne vit pas qu'on égalisait aussi l'importance des fautes en sapant la dimension spirituelle de l'éthique. Mais la loi laïque ne satisfait pas l'esprit humain et, du vol de l'œuf on passe aisément et, pourquoi pas, à celui du bœuf et de là, au meurtre gratuit et à tous les crimes possibles.

Tandis que s'étiolait le sentiment de responsabilité et de dignité de la personne humaine dans une idéologie de masse, les valeurs morales furent remplacées par des droits, car l'égoïsme se fractionne et nécessite la multiplication de règlements à l'infini. Les hommes n'ont plus que des droits et aucun sens des devoirs. Le machinisme entraîne ce que A. Varagnac a nommé « le corps sans emploi » et les névroses qui en découlent. Le travail à la chaîne, la conduite automobile développent une haine et une agressivité latentes dans une société où tous les contacts et toutes les opérations humaines ne s'établissent que sur des rapports de force, comme dans la plus primitive espèce animale. Ce qui faisait dire à Tacite que plus un système est corrompu, plus il a de lois. Pour anéantir les seuls effets (car la cause spirituelle demeure) des égoïsmes particuliers, on crée un égoïsme collectif qui appuie sa loi sur l'oppression ou sur l'ombre du goulag.

Le monde présent crève du *mythe de l'égalité* né de la révolte des opprimés mais poursuivi par celle des minables et, avec Montherlant, on pourrait redire souvent : « En prison pour médiocrité »... Louable au plan du droit parce que tout citoyen d'une même nation doit pouvoir prétendre à la même justice, il ne répond à aucune réalité naturelle ni surnaturelle.

L'univers est fait d'altitudes, de différences de natures, de degrés, de volumes, depuis les supernovas, les galaxies, les étoiles et les planètes jusqu'au gland du chêne, tout est différent et deux feuilles d'arbre ne sont jamais identiques. La diversification révèle l'infinitude de la création et sa grandeur illimitée, sa beauté et sa richesse. La complexité de la composition chromosomique de chaque homme en fait un exemplaire unique de l'espèce, comme l'âme du nouveau-né à la naissance reçoit la « photographie » du positionnement planétaire qui va incliner son caractère selon son thème astrologique.

Curieusement on applique par contre une hiérarchie arbitraire et absolue entre l'homme et l'animal alors que ces mêmes matérialistes en soulignent paradoxalement la parenté darwinienne ! L'animal est cependant réduit à l'état de chose consommable à merci parce que notre pensée sociologique s'est édifiée, d'Aristote à Descartes, sur les bases d'une civilisation anthropocentrique. C'est de la philosophie infantile, tant de la part des sociologues que des théologiens. Les premiers se contredisent, car des singes anthropoïdes à l'homme, la frontière ne passe-t-elle pas justement par des degrés d'évolution cérébrale, par une éthologie plus élaborée, sans doute par la conscience du religieux ? Qu'on prenne garde qu'à mettre des barrières entre les animaux supérieurs et l'homme, on en soit vite amené à en placer entre le Cro-Magnon et nous et, des ethnies primitives aux Blancs, on récolte vite un regrettable racisme... Les théologiens rejettent le darwinisme parce qu'ils croient qu'il y a encore moins de filiation entre le sinanthrope et l'homme qu'entre le Néanderthalien et nous. L'homme seul est fils de Dieu, même s'il se conduit en diable, et on ne reconnaît dans nos religions bibliques aucun partage spirituel, et à aucun degré, avec le monde animal. A cet égard l'universalité métaphysique de l'hindouisme, du jaïnisme, du bouddhisme, se révèle infiniment plus cohérente. Le zoroastrisme, on s'en souvient, donnait au Taureau Primordial la prééminence sur toutes les âmes animales et attribuait à l'homme la responsabilité de la faune.

Le danger de tout dogmatisme égalitariste consiste à rabaisser le supérieur, moral, intellectuel, spirituel, plutôt que de tenter de se hisser à son niveau. On vient vous dire que l'être génial dont l'œuvre profite ou illumine des générations humaines, ne vaut pas plus que la brute qui ne comprend que ses instincts de plantigrade et ses immédiats empiriques ou que la crapule qui, puissante, distribue le malheur à ses contemporains au nom d'une idéologie qui oublie d'accorder ses actes à son rêve. L'homme était destiné à s'élancer vers les hauteurs, on le traite de fou en soutenant que le Graal n'est qu'illusion et on lui dérobe sa lance, car le dragon, lui, existe bien...

De Darwin à la théorie généralisée de l'évolution, de la montée des sept châteaux de l'âme de Thérèse d'Avila à l'échelle des *cakras* du Yoga, des hiérarchies de degrés, de valeurs physiques, morales, spirituelles, démontrent que l'axiologie prévaut dans le cosmos visible et invisible dans lequel l'Homme inscrit sa destinée. L'inégalité cosmique se manifeste de manière flagrante par l'irruption de la lumière dans les ténèbres.

Rejoignant Shakespeare quand il pressentait que l'univers contenait plus de choses que tout ce que les philosophes pourront jamais imaginer, Nicolas Berdiaev rejette toute fermeture de ce monde sur lui-même et sur les nécrosantes idées uniformatrices de la société et écrit : « Des forces d'autres univers, des énergies ontologiques peuvent pénétrer dans " ce monde ", de même qu'il peut y en avoir des échappées de celui-ci vers les mondes supérieurs [1]. » Et c'est

---

1. *De l'inégalité,* trad. C. et A. Andronikof, L'Age d'Homme, 1976.

bien ainsi que tous les grands visionnaires et extatiques ont vu le monde de l'Esprit, depuis les apôtres et les grands saints, depuis les hiérarchies archangéliques et angéliques des Amesha Spentas, des yazatas et des fravartis du zoroastrisme au Visionnaire de l'Apocalypse, et de Swedenborg à Jacob Boehme, de Novalis à Jacques de Marquette [1].

Appelant l'homme à un dépassement constant de lui-même, la religion dynamique de Zoroastre ne peut se réduire à une socialisation dogmatique et à la satisfaction d'une vie terrestre et d'une société imparfaites, contentes d'un état médiocre parce que statique et d'une existence épisodique.

« Le zoroastrisme, c'est de l'élitisme » m'a-t-on dit une fois. Certes ! S'il faut appeler élitisme l'espoir de voir l'homme grandir, dépasser la médiocrité environnante, se hisser vers des sommets, ouvrir son esprit à ses dimensions inconnues, rendre son âme perceptible aux appels de la transcendance ; s'il est élitiste d'appeler *tous les hommes et non seulement ceux d'une classe sociale ou d'un groupe humain* à cet avenir lumineux au lieu d'anéantir l'homme en l'inscrivant dans une termitière et en lui donnant un avenir de taupe. S'il faut abandonner l'homme à ses seuls appétits matériels, à la triste considération de son tombeau au bout d'une vie morne et irresponsable, les yeux figés sur un ciel vide, alors la Nature faisait déjà de l'élitisme en appelant l'Australopithèque à revêtir l'homosapiens. De nos jours, par peur de l'élitisme, on crée une société planifiée, une culture simplifiée. La morale n'est que celle du goût du jour du parti au pouvoir. Le mensonge n'est plus qu'une contre-vérité érigée en valeur économique et politique, et c'est l'Information qui prêche ce qui est bon et ce

---

1. *Confessions d'un mystique contemporain*, Paris, 1965. Sur le mysticisme romantique voir J. Roos, *op. cit.*

qui est méchant dans le monde. Aujourd'hui, la politique revendique le droit du peuple et remplace la théocratie d'autrefois et la science prend la place des canons de l'Eglise. Voilà pourquoi tout système d'idéologie trop dirigée (c'est le cas de beaucoup de religions), ou basée sur un seul critère (matérialisme historique, capitalisme, socio-économie du marxisme), devient rapidement injuste, voire inhumain. Et le philosophe, chercheur de l'Ordre (Arta zoroastrien), peut devenir un *nomothète,* un législateur du maintien de l'ordre. Et gare à la chenille qui se veut papillon ! Les dieux Politique et Argent font oublier les interrogations primordiales. L'idée ne doit jamais primer sur l'homme et sur le respect de la vie. La finalité idéologique ne justifie jamais les moyens politiques coercitifs.

La rupture, de nature schizoïdique, entre le rêve idéologique ou la religion, et la réalité quotidienne du comportement existentiel, a permis dans l'Histoire les égarements criminels de l'homosapiens, bête pensante et priante, mais cependant capable de la cruauté aveugle du requin ou du crocodile. Piété et despotisme se sont même rencontrés pour cohabiter sans aucunement choquer la pensée religieuse.

Zoroastre connaissait bien ce travers humain et il rejeta la magie des karapans, l'orgueil et la puissance des kavis, au bénéfice de la seule véritable religion humanisante qui soit, celle de l'imitation d'une sagesse suprême à découvrir par la vertu transformatrice de pensées et de paroles de qualité toujours meilleure et vérifiable en des actions nobles, généreuses et désintéressées. Le rêve, religieux, social, politique, risque de se transformer en cauchemar dès qu'il se fixe sur sa fin en oubliant la noblesse des moyens à employer pour y parvenir. La recette a l'air simple et pourtant, énoncée il y a vingt-sept siècles, elle n'a guère été appliquée dans nos civilisations où la fin, au nom du bien public ou du salut de l'humanité, a presque toujours justifié les moyens les plus sordides. L'homme est à ce point métaphysique qu'il est bien le seul animal à tuer ses semblables pour des idées.

Les changements se veulent immédiats, mais rien ne se fait sans le temps. Malgré le pacifisme et la noblesse de l'éthique chrétienne, l'abolition des tortures judiciaires et des supplices, réclamée de Cervantès à Malesherbes, ne fut admise qu'à la veille de la Révolution de 1789, un siècle après que l'*Habeas Corpus* ne fut institué en Angleterre. Or, la torture court encore partout dans le monde, christianisé ou non. L'abolition de la peine capitale réclamée par Jérémie Bentham (1784-1832) ne fut votée en France qu'en 1981. Encore le fut-elle pour des raisons politiques au nom de l'humanisme, sans le consensus de la majorité des bons chrétiens français.

C'est pourquoi on peut s'étonner qu'un philosophe authentique de la taille de Berdiaev, dont la réflexion spirituelle se révèle souvent très proche de la pensée zoroastrienne, ait cédé au christianisme le monopole ci-dessous, tout en critiquant par ailleurs les abus passés de son clergé :

« Le christianisme et lui seul, écrit-il, exige la miséricorde à l'égard des pécheurs. C'est pourquoi il a suscité la soif du salut universel ». Mais le christianisme, malgré des vocations prodigieuses, n'a pas pu implanter l'amour fraternel au cœur des hommes et ses sociétés ont connu les guerres les plus destructrices de l'histoire du monde. Quant aux cultures qui en découlent, elles s'appuient sur les mêmes rapports de force qui règnent souvent chez les peuples non-chrétiens.

Fort peu mise en pratique dans notre histoire, la miséricorde, authentiquement *christique* il est vrai, fut cependant jaïn et bouddhiste avant d'être chrétienne. Elle le fut *jusqu'envers les animaux* et la notion de salut universel fut sans conteste zoroastrienne avant de toucher et le christianisme de l'Apôtre de la Gentilité et le bouddhisme du Mahayana. L'idée de salut universel s'est temporalisée et dégradée dans les empires et les royaumes théocratiques d'Orient ou d'Occident, comme on l'a vu précédemment. A présent, la *salvation* éternelle n'intéresse plus guère et les partis se bornent à promettre un bonheur terrestre pour tous. On veut nous faire croire que l'humanité est adulte, qu'elle sait prendre son destin en main et mettre la vie en équation. Qu'elle nous le prouve donc par sa sagesse, en supprimant la misère, non seulement physique, mais morale, la maladie, la guerre, les monstruosités, et enfin, par la suppression même de l'injustice et de la mort ! Mais elle ne le peut pas parce que, au risque d'employer un terme évangélique et dépassé, mais il n'en existe pas d'autre, l'humanité est pécheresse, c'est-à-dire de nature imparfaite.

Cela rejoint encore la volonté mégalomane de vouloir changer le monde sans devoir se changer intérieurement soi-même. Or, ce monde n'a grandi que par l'exemple, l'art et la culture, nés des traits de génie d'hommes généralement seuls, souvent critiqués de leur temps et vivant parfois dans une misère qui fait honte à toute l'humanité. On ne crée pas dans le temps mais hors du temps. La créativité sort des limites tempo-spatiales de ce monde pour y faire descendre une lumière divine, *inattendue, imprévisible* comme l'inspiration du grand compositeur, du poète, voire l'intuition du chercheur génial. Le pouvoir, civil ou religieux, fut souvent hostile à l'éclosion de personnalités supérieures à la norme car leurs lumières sont souvent gênantes, voire subversives et risquent de remettre en question un système établi et des idées acquises. L'éthique de la créativité est celle de l'infini et de la liberté. Avec Avicenne, Galilée ou Léonard de Vinci, et de François Villon à Soljenitsyne, la voix de la conscience a toujours dérangé les savants ou les systèmes en place. Ici-bas on prétend ériger la société idéale dans une physique mélangée de mal en oubliant de l'en extraire. On croit se libérer de la maladie métaphysique mais de nouvelles angoisses surgissent parce que l'homme est incapable de s'attaquer aux racines du mal et Ahriman, le plein de mort et de maladies, triomphe encore. Parce que nous aseptisons notre hygiène et la maladie, que nous éloignons la mort de tout regard au fond des hôpitaux, notre nature et notre misère ne nous font plus réfléchir sur la réalité de notre condition, nous prenons l'existence pour une fin alors qu'elle est un moyen, un passage, une école, une initiation. Le bien absolu n'est possible que dans le Royaume divin, là où le mal n'existe pas. La transfiguration du monde ne peut avoir qu'une dimension eschatologique. On ne fait pas un royaume de lumière avec peu de lumière et en pactisant avec les puissances des ténèbres.

Ce monde n'est souvent qu'une grimace qui se veut sourire et, si bien serait-il organisé, notre âme aspirera toujours à d'autres sommets, à d'autres horizons parce qu'elle répond à l'appel mystérieux de l'Infini de sa nature. « Tu ne trouveras pas les limites de l'âme si profonde en est la mesure » disait Héraclite. Malheureusement, il faut avoir beaucoup souffert pour ressentir la lassitude de ce monde, de ses imperfections et de ses limites. Perdant confiance en lui, on se sent trahi, sentiment que la majorité ne ressent que devant une maladie grave ou face à la perte d'un être cher tandis que naît la nostalgie d'une Patrie de l'âme. Aussi, doit-on s'étonner que, poursuivant cette utopique Cité de Dieu sur terre, un théologien de Vatican II ait pu écrire que l'histoire est le seul lieu où se construit le royaume de Dieu, quand Jésus affirmait que son Royaume n'était pas de ce monde et qu'il voyait en Satan son prince ! Et l'Epitre de saint Jacques confirmait : « Ne savez-vous pas que l'amitié envers le monde est hostilité contre Dieu ? Celui qui veut être ami du monde se fait donc ennemi de Dieu » (4.4.). Croyant faire d'une Inde libre le bonheur de son peuple, Gandhi versa aussi dans l'utopie de l'unité religieuse car, mystique, il ne voyait plus la réalité des barrières et de l'histoire d'un monde toujours divisé.

De son côté, le zoroastrisme n'a jamais versé dans le pessimisme manichéen ou gnostique et s'est toujours voulu une doctrine joyeuse et optimiste. Mais, est-ce être pessimiste que de constater les limites et l'injustice de ce monde ? Les religions et les idéologies sont rarement mesurées et souvent excessives. Les unes rejetant ce monde, les autres ne voyant plus que lui. Le zoroastrisme se situe entre les deux voies mais, de théosophie orientale, son croyant meurt *en abandonnant son corps*. C'est déjà un *Homo spiritus*, un « extra-terrestre »... Par contre, le Chrétien *rend son âme*... et *conserve son cadavre* pour la résurrection physique d'un Au-delà bien terrestre.

Si Zoroastre se montrait soucieux de transformer rapidement ce monde-ci par des pensées, paroles et actions de nature élevée, c'est parce qu'il les voyait issues de Vohu Manah, la bonne pensée divine agissant comme un antidote. En revanche, il n'a pas confondu le *gêtê* et le *mênok* et savait trop que l'accès au Royaume d'Ahura Mazdâ, — Dieu et seul vrai *Magicien* de la création permanente —, ne peut se faire que par la transformation volontaire de l'être intérieur, entreprise qui annonce le Renouveau du Monde, Frasho-Kereti.

C'est ce qui diffère les deux royaumes. Celui de l'Esprit et le terrestre. Cependant, malgré les échecs passés, le dernier espère encore se réaliser très vite par des idéologies nouvelles et des moyens scientifiques. Ainsi, matérialisant la prophétie d'Isaïe, le lion et l'agneau coucheront peut-être côte à côte par la vertu d'un neuroleptique. Des hommes méchants deviendront peut-être doux et bons par la grâce d'une ablation cérébrale... Mais l'alchimie spirituelle de l'âme, la catharsis nécessaire, échappera toujours à ce genre de manipulations orgueilleuses. La chimie des corps, merveilleuse mais mortelle, reste pauvre à côté de l'alchimie des âmes. L'effort de transfiguration intérieur est certes plus ingrat que la démarche intellectuelle de la science. Malgré Jésus qui appelle le chrétien à prendre le chemin de la perfection du Père, malgré saint Jean et saint Paul qui l'invitent à renaître en homme nouveau et à abandonner le vieil homme, le christianisme attend trop souvent le salut d'un Christ si bon qu'il serait prêt à pardonner toutes les corruptions de l'humanité et, bouc émissaire, il la sauverait malgré tout. De là les hommes continuent à crucifier sans cesse le Christ par leurs actions ténébreuses. Alors que le zoroastrisme fonde toute la raison du monde et sa morale sur l'effort quotidien de chacun à transformer le mal en bien, les ténèbres en lumière, l'ignorance en conscience, la prison existentielle en liberté spirituelle. Pareillement, trop de Parsis, à l'image de chrétiens, attendent leur salut des formules magiques du rituel compliqué de leurs mobeds. Lorsque toute croyance laisse prédominer la religion exotérique, humaine, institutionnelle, sur la priorité de la foi intérieure, ses adeptes sombrent dans toutes les formes de la superstition. Je ne veux pas dire que tout rituel est superstitieux. Le rituel authentique imite l'harmonie profonde du monde et recherche l'unité primordiale. Le renouvellement de certains gestes et paroles solennels, la répétition de formules, paraboles ou mantras, l'audition de chants ou de musique élevés, favorisent la méditation et restent nécessaires pour beaucoup comme approche du sacré dans certains lieux exclusivement réservés à cet effet. Mais le rituel purement commémoratif, la mécanisation des rites, dégénèrent fréquemment en attitudes théâtrales, voire simiesques, qui n'ont plus aucun effet sur la prise de conscience morale et sur l'éveil spirituel. La répétition de tels rites habitue l'esprit à un engourdissement de l'âme, à un confort moral qui donne bonne conscience, en dépit de la valeur des pensées, paroles et actions accomplies. C'est l'attitude pharisienne dénoncée par Jésus. « Pour toi, quand tu pries, dit l'Evangile de Matthieu, *retire-toi dans ta chambre, ferme sur toi la porte* et *prie* ton Père qui est là dans le secret ; et ton Père, qui voit dans le secret, te le rendra » (6.6). Les théocrates ne veulent pas des âmes élevées mais nombreuses et soumises. Les saints et les mystiques furent généralement inquiétés de leur vivant, canonisés ou béatifiés après leur mort. Bergson a lumineusement démontré comment la morale ouverte du *Sermon sur la Montagne* s'opposait à celle fermée des Pharisiens emprisonnés dans des formules contraignantes et sans vie.

Chez Zoroastre il n'y a place pour aucun rituel. Toute la méditation orientée vers l'incarnation des Attributs de la Sagesse divine dans nos pensées, paroles et actes, se situe au plan intériorisé de la religion personnelle, daênam, fondée sur les rapports secrets établis entre l'âme, Dieu, le cœur du croyant. Le temple du Feu n'est qu'un Pôle traditionnel vers lequel se portent les prières et où brille un élément cosmique primordial de l'univers, de la création et de la destruction. Après tout, il reste peut-être le symbole le moins anthropomorphisé de Dieu après sa transcendance islamique.

En raison du libre arbitre conféré à la créature, Dieu ne peut sauver l'homme contre sa volonté s'il n'en fait pas l'effort. Tout homme porte en lui-même le ciel et l'enfer et c'est à lui de faire le choix, même lorsqu'il sait qu'en faisant du bien il peut récolter le mal en retour, car sa loi nouvelle transcende les normes de ce monde mélangé.

L'homme ne doit pas attendre que la Grâce l'illumine. Il doit opérer lui-même sa régénération par une lutte incessante contre le mal. Il y a peut-être intime collaboration de la Grâce et de la volonté qui, bien et librement utilisée, s'unit à l'essence divine pour en être un outil fidèle. La faculté par laquelle l'homme se manifeste comme un agent libre, est la volonté. C'est l'acte volontaire qui constitue la personne humaine capable de se former seule et d'être responsable de cette existence et de l'autre.

Ou bien l'homme sera le chaînon entre ce monde et le monde spirituel ou bien il sombrera dans le suicide matérialiste en y étouffant sa conscience et son âme. Lors de l'épidémie de peste de 1348, il n'y avait plus assez de vivants pour enterrer les morts. Aujourd'hui, il n'y a plus assez d'êtres spirituellement vivants pour réveiller les morts-vivants.

Par l'orgueil luciférien par lequel Ahriman se préfère à Dieu et l'homme à l'image divine qu'il porte en lui, la Lumière risque, comme le craignait Plotin, de disparaître de ce monde pour s'éteindre dans des ténèbres insondables. Ce serait là une « fin du monde » bien plus tragique que la seule fin atomique car elle frapperait toute l'humanité à jamais dans son âme. La Chute rééditée inaugurant le règne d'Ahriman, de l'Antéchrist. Ce serait bien l'assaut des forces sataniques des ténèbres contre le petit reste de ceux qui, dans la nuit comme Platon, croient encore à la Lumière.

A cet égard, les apocalypses mazdéennes révèlent une vision de la fin du monde dont on retrouve les idées dans tous les récits eschatologiques postérieurs, *Règlements de la Guerre* essénien, *Livre d'Enoch* et y compris dans l'Apocalypse de Saint Jean [1]. Les Oracles

---

1. *Cf. Zarathoustra, op. cit.*, p. 348.

d'Hystape, dès la seconde moitié du IIe siècle avant J.C. reprenaient en grec des prophéties zoroastriennes qu'on reconnaît à la source de toutes les apocalypses proche-orientales :

« Ce sera un temps où la justice sera abandonnée... où les méchants qui haïront les bons, les réduiront à la misère. On n'observera ni les lois, ni l'ordre, ni la discipline en temps de guerre, personne ne respectera les chiens, ni ne reconnaîtra le devoir de piété, n'aura d'égard pour l'autre sexe ni pour les enfants : tout sera confus et contraire au droit divin et au droit naturel... La terre entière sera comme dévastée par un brigandage généralisé... Les justes et les partisans de la vérité se sépareront des méchants et fuiront, dans les déserts. Ayant appris cela, l'impie, saisi de fureur, viendra avec une grande armée et... il circonscrira la montagne où se tiendront les justes pour s'emparer d'eux.

« Mais, quand ceux-ci se verront entourés de toutes parts et assiégés, ils crieront à Dieu d'une voix forte et imploreront le secours du ciel. Et Dieu les exaucera et, du ciel, il enverra « le Grand Roi », pour les sauver et les libérer et anéantir tous les impies avec le feu et le glaive.. Soudain, un glaive tombera du ciel, afin que les justes sachent que le chef de la « guerre sainte » va descendre, et il descendra jusqu'au centre de la terre, accompagné d'anges, et un feu inextinguible le précédera et le pouvoir des anges livrera aux justes la foule qui a encerclé la montagne [1]... »

---

1. Bahman Yasht..., 28/42 ; III. 10/36 ; Ayâtkar i Zâmâspik XVI. 11/35 ; Oracles d'Hystape, Lactance, Inst. Div. VII 15/19. Sur la brisure des liens familiaux : « All men will become deceivers, great friends will become of different parties, and respect, affection, hope and regards for the sons will depart from the world. The affection of the father will depart from the son and that of the brother from his brother ». (West, trad. Die Orakel des Hystapes, p. 203). *Cf.* Fin du monde, p. 81, n° 4, et Zâmâsp-Nâmak, § 18 s. Benveniste. Voir Bidez-Cumont, *op. cit.*, I., pp. 215-222, II., pp. 361-376. Widengren, *op. cit.*, pp. 228-235.

Tous ces thèmes relèvent, pour la plupart, d'une cosmologie zoroastrienne fort ancienne, que va reprendre le Bundahishn (XXXIII ; XXXIV), mais qui remonte à l'époque achéménide, sinon à l'époque gâthique : feu purificateur, classique de l'eschatologie des Gâthâs ; tragédie du mélange des valeurs ; séparation finale par le Sauveur des Justes et des méchants, du bien et du mal ; instauration d'un millénium de félicité spirituelle, règne définitif d'Ahura Mazdâ...

La description que Jésus fera de la fin du monde, se révélera identique à celle annoncée par l'idéologie partho-zoroastrienne. Il prédit pareillement les calamités qui surgiront à l'approche de la fin des temps.

Dans le paroxysme du mélange du bien et du mal et face à l'iniquité croissante, les guerres se généraliseront partout avec des famines et des tremblements de terre (Mt. 24.4/31). Dans les deux thèmes, zoroastrien et christique, la même urgence de fuite s'impose et on abandonnera femmes, enfants et biens (Mt. 30.37 ; 13.48). Dans les deux cas, les liens familiaux se briseront (Mt. 10.21). Puis, l'ampleur de la fin du monde, dominée par le Feu céleste qui va opérer l'alchimie transfigurante, se traduit dans l'Evangile comme dans l'apocalypse zoroastrienne par un déséquilibre cosmique dont une éclipse solaire assombrit tout le ciel (Mt. 24.29/DK. 7.8.58).

Enfin, la séparation définitive des bons et des mauvais, des justes et des impies opérée par le sauveur *Saošyant* zoroastrien (représenté chez les Parthes par le Grand Roi, par Mithra le Rédempteur dans *les Mystères*, dans l'Enoch et dans l'Evangile par le Fils de l'homme), est un thème aussi ancien que la division du bien et du mal dans les Gâthâs. L'Envoyé divin viendra sur les nuées avec la puissance du Royaume (Khshatra) et la gloire (Xvarnah) et sera escorté des anges (Mt. 24.30.31). Tandis que tous les fauteurs d'iniquité seront écartés ou jetés dans la fournaise ardente, les justes sortiront indemnes de cette ordalie spirituelle et « resplendiront comme le soleil dans le Royaume de leur Père » (Mt. 13.41.43).

La tentation serait grande d'identifier la dernière minorité parsie au petit reste des Justes qui, à la fin des temps, doit renouveler l'humanité... J'ai voulu, sans emphase, mettre en relief les qualités morales de la plupart des zoroastriens parce qu'elles répondaient jusqu'à ces derniers temps à une réalité vérifiable. Lorsqu'en 1931, Jacques de Marquette visita la communauté parsie à Bombay, il fit une observation intéressante. Regrettant de n'avoir été admis à pénétrer dans un temple du feu où il espérait retrouver les grandes envolées mystiques ressenties par lui dans l'atmosphère des hauts lieux spirituels du monde, il fut frappé par contre, tant par l'élévation intellectuelle de beaucoup de Parsis que par leur haute moralité, leur sens de la charité et leur entraide fraternelle. « Celle-ci, écrivait-il, atteint des proportions presque humoristiques. La communauté parsie a en effet créé une quantité de fondations charitables pour les Parsis dans le besoin, dotées de magnifiques bâtiments, véritables palais. Mais... ceux-ci restent vides car, par suite du haut degré de moralité et d'application au devoir qui règnent chez ces disciples de Zoroastre, il se trouve que, comme dans les villages quakers de Pennsylvanie et pour les mêmes raisons, on n'y rencontre pas d'indigents [1]. »

Les choses ont changé depuis cette époque et je ne connais pas d'institutions sociales parsies qui ne soient aujourd'hui remplies d'occupants. Quant à la misère, elle existe beaucoup dans les familles de prêtres et chez des retraités mais il n'est pas facile de la déceler, à cause du tact des riches qui ne montrent pas leur opulence et des indigents de Bombay et des

---

1. *Confessions*, op. cit., p. 197.

petits villages de la côte du Gujarat, qui cachent leur pauvreté par pudeur. Aucun Parsi ne tend la main pour mendier ou pour quémander comme on peut le voir chez tant de peuples économiquement sous-développés, particulièrement à l'égard des touristes étrangers. Aujourd'hui la dilution culturelle des Parsis dans l'occidentalisme, s'effectue en parallèle d'une fermeture de leur foi sur l'orthodoxie mazdéenne. Mais aucune prétention sotériologique n'habite la foi parsie, faite d'humilité et de sincérité.

Au contraire, pour Zoroastre, tous les hommes sont appelés à la transfiguration, le mal devant être changé en bien, les méchants en justes, les ténèbres en lumière. Après l'écroulement de la paix achéménide par Alexandre de Macédoine, l'optimisme zoroastrien tomba devant le fatalisme zervanite dont nous avons vu le rôle négatif joué dans l'histoire de cette religion.

Dès lors, les apocalypses n'envisagèrent possible que le seul salut des justes, selon des accents exacerbés par l'ampleur du mal sur la terre. Si l'Auteur des Gâthâs insistait sur l'urgence de se transformer, il n'envisageait pas la fin du monde avec l'imminence qu'elle va revêtir dans la « Grande Guerre » eschatologique sous les Parthes, dans les livres esséniens, dans l'Evangile et dans les livres gnostiques, où les justes refusent de s'attarder davantage sur le devenir des incurables du mal. Mais si tous les hommes sont appelés à une métamorphose patiente, ils ne peuvent l'être *en même temps* puisqu'elle dépend de leur degré d'évolution personnelle. Si la nature a eu le temps d'attendre les centaines de millions d'années qui ont précédé l'homo-sapiens, la surnature peut encore attendre bien davantage l'éveil collectif de l'homo-spiritus.

Encore faut-il que la civilisation qui s'est voulue adulte en étouffant le Divin pour engendrer un homo artificialis qui se révèle plus proche du *superman* des bandes dessinées que de *l'homo religiosus*, ne s'éteigne pas, à l'image des Néanderthaliens, dans une race de sous-hommes, *inframen*, obsédés par la science et les techniques, mais aveugles aux réalités ontologiques pour lesquelles l'Homme avait été créé.

Il fallait qu'on sache que Zoroastre fut tout autre chose que l'a montré l'image critique du Grand Mage qui hantait les hérésies du Moyen Age. Son prestige moral a séduit de grands penseurs comme Montaigne, Erasme, Montesquieu, Goethe, Shelley, Nietzsche, ou s'est vu affublé d'un rôle fantasmagorique dans l'opéra de Rameau, *la Flûte enchantée* de Mozart, ou qu'il a inspiré une symphonie à Richard Strauss.

Après avoir été, par ses disciples et par les Mages, l'Initiateur ésotérique des grands penseurs de la Grèce de Pythagore et de Platon, Zoroastre reste toujours l'appel vivant de l'homme vers sa dimension supérieure.

Même différemment, tous l'ont pressenti, de Gémiste Pléthon à Rudolf Steiner et à George Gurdjieff avec son Assemblée des Eclairés, survivance d'une Tradition d'initiés établie jadis en Asie centrale et issue des disciples inspirés de Zoroastre. Et, sans revendiquer le Sage de l'Ancien Iran, Nicolas Berdiaev, cet autre philosophe russe contemporain, exprime des idées riches de thèmes zoroastriens au bénéfice d'un christianisme renouvelé [1]. Le zoroastrisme n'est pas la spiritualité d'un monde lointain, oriental, archéologique, mais la pensée qui a enfanté le meilleur du christianisme au travers du crypto-judaïsme. C'est la veine spirituelle cachée du véritable renouveau religieux de l'Occident.

Des signes montrent encore la vitalité du parsisme tant en Inde qu'ailleurs. Le musicien parsi Zubin Mehta, chef d'orchestre du New York Philharmonic Orchestra

---

1. *De la destination de l'Homme* et *De l'inégalité,* sont désormais en français. Ed. l'Age d'Homme.

et le cinéaste Cyrus Bharucha réalisent un grand film *A Quest for Zarathushtra* sur le zoroastrisme et les Parsis. Ainsi, après Moïse, Jésus et le Prophète de l'Islam, Zarathoustra-Zoroastre va faire son entrée sur les écrans. Espérons que le spectacle soit aussi porteur du message d'éthique, d'humanisme et de foi transfiguratrice, apporté au monde par ce Guide de lumière oublié de nos manuels. Mais le zoroastrisme peut aussi servir de refuge aux minorités iraniennes rejetées par la république islamique des ayatollahs. C'est ainsi que certains Kurdes, dits Yézidites, se réclament d'un mazdéisme de l'époque parthe[1]. Originaires du nord de l'Irak (Mont Singara) et de Turquie (Anti-Taurus), ces Kurdes ont même récemment constitué une *Association zoroastrienne kurde de France* sous la présidence de l'Emir Muawia Al-Yazidi, à l'instar d'autres groupements kurdes d'Europe.

Avec les Iraniens exilés, néo-zoroastriens de cœur, et les authentiques Parsis et Zartoshtis d'Amérique du Nord dont les mobeds commencent à recevoir au navjote de purs Américains friant de folklore indo-européen, le zoroastrisme va voir se constituer des sectes parallèles à la religion des sanctuaires du Feu de Yazd et d'Udvada, schismatiques aux yeux des pieux dastours, mais ouvertes sur l'extérieur. Entre les déçus de l'Islam, Iraniens de souche, et au-delà du super-marché de l'occultisme occidental, il y aura sûrement des nouvelles vocations sincèrement séduites par l'éthique limpide du zoroastrisme. Mais quel attrait peut produire la mode d'une idée et la magie des mots ! Malgré les publications académiques antérieures, le public français, en particulier, a commencé à découvrir le zoroastrisme depuis fort peu de temps.

Au cours d'un de mes séjours indiens, des mobeds

---

1. Abdul Razak Al-Hassani, *Les Yézidites dans le passé et dans le présent*, Saïda, Liban, 1968.

et de fidèles amis parsis m'offrirent le navjote zoroastrien. Mais voyant combien la conversion d'un chrétien, même instruit de leur religion, pouvait déplaire aux plus orthodoxes d'entre eux, je décidai de renoncer à cette généreuse proposition, persuadé qu'il était infiniment plus *zarathoustrien* de respecter l'éthique de la daênam, de toute vraie religion intérieure, que de recevoir le rituel du kusti et du sudreh au prix d'offenses involontaires.

L'auteur d'un ouvrage très documenté sur les Parsis, Piloo Nanavutty, fut séduit par la métaphore que j'avais établie entre les Amesha Spenta, les archanges consubstantiels du zoroastrisme, avec les sept couleurs de l'arc-en-ciel. L'écrivain parsie a joliment illustré son quatrième livre religieux destiné au catéchisme des jeunes Parsis, avec cette image poétique [1].

Puissent les jeunes générations zoroastriennes saisir que le symbolisme de l'Arc-en-Ciel montre que la seule voie conduisant à l'altérité de la Sagesse et de la Lumière divines, s'édifie par la quête des vertus ormazdiennes, comme l'universalité naturelle du phénomène lumineux les invite à partager leur grande tradition mystique avec le patrimoine fondamental de l'humanité. Dans la cendre du Feu zoroastrien reste l'étincelle d'un tison d'où rejaillira la flamme éternelle de son message.

Puisse le parsisme, si tôt européanisé, échapper à la séduction d'un matérialisme occidental dénoncé par le Mahatma Gandhi, tôt soutenu par des Parsis, et participer à l'élimination des faux dieux d'une société qui, ne respectant plus le sacré, ne peut que déboucher sur un néo-barbarisme décadent. Au mépris de toute philosophie du personnalisme et du créativisme, l'Occident s'assure sur tout, sauf sur l'Au-delà. Il pro-

---

[1]. *Ahura Mazda and the Creation*, published by the Delhi parsi Anjuman, New Delhi, 1982, *cf. Zarathoustra, op. cit.*, p. 93.

jette ses fantasmes sur le monde. Niant Dieu, il vide l'univers de toute transcendance. Explorant les proches environs de la Terre, il voit des extra-terrestres partout. Il standardise ses fabrications, donc il décrète que tous les hommes sont faits sur le même modèle. Enfin, il modifie l'essence de l'univers à son gré selon les idéologies du moment.

L'accès au proche devenir humain ne sera pas seulement possible uniquement si la paix nucléaire s'établit sur une entente dépassant les rapports de force Est-Ouest. Pour devancer l'athéisme, l'exclusivisme chrétien, sorti tout aussi sectaire au lendemain de Vatican II, devrait revivifier son âme à l'Orient de son inspiration originelle, Source mystique qu'il n'a cessé de repousser [1]. Pourtant, la Chrétienté n'a pas su s'opposer à l'édification de la Tour de Babel des *Possédés*.

Le renouveau du monde ne peut se faire par un retour au passé, même à ses instants les plus riches. Il doit se construire sur une symbiose intelligente des cultures de l'Orient et de l'Occident et trier le bon grain de l'ivraie des fruits nés des progrès occidentaux utiles à l'ensemble de l'humanité. On ne peut rejeter l'Occident et utiliser l'avion ou appeler sa médecine au secours. En revanche, nos progrès ne doivent pas nous faire perdre le sens de l'essentiel et devraient nous émerveiller sur l'Essence spirituelle de toute intelligence.

C'est désormais un véritable œcuménisme de la foi qui doit s'imposer au monde avec force en vue de son

---

1. Dans les anathèmes des Pères de l'Eglise contre les hérésies, la foi manichéenne est accusée d'être en relation avec Zoroastre. Lors des persécutions de l'Inquisition ordonnées dans le procès intenté par Philippe-le-Bel contre les Templiers, les preuves de leur manichéisme furent liées aux références à Zoroastre comme père des « hérésies » dualistes de Marcion, Valentin et surtout de Bardesane (*Chronicon Paschale* 629 AD, cité par Cotelerius ; Mignard, *Preuves du manichéisme de l'Ordre du Temple*, Paris 1853, pp. 59 s.)

salut, de sa *sôteria*. Et cette *oikoumenè* ne peut plus être comme autrefois vision réduite aux terres habitées du monde grec, ou comme naguère œcuménicité des seules églises chrétiennes.

Tandis que le monde gréco-romain amorçait un destin inéluctable, l'universalisme du Sauveur zoroastrien, le *Soshâns* (avestique *saošyant*, pehlevi *sošâns*), surgissait en Expressions variées aux deux pôles de l'Asie mystique. Le Mithra des *Mystères*, le « Grand Roi » des apocalypses parthes et le Messie spirituel à l'ouest, le Bodhisattva à l'est, dont le bouddhisme annonce le retour sous le nom de *Maitreya* (du sanscrit *Mitra*), furent les projections ésotériques du même Soshâns, le Modèle du Sauveur zoroastrien (préfiguration de l'*Imam* et du *Mahdî* de l'islam) qui, sous des confessions diverses, ouvrit au monde des voies salvatrices aussi originales que fulgurantes.

Toutefois, religion humble par excellence, la foi mazdéenne ne revendiqua jamais un héritage spirituel qui puisait aux sources d'un universalisme inscrit dans la notion même du salut zoroastrien. Le Soshâns ne revêt pas seulement l'identité du « Fils de Zoroastre » qui doit naître à la fin des temps, conçu d'un germe victorieux et d'une vierge au lac Kâsava (Yt 19.22), *Astvat-Arta*, « celui qui abattra toutes malices des Daêvas et des hommes » (Yt. 13.142). Soshâns est bien « l'Envoyé de Dieu » qui, « à l'âge de trente ans secouera les morts ... arrêtera momentanément la course du soleil au début du *Millénium* de félicité... et transfigurera le monde avec l'Œil de l'Intelligence et de l'Abondance ». En revanche, le Sauveur eschatologique *a aussi un pluriel*, il n'agit pas seul et n'opère pas par magie : « Et viendront ses amis, les amis du victorieux Soshâns, bons de pensée, bons de parole, bons d'action, bons de religion, et dont jamais la langue n'a proféré de mensonge. Devant eux plie Aêshma, la Fureur à la lance meurtrière, qui n'a point de gloire.

Asha, l'Ordre divin frappera la Druj mauvaise, la Tromperie, germe du mal, faite de ténèbres » (Yt. 19.95).

Tous les gens de bien de toute la terre « ayant communauté d'œuvres et de bonnes œuvres » sont aussi des « sauveurs », appelés par la foi zoroastrienne à la rénovation du monde. Car, il ne s'agit pas de l'action secrète d'une confrérie, telle que « l'Assemblée-de-tous-les-Saints-vivant-sur-la-terre » de G. Gurdjieff, mais bien de l'œcuménicité ésotérique des « *Bienfaiteurs des pays* » (saošyantô dahyunâm) qui repoussent la violence et dont les pensées, paroles et actions profitent à la communauté humaine.

L'originalité du message zoroastrien, c'est qu'il ne consiste pas en une révélation inscrite dans l'histoire et dont la religion est commémorative. Il n'est pas clos, mais ouvert sur l'avenir et sur le Progrès humain. La pire hérésie est de refuser la lumière d'un jour nouveau : Zoroastre ouvre toutes grandes les portes sur le *mystérium* de l'Etre et du monde. Mais le passé s'impose comme un livre d'expérience à consulter en permanence pour éviter de trébucher dans les mêmes errements. La Révélation s'accomplit au travers de l'œuvre des humbles géants de l'âme et de l'esprit.

En effet, le salut ici ne s'acquiert pas miraculeusement par le sacrifice d'un seul Rédempteur qui rachète les fautes humaines par son expiation, alors qu'il y a toujours et paradoxalement séparation des bons d'avec les méchants incurables. Mais il s'effectue par la responsabilité fantastique des « héros et des bienfaiteurs nés et à naître, à la sainteté agissante et triomphante » d'adultes spirituels qui « préparent le chemin du Seigneur », pourrait-on dire, et coopèrent désespérément au renouveau du monde et au triomphe final de la Sagesse divine. Ahura Mazdâ n'est pas un dieu despote. Ses pouvoirs sont « démocratisés » dans ses Saints Immortels et son fidèle le sert debout en adulte intelligent et non accroupi à quatre pattes comme l'exigèrent tant de divinités et de despotes.

Si le zoroastrisme est proprement la « religion des Soshâns » (Yt. 13.74), c'est-à-dire une *religion de sauveurs*, comme le christianisme s'est voulu une religion de saints par la mission de l'apôtre Paul, voire comme d'autres confessions y appellent leurs fidèles, aucune autre foi n'a sans doute aussi clairement énoncé cette *démultiplication* de la responsabilité du salut : « Puissions-nous être des Bienfaiteurs, puissions-nous être victorieux, puissions-nous être les amis les plus chers d'Ahura Mazdâ et ses hôtes, hommes justes dont les pensées sont bonnes, dont les paroles sont bonnes, dont les actions sont bonnes » (Y. 70.4).

Il ne s'agit pas seulement de la communion au Corps mystique du Sauveur, mais de la participation active d'un nombre toujours plus grand d'êtres évolués à la responsabilité partagée de la transfiguration universelle dans l'Ordalie du Nouveau Monde. Il se peut, comme le virent Zoroastre et Mani, que les astres et les planètes soient des *êtres*, que la géophysique soit *vivante* et que très probablement le tréfonds de nos consciences entretienne quelque relation mystérieuse avec la nature et le cosmos.

Les tentations d'établir un ordre humain, si maladroites soient-elles, ne sont-elles pas inspirées par l'existence d'un ordre cosmique plus élevé ?

De même que le respect du *dharma* chez l'hindou, d'*arta* chez le mazdéen, contribuent à maintenir l'unité de l'univers, ici cette transmutation se réalise non par la magie du rituel des clergés exotériques ou sous l'effet de la dialectique d'utopies idéologiques. Avec Thérèse d'Avila on pourrait redire que toute âme qui s'élève élève le monde par l'éveil d'une nouvelle lumière d'espoir dans ses ténèbres.

Les actes pieux constituent le couronnement de la foi, comme pour saint Jacques (2.14.26), mais les œuvres de la charité ne doivent pas déraper vers une « socialisation dépersonnalisée du secours » à laquelle l'hospitalité affective ne préside plus. En outre, la préoccupation du prochain ne saurait faire oublier l'édification de la gnose et de la dignité intérieures. La redécouverte du sacré et de la valeur spirituelle des œuvres s'impose, à l'encontre de la prostitution présente de toute l'activité humaine au profit de la seule économie matérialiste. Il est nécessaire de réaffirmer l'enthousiasme, l'*endieusement* de la Vie.

Comme dans la force de son rejet de la robotisation humaine, dans son refus de devenir une parcelle fragmentaire d'une société aveugle, dans la négation des étiquettes, religieuses et idéologiques, c'est dans son *effroi* devant une restriction biologique de l'être que l'homme nie les masques de la mort et, abhorrant sa *chosification*, qu'il prouve sa filiation spirituelle. L'identité de chacun ne s'établit pas avec le corps mais avec la conscience. Et c'est en prenant conscience de l'énormité du *mensonge du monde* que l'homme se réveille de l'anesthésie ahrimanienne et commence à se reconnaître capable de transcendance et fils d'une Lumière, énigme et phrase de l'univers.

L'attachement au perfectionnement spirituel n'est nullement « égoïste » comme le verrait un christianisme extériorisé ou dévoyé, de priorité économique, capitaliste ou marxiste, prônant Marthe mais repoussant Marie. Sauvé de la frénésie économique, l'homme devra redonner la première place au divin. Premier et seul attachement qui compte, comme le savaient jadis l'Alliance hébraïque, le contrat sacré des fidèles de Mithra, et le « cherchez d'abord le Royaume de Dieu et sa justice » de Jésus. Notre oubli de Dieu nous isole de son rayonnement et de la magie de sa Grâce. C'est notre athéisme qui rend le divin inexistant à nous-mêmes, comme c'est nous qui tuons une seconde fois nos morts, contrairement au culte zoroastrien des fravartis, en les oubliant dans leur silence et en les isolant de nos prières. Les morts lisent dans le cœur de ceux qui les aiment.

La réalisation personnelle se révèle inévitable. Prescrite aussi bien par Zoroastre que par Pythagore, Platon, Gautama ou Jésus de Nazareth, elle s'est vérifiée dans les plus nobles vocations, tant mystiques que laïques. Nul être ne peut réfléchir la lumineuse transcendance, s'il n'a préalablement trouvé son miroir intérieur. Nul ne peut prétendre régénérer la société avant de s'être régénéré soi-même. Vanité donc de toute culture qui n'a pas pour souci de permettre aussi l'élévation gnostique de la personne.

L'alchimie humaine s'opère ici, au travers des rares sommets et des fréquents abîmes de l'existence, et en dépit de la nuit et de l'hostilité environnantes, au moyen de la patiente et silencieuse métamorphose des cœurs, prélude à la salvation de l'être lumineux immortalisé par l'Aurore spirituelle du Printemps des âmes victorieuses.

Kathmandou, Népal.

« Ne vous conformez pas au monde présent, mais soyez transformés par le renouvellement de votre intelligence, pour discerner quelle est la volonté de Dieu : ce qui est bien, ce qui lui est agréable, ce qui lui est parfait » (Rom. 12.2).

ANNEXE I

Le dernier article d'importance consacré au *parsisme* se trouvait dans *la Grande Encyclopédie* en 31 volumes (1885-1892) dirigée par Marcelin Berthelot, laquelle traitait le sujet sur *trois pages* (pages 1195 à 1198) (volume 25). Cette documentation signée E. Blochet et relativement exhaustive, vu l'éclectisme de l'ouvrage, donnait pour bibliographie (p. 1198) :

« Anquetil-Duperron, *Zend-Avesta*, ouvrage de Zoroastre, Paris 1771 et le *Zend-Avesta* de James Darmesteter, Paris 1892, comme ouvrage de référence en français. Outre l'*Avesta* de Spiegel (Leipzig 1952-63, un article en allemand de Houtoum-Sdhindler (*Die Parsen in Persien*, 1882) et le livre de Reuter (*Die Parsen und ihre Schriften*, Stuttgart, 1893), ce n'était déjà que deux études d'auteurs *parsis* qui étaient donnés pour seule référence aux questions se rapportant au parsisme dans l'article : Dosabhai Framdji, *History, manners, religion of the Parsees*, Londres 1885 ; et Karaka, *History of the Parsis*, Londres 1884. »

En anglais, l'*Encyclopaedia Britannica* en 23 volumes réédition de 1964, donne un article d'une *demi-page* (p. 337 volume 17). La bibliographie comporte référence à quatre ouvrages, dont celui du Parsi Karaka déjà cité plus haut, plus deux livres d'autres auteurs *aussi parsis* : K.N. Siravai & B.B. Patel, *Gujarat Parsees form the Earliest Times*,

1898 ; S.F. Desai, *A Community at the Cross-Road*, 1948, et enfin l'ouvrage français de D. Menant, *les Parsis*, 1898, cité plus haut et *jamais imité depuis*.

De son côté, l'*Encyclopaedia Universalis*, en français, avec pour bibliographie : l'ouvrage déjà cité de James Darmesteter sur le *Zend-Avesta*, trois études de J. Duchesne-Guillemin sur Zoroastre et l'ancien Iran (1948 et 1962) et, sur les Parsis, l'ouvrage déjà cité de D. Menant de 1898 (réédité 1968). *L'absence totale d'ouvrage de fond sur les Parsis est montrée de manière significative* par la seule référence d'un ouvrage récent mais de dimension réduite de Jean Varenne[1].

L'*Encyclopaedia Americana*, en anglais, international edition, en 30 volumes, New York 1971, donne au volume 21 un article sur une colonne et demie (6 500 signes ou espaces/page), avec pour bibliographie uniquement des ouvrages écrits par des Parsis[2] et *le même livre de D. Menant déjà cité et datant de 1898.*

L'encyclopédie Larousse, en cours d'édition, consacre un bon chapitre sur les thèses classiques du sujet.

---

1. *Zarathoustra et la tradition mazdéenne*, Paris 1966. Ce bon petit livre forcément succinct de la collection de poche (n° 35 des « Maîtres spirituels » du Seuil) comptait 38 pages (67 à 105) dont 15 illustrées sur les Parsis.
2. Karaka (*op. cit.*) ; J.J. Modi, *A few events in the early history of the Parsis and their dates*, Bombay 1905 ; Sh. K. Hodivala, *Parsis of Ancient India*, Bombay 1920 ; J.J. Modi, Religious ceremonies and customs of the Parsis, Bombay 1922 ; M.N. Dhalla, *History of Zoroastrianism*, Oxford 1938.

ANNEXE II

Plus importante que l'équipement et l'art militaire, l'influence morale et philosophique sur les origines de notre chevalerie, des usages et de l'étiquette sassanides maintenus à la cour raffinée des califes abbassides de Bagdad et par les Omeyyades de Damas et les Fâtimides d'Egypte, fut déterminante sur les croisés. Des personnalités comme Nour-ed-Dîn, Salahaddin (Saladin), la secte fâtimide des Ismaëliens (Hashashins), Richard Ier, les rois normands de Sicile et Frédéric II, Raymond VI de Toulouse, Alphonse II et Pierre III d'Aragon n'en sont que des acteurs remarquables, comme les grands ordres militaires du royaume franc de Jérusalem (St-Jean, Temple, Teutonique). La connaissance en Europe méridionale de la « gaie science » et de la poésie libérale de « l'amour courtois » par les troubadours de la *langue d'oc*, de l'art des tournois, de la fauconnerie, des épopées de chevalerie orientale comme celles relatées par les romans des *Mille et Une Nuits*, et surtout du célèbre *Livre des Rois* de Firdousi à nos romans de la *Table Ronde*; et l'art chevaleresque cultivé dans les cours seigneuriales telle que celle d'Eléonore d'Aquitaine, contribuèrent activement à transformer nos croisés et nos chevaliers chrétiens analphabètes et barbares en « gentils-hommes » raffinés. (*Cf.* p. 160).

La fondation en Espagne chrétienne des trois ordres

monastiques de chevalerie, St-Jacques, Alcantara et Calatrava, se modela pareillement sur le principe, ici, du *ribât* musulman d'Andalousie, la guerre sainte aux frontières de l'Islam. On pense également que l'origine des corporations professionnelles en Europe médiévale aurait été inspirée du modèle musulman vulgarisé par les Abbassides et les Omeyyades dans le monde arabe à partir de l'organisation à la fois religieuse et maçonnique des Quarmates dès le IXe siècle.

Dans un ouvrage précédent nous avons également traité de l'héritage oriental du port des couleurs et d'emblèmes blasonnés dans les armoiries des chevaliers européens au retour des croisades [1]. A. de Beaumont l'avait déjà démontré dans une étude magistrale en 1853 (Recherches sur l'origine du blason et de la fleur de lys), et le Cte de Boulainvilliers affirmait : « Ce furent nos guerres du Levant au commencement du XIe siècle qui donnèrent commencement à l'usage des armoiries », tandis que Pline parlait aussi de la présence d'emblèmes sur certains boucliers romains. Deux héritages se seraient donc conjugués, mais le précédent achéménide et parthe est flagrant.

---

1. *L'Epopée chevaleresque de l'ancien Iran aux Templiers,* Paris 1972 ; voir aussi : P. Ponsoye, *L'Islam et le Graal,* Paris 1957 ; W. Durant, *Histoire de la civilisation,* l'Age de la Foi, Histoire de la civilisation médiévale, Payot 1952, t. III, qui donne des sources aussi probantes que celle de l'archéologie iranienne citée ci-dessus, sur l'origine orientale de la chevalerie médiévale européenne récupérée par l'Eglise légalitaire.

BIBLIOGRAPHIE

générale d'ouvrages spécialisés ou en relation avec le sujet traité. Cette liste ne reprend pas les titres cités en notes intra-paginales. L'orthographe des titres a été respectée ainsi que la langue utilisée.

AERPATASTAN. *Translated from the Avesta-Pahlavi texts by S.J. Bulsara*. Bombay, 1915.
ALLOTE DE FUYE. *La numismatique sassanide d'après un ouvrage récent*, Paris, 1925.
ALTHEIM F. *Zarathustra und Alexander*, Francfort, 1960.
ANDARZ-I ATARPAT-I MARASPAND. *The Pahlavi text, edited and translated by Peshutan Dastur Behramji Sanjana*. Bombay, 1885.
ANDARZ-I-KHUSRU-I-KAVATAN. *The Pahlavi text, edited and translated by Peshutan Dastur Behramji Sanjana*. Bombay, 1885.
ANJOMAN FARHANG IRAN BASTAN, *The Ancient Iranian Cultural Society Bulletin*, Tehran, 1963/1970 Périodique.
AOGEMADAECHA. *The Pazand and Sanskrit texts, edited and translated into German by Wilhelm Geiger*. Erlangen, 1878.
Id., Translated into English by James Darmesteter. In *Sacred Books of the East*, vol. 4, second edition.
Id., The Pahlavi Texts, edited by B. N. Dhabbar in *Indo-Iranian Studies in honour of Dastur D. P. Sanjana* pp. 117-130. London, 1925.
ARBERRY A. J. *The Legacy of Persia*, Oxford, 1953
ARDA VIRAF. *The Pahlavi text, edited and translated by Hoshangji Jamaspji Asa, Martin Haug, and E. W. West*, Bombay, 1872.
ARDA VIRAF NAMEH. *The Original Pahlavi Text with Persian version of Zarthosht Behram in verse, edited by Kaikhusru J. Jamasp Asa*, Bombay, 1902.

Auteurs classiques (Hérodote, Xénophon, Strabon, Platon, Eudoxe, etc.[1].
AUTRAN Ch. *Mithra, Zoroastre et les origines aryennes du christianisme*, Payot, Paris, 1935.
AVESTA (*Zend Avesta*) par Anquetil du Perron. Ouvrage de Zoroastre, contenant les Idées Théologiques, Physiques et Morales de ce Législateur, les Cérémonies du Culte Religieux qu'il a établi, et plusieurs Traits Importants relatifs à l'ancienne Histoire des Perses. 3 vol. Paris, 1771.
AVESTA. *The Sacred Books of the Parsis*. Edited by Karl F. Geldner. Stuttgart, 1885-1896. (For Yt. 22-24 and the Avestan Fragments see N.L. Westergaard's Zendavesta, Copenhagen, 1852-1854).
AVESTA. *Translated into French by C. de Harlez. Livre Sacré du Zoroastrisme*. 2 éd. Paris, 1881.
AVESTA. *Translated into French by James Darmesteter. Le Zend Avesta*. 3 vol. Paris, 1892, 1893. (Annales du Musée Guimet, vol. 21, 22, 24), Adrien-Maisonneuve, 1960.
AVESTA. *Translated into English by James Darmesteter and L.H. Mills. In Sacred Books of the East*. Vol. 4, 23, 31.
AVESTA. *Translated into German by Fritz Wolff*. Strasbourg, 1910.
AVESTA. *Pahlavi, and Ancient Persian Studies in Honour of the late Shams-ul Ulama Dastur Peshotanji Behramji Sanjana*. Strassburg, 1904.
AVRIL (d'), *Femmes dans l'épopwe ieanienne*, Paris, 1888.
AYUSO, F. G. *Los Pueblos Iranios y Zoroastro*. Madrid. 1874.
BABSY P. D. C., *Heroines of the Ancient Persia*, Cambridge, 1930.
BADER-CLARISSE, *Femmes dans l'Inde antique*, Paris, 1867.
BADI, A.M., *Monde et Parole de Zarathoustra*, Payot, Lausanne, 1961.
BAHMAN Yasht. *Translated from the Pahlavi text by E. W. West, In Sacred Books of the East*, vol. 5.
BAILEY H.W., *Zoroastrian Problems in the ninth-century books*, Oxford, 1943.
BALSARA, P.P. *Ancient Iran. Its contribution to Human Progress*. Bombay, 1936.
BANAJI J.J.. *Life and Faith in ancient Persia*, Bombay, 1926.
BARTHELEMY A., *l'Arta-Virâz-Nâmak*, Paris, 1887.
BARTHOLOMAE Chr., *Die Gathas*, Halle, 1879. *Altiranisches Wörterbuch*, Strasbourg, 1904.
Id. *Die Gatha's des Awesta*, Strasbourg. 1905.
BENVENISTE E., *The Persian Religion according to the chief Greek texts*. P. Geuthner, Paris, 1929.
Id. *Termes et noms achéménides en araméen*, id., Paris, 1934.
Id. *Les Mages dans l'Ancien Iran*, Société Et. Iran, Paris, 1938.

---

1. Les principaux textes grecs et latins in *Les Mages Hellénisés*, op. cit., Bidez & Cumont, et surtout *Passages in Greek and Latin Literature relating to Zoroaster and Zoroastrianism*, by W. Sherwood Fox & R.E.K. Pemberton, Bombay 1928.

Id. Textes Sogdiens, P. Geuthner, Paris, 1940.
Id. Classes sociales dans la tradition avestique (J. A. CCXXI, juil.-sept.), Paris, 1932.
BHARUCHA, Sheriarji D. *A Brief Sketch ot the Zoroastrian Religion and Customs*. Bombay, 1893.
BIDEZ J. et F. CUMONT, *Les Mages hellénisés*, Belles-Lettres, Paris, 1938.
BILIMORIA, N.F. *Zoroastrianism in the Light of Theosophy*, Bombay, 1896.
BLOCHET E., *Catalogue des manusirits persans*, B.N. 1900, 1934.
BÖKLEN, E. *Die Verwandtschaft der jüdisch-christlichen mit der parsischen Eschatologie*. Göttingen, 1902.
BOUSSET, W. *Die Religion des Judentums in neutestament-lichen Zeitalter*. Berlin, 1903.
BRADKE, P. von. *Dyaus, Asura, Ahura Mazda*. Halle, 1885.
BREUIL (du) Paul, *Zarathoustra et la transfiguration du monde*, collection Bibliothèque historique, Payot, Paris, 1978.
Id. Le Zoroastrisme, collection « Que sais-je ? », P.U.F., Paris, 1982.
BRODBECK, A. *Zoroaster*. Leipzig, 1893.
BUCH, M. A. *Zoroastrian Ethics*. Baroda, 1919.
BULSARA S. J. *The Laws of the Ancient Persians*, H.T. Anklesaria, Bombay, 1937.
BUNDAHISHN. *Translated from the Pahlavi text by E. W. West. In Sacred Books of the East*, vol. 5.
Id. An Untranlated Chapter of the Bundehesh. Edited and translated by Jivanji Jamshedji Modi, in Journal of the Bombay Branch of the Royal Asiatic Society. Bombay, 1902.
Id Edited by T. D. and B. T. Anklesaria, Bombay, 1908.
CAMA MEMORIAL VOLUME. *Edited by J. J. Modi*. Bombay, 1900.
Golden Jubilee Volume (1969) et *Journal* K.R. Cama Oriental Institute (ann.).
CAMERON G. G., *Histoire de l'Iran Antique*, Chicago, 1936. Payot, 1937.
Id. Persepolis Treasury tablets, Chicago, 1948.
CARTER G. W. *Zoroastrionism and Judaism*. Boston, 1918.
CASARTELLI, L. C. *The Philosophy of the Mazdayasnian Religion under the Sassanids Translated from the French by Firoz Jamaspji Jamasp Asa*. Bombay, 1889.
CHATTERJEE, J. M. *The Ethical Conceptions of the Gatha*. Navsari, 1932.
CHAMPDOR A., *Cyrus*, A. Michel, Paris, 1951.
CHEYNE, T. K. *Books of Psalms, its origin, and its relation to Zoroastrianism. In Semetic Studies in Memory of Rev. Dr. A. Kohut*. Berlin, 1897.
CHRISTENSEN A., *Le Règne du Roi Kavadh et le communisme mazdakite*, Copenhague, 1925.
Id. Etudes sur le Zoroastrisme de la Perse antique, Copenhague, 1928.

Id. Les Kayanides, Copenhague, 1931.
Id. Les Gestes des rois dans les traditions de l'Iran antique, Paris, 1936.
Id. L'Iran sous les Sassanides, Paul Geuthner, Paris, 1936.
Id. Le Premier Homme et le Premier Roi dans l'Histoire Légendaire des Iraniens (dans les Recherches sur l'Hist. lég. des Iraniens, 1re partie, t. XIV de la série 17 des Archives d'Etudes Orientales publiées par J. A. Lundelle), Stockholm, 1917.
Id. Empire des Sassanides : le peuple. l'Etat, la Cour, Copenhague, 1907.
CLEMEN, C. *Fontes Historiae Religionis Persicae*. Bonn. 1920.
Id. Die Griechischen und Lateinischen Nachrichten über die Persische Religion. Giessen, 1920.
Collected Sanskrit Writings of the Parsis. Part 1. Khorda-Avesta. Part 2. Ijisni. Part 3. Mainyoi Khard. Part 4 Skanda Gumani Gujara. Edited by Sheriarji D. Bharucha Bombay, 1906-1913.
CONTENAU G., *L'archéologie de la Perse des origines à l'époque d'Alexandre*, P.U.F., 1931.
Id. La Civilisation d'Assur et de Babylone, Payot, Paris 1937.
Id. Civilisation de l'Iran au IVe millénaire (dans les publ. de la Société des Etudes Iraniennes, XIII), Paris, 1936.
Id. Archéologie susienne, P.U.F., 1943.
Id. L'Ame de l'Iran, A. Michel, Paris, 1951.
COOPER, N. M. *The Zoroastrian Code of Gentlehood*, Londres, 1908.
CORBIN H., *Terre céleste et corps de résurrection*, Buchet-Chastel, Paris, 1960.
CUMONT Franz. *The Mysteries of Mithra. Translated from the French by T J. Mc Cormack*. Chicago, 1903.
Id. Textes et monuments relatifs aux Mystères de Mithra, Bruxelles, 1895.
Id. Textes et Monuments figurés, relatifs au mithraïsme, Bruxelles, 1896-1899.
COYAJEE J. C., *The Future of Zoroastrianism*, Bombay, 1953.
DABISTAN, *Translated from the original Persian by Shea and Troyer*. 3 vol. Paris, 1843.
DADACHANJI, F. K. *Light of the Avesta and the Gathas*. Bombay, 1913.
DADISTAN-I DINIK. *Translated from the Pahlavi text by E. W. West*. In Sacred Books of the East, vol. 18.
DARMESTETER, James. *Haurvatat et Ameretat*. In Bibliothèque de l'Ecole des Hautes Etudes, vol. 23, Paris. 1875.
Id. Ormazd et Ahriman. Paris, 1877.
DASTUR, M. N. *The Moral and Ethical Teachings of Zarathushtra*. Bombay, 1928.
DAWSON et MILES, *The Ethical Religion of Zoroaster*, New York, 1931.
DESATIR. *Published by Mulla Firuz Bin Kaus. Persian ans English*. 2 vol. Bombay, 1818.
DENKARD. Books 3.9. *Edited and translated from the Pahlavi text by Peshutan and Darab Sanjana*. Vol. 1-19. Bombay, 1874-1919.

Id. Books 7-9. *Translated from the Pahlavi text by E. W. West.* In Sacred Books of the East, Vol. 37, 47.
Id. The Complete Text. Edited by D. M. Madan. 2 vol. Bombay, 1911.
DHABBAR, E. B. N. *Le Sad-Dar i-nasr*, Bombay, 1909.
DHALLA, M. N. *Zoroastrian Theology.* New York, 1914.
Id. Zoroastrian Civilization, Bombay, 1922.
Id. History of Zoroastrism, Oxford Univ. Pr., New York, 1938.
DINA I MAINU I KHRAT. Edited by Darab P. Sanjana. Bombay, 1895.
DINSHAW, V. *The Date and Country of Zarathushtra.* Hyderabad Deccan), 1912.
DOKHMA A., *A scientific method of disposal ot the dead among Zoroastrians.* Bombay, The Iran league, 1936.
DUCHESNE-GRILLEMIN J., *Zoroastre,* J. P. Maisonneuve, Paris, 1948.
Id. Ormazd et Ahriman, P.U.F., Paris, 1953.
Id. The Western Response to Zoroaster, Oxford, 1958.
Id. La Religion de l'Iran Ancien, P.U.F., 1962.
DUMEZIL G., *Naissance d'Archanges,* Gallimard, 1945.
Id. Mitra-Varuna, Paris, 1948.
Id. Les Dieux des Indo-Européens, Paris, 1952.
Id., Heur et Malheur du Guerrier, P.U.F., 1969.
EHTECHAM M., *L'Iran sous les Achéménides,* Fribourg, 1946.
ELIADE M., *Traité d'histoire des religions,* Payot, 1949.
Id. Histoire des croyances et des idées religieuses, Payot, 1976.
Encyclopaedia of Religion and Ethics. Edited by James Hastings. 12 vol. Edinburgh, 1908-1921.
Epistles of Manushchihar. Translated from the Pahlavi text by E. W. West. In Sacred Books of the East, vol. 18.
FIRDOUSI. *Le Livre des Rois,* traduit et commenté par Jules Mohl. 7 vol. Paris, 1876-1878.
Id. Translated into English by A. G. Warner and E. Warner, vol. 1-9. London, 1905-1925.
FLUEGEL, M. *The Zend-Avesta and Eastern Religions.* Baltimore, 1898.
FOX, W. S., and Pemberton, R. E. K. *Passages in Greek and Latin Literature relating to Zoroaster and Zoroastrianism translated into English in the Journal of the K. R. Cama Oriental Institute,* n° 14. Bombay, 1929.
GALL (von), *Basileia tou Theou,* Hedelberg, 1926.
GANJ-I SHAYIGAN. *The Pahlavi text, edited and translated by Peshutan Dastur Behramji Sanjana.* Bombay, 1885.
GATHA. *Translated into English by J. M. Chatterjee.* Navsari, 1933.
GATHAS. *Translated into English by K. E. Punegar. In the Journal of the K. R. Cama Oriental Institute,* n° 12. Bombay, 1928.
GATHAS. *Voir aussi au nom des auteurs pour les traductions.*
Les plus connues : J. Darmesteter (voir Avesta) ; J. Duchesne-Guillemin (Zoroastre); les plus récentes sont celles publiées de H. Humbach, Carl Winter, Heidelberg, 1959 ; S. Insler, E.J. Brill, Leiden 1975. D'autres sont en cours mais les auteurs ne nous ont pas autorisé à les annoncer. Rappelons aussi des traductions

moins connues mais remarquables : B. T. Anklesaria, *The Holy Gâthâs of Zarathustra*, Rahnumae Mazdayasnan Sabha, Bombay 1953 ; Bode, F.A. & P. Nanavutty, *The Songs of Zarathushtra*, Allen & Unwin, Londres 1952 ; en anglais. Les travaux et études sur les Gathas ne doivent pas être oubliés, par des auteurs divers : A.H. Bleek ; S.J. Balsara ; J. M. Chatterji ; Sir J. Coyajee ; F. A. Esteller ; les publications de la Gâthâ Society, Bombay ; K. S. Guthrie ; W. B. Henning ; D. J. Irani ; K.E. Kanga ; M. F. Kanga ; S. N. Kanga ; A.F. Khabardar ; A.M.P. Madan ; A. Meillet ; Davoud Poure ; F. A. Rustomjee ; T. R. Sethna ; I. J. S. Taraporewala ; J.C. Tarapore ; les études parsies en gujarati ; sans compter les études fragmentaires ou spécifiques des diverses sociétés savantes d'études iraniennes, en anglais ou en français. Pour les grands noms des études iraniennes, se reporter à notre *Zarathoustra* de chez Payot, *avant-propos* et *introduction*.

Les textes les plus accessibles en français des Gathas sont ceux de J. Darmesteter, J. Duchesne-Guillemin (repris par J. Varenne in *Zoroastre*, Seghers 1975) ; A.M. Badi', *Monde et parole de Zarathoustra*, Payot Lausanne 1961, trad. libre avec commentaires intéressants ; enfin la version simplifiée mais très lisible aussi de C. Bungé, *Les Gâthâs de Zoroastre*, des « Editions Mazdéennes », 1933.

GEIGER B., *Die Amesha Spentas*, Wien, 1916.

GEIGER, WILHELM. *Civilization of the Easter Iranians in Ancient Times*. Translated from the German by Darab Dastur Peshutan Sanjana. 2 vol. London, 1885-1886.

GEIGER, W, and WINDISCHMANN, Fr. *Zarathushtra in the Gathas and in the Greek and Roman Classics*. Translated by Darab P. Sanjana, Leipzig, 1897.

GELDNER K., *Studien zum Avesta*, Strasbourg, 1882.

Id. *Die Zoroastrische religion (das avesta)*, Tübingen, 1926.

GHIRSHMAN R., *L'Iran des origines à l'Islam*, Payot, 1951.

Id. *Parthes et Sassanides*, Gallimard, 1962.

Id. *La Perse*, Gallimard, 1963.

GILMORE. *Persika, the fragments of the Persika of Ktesias*, Londres et New York, 1888.

GOTHEIL, R. J. H. *References to Zoroaster in Syriac and Arabic Literature*. In *Classical Studies in Honour of Henry Drister*. New York, 1894.

GOVINDACHARYA, A. *Mazdaism in the Light of Vishnuism*. Mysore, 1913.

GRAY, L. H. *The Foundations of the Iranian Religions*. Bombay, 1929.

GRESSMANN, *Die Orientalishen Religionen im hellenistischrömischen Zeitalter*, Berlin, 1930.

GRUNDRISS DER IRANISCHEN PHILOLOGIE. *Herausgegeben von W. Geiger und E. Kuhn*. 2 vol. Strassburg, 1895-1904.

HADOKHT NASK. *The Pahlavi text, edited and translated by Hoshangji Jamaspji Asa, Martin Haug, and E. W. West*. Bombay, 1872.

HARLEZ, C. de. *Les Origines du Zoroastrisme*. Paris, 1878, 1879.
HARTMANN S., *Gayomart*, Uppsala, 1933.
HAUG MARTIN. *Essays on the Sacred Language, Writings and Religion of the Parsis*, 3d ed. Edited and enlarged by E. W. West. London, 1884.
HENNING W. B., *Bibliography of important studies on Old Iranian Subjects*, Tehran, 1950.
Id. Zoroaster, Oxford, 1951.
HENRY, Victor, *Le Parsisme*, Paris, 1905.
HERTEL J., *Die Himmelstore im Veda im Awesta*, Leipzig, 1924.
Id Die Zeit Zoroasters, Leipzig, 1924.
Id. Indo-Iranische Quellen und Forschungen, Heft 1 : *Die Zeit Zoroasters*. Leipzig, 1924.
Id. Achaemeniden und Kayaniden. Leipzig, 1924.
Id. Die Arische Feuerlehre. 1 Teil. Leipzig, 1925.
Id. Die sonne und Mithra im Awesta, Leipzig, 1927.
HERTZFELD E., *Zoroaster and his world*, Princeton, 1947.
HODIVALA, S. K. *Zarathushtra and his Contemporaries in the Rig Veda*, Bombay, 1913.
Id. Parsis of Ancient India. Bombay, 1920.
Id. Indo-Iranian Religion with parallelisms in the Hindu and Zoroastrian Scriptures. Bombay, 1925.
Hoschang Memorial Volume. Bombay, 1918.
HOVELACQUE, A. *L'Avesta, Zoroastre et le Mazdaïsme*. Paris, 1880.
HUART. Cl. L. DELAPORTE, *L'Iran antique, Elam & Perse*, A. Michel, 1943.
HÜBSCHMANN, *Persische Studien*, Strasbourg, 1895.
HUMBACH H., *Die Gathas des Zarathustra*, Carl Winter, Heidelberg, 1959.
HYDE, THOMAS. *Historia Religionis veterum Persarum eorumque Magorum*, Oxford, 1700.
Indo Iranian Studies. Being Commemorative Papers contributed by European, American and Indian Scholars in honor of Dastur Darab P. Sanjana. London, 1925.
INOSTRANZEV, M. *Iranian Influence on Moslem Literature. Translated by G. K. Nariman with Supplementary Appendices from Arabic Sources*. Bombay, 1918.
JACKSON A. V. W., *Zoroaster the Prophet of Ancient Iran*, New York, 1899.
Id. Zoroastrian Studies, New York, 1903.
Id. Die Iranische Religion. In Grundriss der Iranischen Philologie, vol. 2, pp. 612-708. Strasbourg, 1896-1904.
Id. Researches in Manichaeism. New York, 1932.
JAHANIAN A., *The Religion of the Achaemenians*, Bombay, 1971.
JAMASP J. M. *A short Treatise on the Navjot Ceremony*, Asana Bombay, 1887.
JAMASPI. *Edited and translated from the Pahlavi-Pazand texts by Jivanji Jamshedji Modi*. Bombay, 1903.
Jamsetjee Jejeebhoy Madressa Jubilee Volume. Bombay, 1914.

JOLLY J., *Outlines of an History of the Indu Law of Partition inheritance and Adoption as contained in the original sanskrit treatises*, Calcutta, 1885.
Id. Adoption in Indien, Würsburg, 1910.
KANGA M. F. Parmi les travaux de traduction et d'études philologiques du Prof. Parsi, M. F. Kanga, directeur honoraire du *Centre d'Etudes Avestiques* (Bombay), signalons : *Avesta in Deva nagari Script* vol. I Yasna & Visparad with an introduction.
Id. Vol. II. *Khordeh Avesta and Yasts.*
Id. Vol. III. *Vendidad Afrinayâns and Avestan Fragments.*
Id. PAHLAVI. *Version of Yasts, translated for the first time into English with notes and an introduction.*
Id. Pahlavi Version of Gâthâ Ustavaiti.
Id. Pahlavi version of Gâthâ Spenta Mainyu.
Id. Pahlavi Version of Afrinagân.
Id. Dâtistân î Dênik I, II, IV, XX, XXI, XXIV, XXX, XXXV, XL, etc.
KAPADIA, S. A. *The teachings of Zoroaster and the Philosophy of the Parsi Religion*, London, 1905.
KARAKA, DOSABHAI F. *History of the Parsis*, London 1884.
KIAN Ch. R., *Introduction à l'histoire de la Monnaie et l'Histoire monétaire de la Perse, des origines à la fin de la période parthe*, Paris, 1933.
KING, L. W. and THOMPSON, R. C. *The Sculptures and Inscriptions of Darius the Great on the Rock of Behistun in Persia a new Collation of the Persian, Susian, and Babylonian Texts.* London, 1907.
KOHUT, ALEXANDER. *The Jewish Angelology and Demonology based upon parsism*, Bombay 1883.
LAING S., *A Modern Zoroastrian*, London, 1887.
LAZARUS, M. E. *The Zend Avesta and Solar Reliigons*. New York, 1852.
LEIPOLD J. *Die Religion des Mithra*, dans le *Bilder atlas sur Religionsgeschichte*, Lfg 15. Leipzig, 1930.
LEHMANN, Edward. *Zarathushtra*. Kobenhavn, 1899.
LEROY M., « Zarathoustra et nous », *in Revue de l'Univ. de Bruxelles*, 1963.
LEVY Paul, Travaux publiés (E.P.H.E., E.F.E.O.) ou en cours de publication ; ici sur l'impact de la culture iranienne sur certains aspects de l'hindouisme et du bouddhisme.
LOMMEL, Hermann *Die Religion Zarathushtras nach dem Avesta dargestellt*. Tubingen, 1930.
Id., Die Yast's des Awesta, Göttingen-Leipzig, 1927.
Id., Die Religion Zarathustras, Tübingen, 1930.
LORD Henry. *The Religion of the Parsees*, voir section II.
MADAM, D. M. *Discourses on Iranian Literature*. Bombay, 1909.
Mc NEILE, H. *The Avesta and the Bible*. Bombay, 1905.
MARRIAGE (Customs among the Parsis, their Comparison with similar Customs of other Nations. Bombay. 1900).
MARX V., *Die Stellung der Frau in Babylonien...* Leipzig, 1808.

MASANI R P., *Le Zoroastrisme, religion de la vie bonne*, Payot, 1939.
MASSE H., *La Civilisation iranienne*, Payot, 1952. Ouvrages de traités par MM. Benveniste, Bonifacio, Grousset, Dumezil, Aymard, Godard, Christensen, Ghirshman, De Menasce, Dupont-Sommer, Filliozat, Puech, Seston, Foucher...
MAZAHERI A. A., *La Famille iranienne*, G. P. Maisonneuve, Paris, 1938.
Id., *La vie quotidienne des Musulmans au Moyen Age*, Hachette, (n° 23.0891.4).
Id., *La civilisation des eaux cachées*, texte de Mohammed al-Karagi, traduit, établi et commenté par A Mazaheri, i.d.e.r.i.c., études préliminaires, n° 6, Nice, 1973.
Id., *Les origines persanes de l'arithmétique*, texte d'Abu al-Kushiyar, traduit, établi et commenté par A. Mazaheri, i.d.e.ri.c., études préliminaires n° 8, Nice, 1975.
Id., *Les Trésors de l'Iran*, Skira (Flammarion), 1977.
Id., *Le sabre contre l'épée* (tiré à part 1958 *in Les annales E.S.C.*, Arm. Colin n° 4 ; L'Iran de Ferdovsi, Le héros culturel Rustam, Le comput lunaire et l'Année solaire, *in Zamân*, n° 1, 2, 3 1978, 82). Signalons aussi les études récentes sur Zarathoustra cet inconnu, Mâni ou le gnosticisme et sur Mazdak, *in Lettre Persane*, 1982.
MEILLET A., Trois conférences sur les Gâthâs de l'Avesta, *Journal asiatique*, Paris, 1931.
MENANT D., *Les Parsis*. Paris, 1898 ; tr. in English by M. M. Murzban, *The Parsis of India*, 2 vol. Bombay, 1917.
Id., *Zoroastriens en Perses* (dans la *Revue du Monde Musulman*, IV, 1907).
MENANT, J. *Zoroaster*. Essai sur Philosophie religieuse de la Perse. 2e éd. Paris, 1857.
MENASCE, J. de, *Une Encyclopédie mazdéenne, le Dênkart*, Paris, 1928.
MESSINA G., *Libro Apocalittico Persiano*, Rome, 1939.
Id., « Una presunta profezia di Zoroastro sulla venuta del Messia », *in Biblica*, t. XIV, 1933.
MEYER Ed., *Die Entstehung des Judenthums*, Halle, 1896.
Id., *Geschichte des Altertums das Persereich*, Stuttgard, 1944.
MEYER J. J. *The sexual Life in Ancient India*, Londres, 1930.
MILLS L. H., *A Dictionary of the Gâthic Language of the Zend-Avesta*, Leipzig & Oxford, 1894, 1910, 1913, 1914, 1916.
Id., *Zarathustra, Philo, The Achaemeonids and Israel*, Brocklaus, Leipzig, 1903, 1906.
Id., *Zarathushtra and the Greeks*. Leipzig, 1903, 1904.
Id., *Zarathushtra, Philo, The Achaemenids and Israel*, Leipzig, 1905, 1906.
Id., *Avesta Eschatology compared with the Books of Daniel and Revelations*. Chicago, 1908.
Id., *Our Own Religion in Ancient Persia*, 1913.
MINOVI M. *Tansar's Epistle to Goshnasp*, Téhéran, 1933.

MINU-I KHRAT. Transtlated from the pahlavi text by E. W. West in *Sacred Books of the East*, vol., 24.
MISTRI, R. H. *Zoroaster and Zoroastriunism*. Bombay, 1906.
MODI JIVANJI J. *Cérémonie du Navjote*. Bombay, 1896.
Id., The Religious System of the Parsees. Bombay, 1885.
Id., The Parsis at the Court of Akbar and Dastur Meherjee Rana. Bombay, 1903.
Id., A few events in the early history of the Parsis and their dates. Bombay, 1905.
Id., The Religious Ceremonies and Customs of the Parsees. Bombay, 1922.
Id., Mazdak the Iranian Socialist (dans le D. Hoosheng's Memorial Volume), Bombay, 1918.
Id., Education amcng the Ancient Iranians, Bombay, 1905.
Modi Memorial Volume. Bombay, 1930.
Id., K. R. Cama, Bombay University Press, 1932.
MOFFATT, J. *Zorostrianism and Primitive Christianity*. In *Hibbert Journal*, 1903, pp. 763-780, ibid., 1904, pp. 347-359.
MOHL J., *Le Livre des Rois*, par Abou'l Kasim Firdousi, trad., Adrien Maisonneuve, Paris, 1876, 1878.
MOLE M., *Deux aspects de la formation de l'orthodoxie zoroastrienne*. Bruo, Paris, 1953.
Id., Culte, Mythe et cosmologie dans l'Iran Ancien, Annales Musée Guimet, P.U.F. 1963.
Id., L'Iran Ancien, Bloud & Gray, 1965.
MORGAN J. (de), *Féodalité en Perse, son origine, son développement et son état actuel* (dans la rev. d'*Ethnographie et de Sociologie*, pp. 169-190).
MOULTON J. H., *Early Zoroastrianism*, London, 1913.
Id., Early Religious Poetry of Persia. Cambridge, 1911.
Id., The Teachings of Zarathushtra. Bombay, 1916.
Id., The Treasure of the Magi. Oxford, 1917.
NAMAKIHA-I MANUSHCHIHAR. *The Epistles of Manushchihar*. Edited by B. N. Dhabhar. Bombay, 1912.
NANAVUTTY Piloo, auteur parsie, voir section bibl. sur le Parsisme (II).
NASR T. *Essai sur l'Histoire du droit persan, dès l'origine à l'invasion arabe*, Paris, 1933.
Neriosengh's sanskrit ubersetzung des yasna. Von F. Spiegel. Leipzig, 1861.
Nirangastan. Translated from the Avesta-Pahlavi text by S. J. Bulsara. Bombay, 1915.
NYBERG H. S., *The Pahlavi documents from Avroman*, Le Monde Oriental, 1923.
Id., Questions de cosmogonie et de cosmologie mazdéennes, 1929, Journal Asiatique, 1931.
Id., Die religionem des altern Iran, Leipzig, 1938.
OHNSTEAD A. T., *History of the Persian Empire*, Univ. Chicago Press, 1948.
Oriental Studies In Honour of Cursetji Erachji Pavri. London, 1933.
OTTO R., *Reich Gottes und Menschensohn*, 1934.

Pahlavi Zend-i Vohuman Yasht. Edited by Kaikobad A. Nosherwan. Poona, 1899.
PAVRY J. D. C., *The Zoroastrian Doctrine of the Future Life*, New York, 1926, 29.
Pazend Texts. Collected and Collated by E. K. Antia. Bombay, 1909. Two Afrins, three Patits, tr. into Eng. from Spiegel's German translation by A. H. Bleeck in Khordah Avesta. Hertford, 1864. Seven Afrins, Sitayisshes, and other Pazend prayers tr. into Gujarati by Phiroze E. Masaoi in Pazend Prayers Series n° 1, 2, 3. Bombay, 1916, 1920, 1931.
PETTAZONI R., « Les Mages et l'origine du zoroastrisme », *Revue Hist. Relig.*, t. CIII, 1931.
PIZZI J., *Le tendense socialistiche nella Persia del Medio Evo, Rivista Italiana di sociologia*, XI, Rome, 1907.
Id., *Coutumes nuptiales aux temps héroïques de l'Iran* (Muséon II 3, 1883, pp. 365-80).
Id., *Epopea perisana e la vita e i costumi dei tempi eroïci di Persia*, Florence, 1888.
POSENER G., *La Première domination perse en Egypte*, Inst. Franç. d'Archéologie Or., Le Caire, 1936.
PROCOPE. *La Guerre contre les Perses* (Procopius. De Bello persico, Romae, 1509.
RAGOZIN, Z. A. *Media*, New York, 1888.
RAPP, A. *The Religion and Customs of the Persians and other Iranians as described by the Grecian and Roman Authors*. Translated from the German by K. R. Cama. Bombay, 1867-1879.
RAVAYAT de Darab Hormazyar, l'édition Unvala en deux volumes, Bombay, 1922.
RAWLINSON, George. *The Five Great Monarchies of the Ancient Eastern World, Chaldea, Assyria, Babylon, Media, and Persia*. 4 vol. London, 1862-1867.
Id., *The Sixth Great Oriental Monarchy*. London, 1873.
Id., *The Seventh Great Oriental Monarchy*, London, 1876.
REITZENSTEIN, R. *Das Iranische Erlösungsmysterium*. Bonn, 1921.
REZWI T. *Parsis : A People of the Book*. Calcutta, 1928.
RINDTORFF, E. *Die Religion des Zarathushtra*. Weimar, 1897.
RIVAYAT, *Pahlavi, accompanying the Dadistan-i Dinik*. Edited by B. N. Dhabhar, Bombay, 1913.
Id., *Persian of Darab Hormazyar*. Edited by M. R. Unvala with an Introduction by J. J. Modi. 2 vol. Bombay, 1922.
Id., *Persian of Hormizyar Framarz and others*. Their Version with an Introduction and Notes by B. N. Dhabbar, Bombay, 1932.
ROGERS R. W., *A History of ancient Persia*, New York, 1929.
ROOS Jacques, *Aspects littéraires du mysticisme philosophique au début du romantisme*, Ed. P.H. Heithz, Strasbourg, 1951.
Id., *Etudes de Littérature générale et comparée* (publié avec le concours du C.N.R.S.), Ed. Ophrys, Paris, 1979.
SANJANA, RASTAMJI E. *Zarathushtras and Zarathushtrianism in the Avesta*. Leipzig, 1906.
Id., *The Parsi Book of Books, the Zend-Avesta*, Bombay, 1924.

Id., Spiritualism through Zoroastrian Eyes. Bombay, 1929.
SCHEFTELOWITZ I., *Die altpersische Religion und das Judentum Unterschiede, Ubereinstimmungen und gegenseitige Beeinflussungen.* Giessen, 1920.
SCHIAPARELLI L., *Sull'etnografia della Persia antica, anteriore alle invasioni ariane,* (Att. Accad. Scienze), Turin, 1887-1888.
SHAH NAMEH, voir J. Mohl (Paris, 1876-1878 en français ; A. George Warner et Edmond Warner (Londres, 1912), en anglais ; F. Rüchert (Berlin, 1890-5), en allemand. *Les Epopées persanes* de H. Massé (Paris, 1935).
SHATROIHA-I AIRAN. *Translated from the Pahlavi text by Jivanji Jamshedji Modi.* Bombay, 1899.
SHAYAST LA-SHAYAST. *Translated from the Pahlavi text by E. W. West.* In Sacred Books of the East. Vol. 5.
SHAYAST-NE-SHAYAST. *Edited, transliterated, and translated by Jehangir S. Tavadia.* Hamburg, 1930.
SHIKAND GUMANIK VIJAR. *Translated from the Pahlavi-Pazand text by E. W. West.* In Sacred Books of the East, vol. 24.
SÖDERBLOM N., *Les Fravashis,* Paris, 1899.
Id., La Vie future d'après le mazdéisme, Angers, 1901.
SPIEGEL F., *Avesta,* Leipzig, 1852-1863.
SPIEGEL F., *Iranische Altertumskunde,* Leipzig, 1871-1878.
Id., Die Arische Periode. Leipzig, 1881.
Id., Le Yasnâ (Vienne, 1858, Leipzig, 1864) F. K. Geldner, Stuttgart, 1886.
Id., Le Vedêvdâd (Vienne, 1853 et Leipzig, 1864) K. F. Geldner, Stuttgart, 1889.
Id., Le Vesprad (Vienne, 1858 et Leipzig, 1864), Geldner Stuttgart, 1889.
Id., Le Khurda-Avesta (Leipzig, 1864 ; Geldner, Stuttgart, 1889).
Spiegel Memorial Volume. Edited by Jivanji Jamshedji Modi. Bombay, 1908.
STAVE E., *Ueber den Einfluss des Parsismus auf das Judentum.* Haarlem, 1898.
STEIN A., « Zorostrian Deities on Indo-Scythian coins » *in Babylonian and Oriental Record,* 1887.
SUNJANA D. D. P. *Next-of-kin Marriages in Old Irân,* Londres, 1887.
Id., Position of Zoroostrian Woman in remote Antiquity, Bombay, 1892.
TABARI, Al-, *Geschichte der Perser und Araber zur Zeit der Sasaniden, aus der Arabischen Chronik des Tabari, von Theodor Nöldeke.* Leiden, 1879.
TALYM U TARBYAT, *âdar-day, Instruction et Education sous les Sassanides* (en persan), Téhéran. 1314 de l'hégire.
TARAPORE J.C., *The Law in ancient Iran,* (Indo-Ir. Studies London, 1925.
TARAPOREWALA, Irach, J.C. *Some Aspects of the History of Zoroastrianism.* Bombay, 1928.
TIELE, C. P. *Geschichte der Religion im Altertum bis auf Alexander den Grossen.* Deutsche autorisirte Ausgabe von G. Gehrich. 2 ter

Band, Zweite Hälfte. Die Religio nbei den iranischen Völkern. Gotha, 1903.

Id., The Religion of the Iranian Peoples Translated from the German by G. K. Nariman. Part 1, Bombay 1912. A considerable portion of Part 2 in Asha, vol. 1, n° 1, 2, 6, 7, 9, 12. Karachi, 1910, 1911.

UNVALA J. M. *Observation on the Religion of the Parthians* Bombay, 1928.

VARENNE J., *Zarathustra et la tradition mazdéenne*, Seuil, 1966.

VENDIDAD, *Vispered, Yasna, Pahlavi Texts.* Edited by F. Spiegel in Avesta Die Helgen Schrften der Parsen. Wien, 1853.

Id., Pahlavi Text. Edited by Hoshang Jamasp. Bombay, 1907.

VÊS-U RAMÊN. W. N. Lees et Ahmad-Ali (Calcutta, 1865), et l'édition de M. Minovi, Téhéran, 1935.

VULLERS, J. A. *Fragmente ueber die Religion des Zoroaster.* Bonn, 1831.

WADIA Ardaser S. *The Message of Zoroaster.* London, 1912.

WEISSBACH, F. H. *Die Keilinschriften der Achämeniden.* Leipzig, 1911.

WEENDONK, O. G. von. *Urmench und Seele in der Iranischen Uberlieferung.* Hanover, 1924.

Id., Zur ältesten persischen Geschichte, (litterrae Orientales, 56). Leipzig, 1936.

WEST E.W., *The Pahlavi Texts* (5 vol.), Oxford, 1882-1913.

Id., le Shâyas-na-Shâyast, la traduction, tome V des *Sacred Books of the East,* Oxford, 1880 ; J.C. Tavadia Hambourg, 1930.

Id., Zarathustra's Doctrine regarding the Soul, Londres, 1899.

WIDENGREN G., « Recherches sur le féodalisme iranien », *Orientala Suecana,* n° 5, 1956.

Id., Quelques rapports entre Juifs et Iraniens à l'époque des Parthes, 1957.

Id., La Légende royale de l'Iran antique (Hommage à G. Dumezil), Bruxelles, 1960.

Id., Les Religions de l'Iran, Payot, Paris, 1968.

WIKANDER S., *Federpricster im Kleinasien und Iran,* Lund, 1946.

Id., Etudes sur les Mystères de Mithras, Lund, 1950.

Id., Sur le fond indo-iranien des épopées de la Perse et de l'Inde, 1950.

WILSON, John, *The Parsi Religion,* voir section II.

WINDISCHMANN, Fr. *Die Persische Anahita oder Anaites.* Munchen, 1956.

Id. Mithra. Leipzig, 1857.

Id. Zoroastrische Studien. Berlin, 1863.

YASHT'S des AWESTA. *Ubersetzt und Eingeleitet.* Von Hermann Lommel. Göttingen, 1927.

ZAEHNER R. C., *Zurvan, A Zoroastrian Dilemma,* Oxford, 1955.

ZAND-I KHURTAK AVISTAK. *Pahlavi Text.* Edited by B. N. Dhabbar. Bombay, 1927.

ZATSPARAM. *Translated from the Pahlavi text by E. W. West.* In Sacred Books of the East. vol. 5.

Bibliographie plus spécialement axée sur le Parsisme.

Les Parsis doivent aux voyageurs européens des renseignements précieux sur leur propre ethnie à une époque (xvie/xviiie siècles) où leurs écrits se bornaient à des questions de culte et de rituel (*cf.* Rivayats).
D'anciens livres, pour la plupart anglais et très rares, donnent une multitude d'informations ethnologiques sur les Parsis quant à leur religion, leurs coutumes, leurs mœurs, etc. Il y a aussi les informations des périodiques anglais ou parsis, et enfin des livres plus récents à ne pas ignorer.

— Rev. Edward Terry, *A voyage to East-India*, London 1625.
— Rev. Henry Lord, *A display of two forraigne sects in the East-Indies, the Religion of the Persees* (sic), London 1630.
— Thomas Herbert, *A Discription of the Persian Monarchy now Beinge the Orientall Indyes and other parts of the greater Asia and Africa* (sic) London 1677. Ouvrage intéressant par un compte rendu sur les dakhmas de Surate en 1626.
— J. Ovington, *A voyage to Surratt*, 1689.
— James Fryer, *A new account of East-India and Persia*, 1698.
— Thomas Hyde, *op. cit.*, (Oxford 1700).
— Captain Alexander Hamilton, *A new account of the East-Indies*, Lonnon 1727.
— John Henry Grose, *A voyage to the East West Indies*, London 1750 (vol. I).
— Lieutenant Moore, *A Narrative of the operations of Capt. Little's Detachment*, London 1794.
— *Bombay Courier*, 1808.
— *Oriental commerce*, London 1813.
— Ashok V. Desai, *The origins of Parsi enterprise*. Indian Economic and Social History Review, 1968.
— James Forbes, *Oriental Memoirs*, 1814.

- J.A. Pope, *The Ardai Viraf Nameh*, London 1816.
- Sir William Erskine, *On the sacred books and religion of the Parsis*, 1820, avec des critiques contre les théories de W. Jones.
- Bishop Heber, *Narrative of a journey through India*, 1824-25, London 1828.
- R.P. Masani, *Dadabhai Naoroji, The Grand Old Man*, London 1938.
- *Oriental Christian Spectator*, 1831.
- *The Bombay Gazette*, 1832. *The Bombay Samachar*, 1822.
- Le mensuel parsi, *Rahnuma-e-Zarathoshti*, fondé en 1842, précieux témoignage de l'apologétique parsie face au missionnarisme chrétien.
- Rev. John Wilson, *The Parsi religion as contained in the Zand-Avesta and propounded and defended by the Zoroastrians of India and Persia, unfolded, refuted and contrasted with Christianity*, London 1843.
- J. Jejeebhoy, *Kholaseh-i-Panchayat*, en gujarati, Bombay 1849, précieux sur la grande réforme introduite dans le traditionnel conseil parsi du Panchayet au milieu de siècle dernier.
- *Rylands English Manuscripts*, précieux sur le développement économique des Parsis de la fin du XVIIIe et au XIXe siècles. A la même époque, *Gazatteer of Bombay City and Island*, est à consulter.
- *Parsi Mitra*, Friend of the Parsi ; *Rast Goftar*, Herald of the Truth, de D. Naoroji (1851).
- Streynsham Master, *Notes de 1672* relevées par le Diary of W. Hedges, sous le titre « Miscellaneous Papers », Hakluyt Society Publications, London 1888. Egalement *in* M.D. David, History of Bombay 1661-1708, Bombay 1973.
- *Parsi Prakash*, périodique parsi des XIXe et XXe siècles. R.J.F. Sulivan, *One hundred years of Bombay*, Bombay 1937.
- *Parsi Punch*, périodique parsi à partir de 1954.
- *Procere Payumbaros*, livre parsi de dialogue théologique avec l'Islam, précieux document qui souleva une révolte indienne en 1872.
- Archives de la *Parsee Law Association* fondée en 1855, évolution des lois parsies, civiles et religieuses.
- *Vandemataram*, publié en anglais et en bengali par Mme B. Cama dès 1905.
- Bomanjee Byramjee Patell, *The Parsee Patells of Bombay*, Bombay 1876.
- G. Smith, *The life of John Wilson*, London 1879.
- D.F. Karaka, *History of the Parsis* London 1884 (2 vol.).
- *Stri Bodh*, Woman's Wisdom, fin du XIXe siècle (de K.N. Kabraji).
- B.M. Malabari, *Gujarat and the Gujarati*, fin du XIXe, où l'auteur dénonçait l'injustice du système des castes et l'hypocrisie religieuse de ses coreligionnaires, des hindous et des musulmans.
- B.M. Malabari, *Notes on Infant Marriage and enforced widowhood*, 1884.

— G.W. Forrest, *selections from the Letters, Despatches and other State papers preserved in the Bombay Secretariat*, **Bombay 1887**.
— K.R. Cama, *Jarthoshti Abhyas*, Zoroastrian Studies, fin XIXe.
— *The Indian Spectator*, périodique 1884-1891.
— Menant, Delphine, *Les Parsis, histoire des communautés zoroastriennes de l'Inde*. Ed. Leroux 1898 (Paris, et Bombay 1917), bis.
— Dadabhai Naoroji, *Poverty and Un-British Rule in India*, 1901, sur le problème de l'intégration indienne dans l'administration britannique.
— *Chabouk*, journal parsi du XIXe siècle.
— *Pidkings from Hindi Punch*, 1903.
— *The Parsi*, 1905. Périodique.
— *The Madras Standard*, 1903.
— *Talwar*, journal, 1909/13.
— *The Bombay Chronicle*, fondé par Pherozeshah Mehta en 1913.
— J.J. Modi, *Anquetil du Perron and Dastur Barab*, Bombay 1916.
— M.M. Murzban, *The Parsis in India*, Bombay 1917.
— J.J. Modi, *The religious ceremonies and customs of the Parsees*, *op. cit.*, reste un classique précieux.
— D.F. Wadia, *History of Lodge Rising Star of Western India*, Bombay 1912, ouvrage intéressant sur l'établissement de la Maçonnerie en Inde.
— *Native Opinion*, journal révolutionnaire de Gandhi qui comporte des renseignements sur la participation des Parsis au Mouvement National, 1920.
— *Hindi Mitra*, en gujarati et en anglais, de B.F. Bharucha, à rechercher.
— Minoo Masani, *Bliss was it in that Dawn*, 1978, livre riche de renseignements sur le Socialist Party en Inde depuis 1936.
— J.N. Sahni, *Fifty years of Indian Politics*, 1921-1971, Delhi 1971.
— Les périodiques parsis *Jam-e-Jamshed* (conservateur) et *Parsiana*, riche d'informations contemporaines sur la vie sociale et politique des Paris.
— Dinshah F. Mulla (1868-1934) a publié des traductions en anglais avec commentaires sur les poèmes soufis *The seventy-five Odes of Hafiz*, 1891 et *Shaikh Sa'ad's Tayebat*, 1891 ; *Akhlakh e-Mohsini*, 1891. Ses livres de droit : *Principles of Mohammedan Law*, 1906 et *Principles of Hindu law*, 1912 dont la 14e édition sortie en 1974, sont utiles pour le point de vue d'un avocat parsi sur le droit hindou et musulman en Inde.
— N.P. Engineer, avocat aussi, publia deux livres sur l'évolution de la justice en Inde : *Constitutional law of India*, 1967 et *The emergency, future safeguards and the habeas corpus case : a criticism*, 1978.
— Rustom Masani (1876-1966), auteur de deux ouvrages en français[1]. Ses romans écrits en gujarati dépeignent remarquablement

---

1. *Folklore of Wells*, trad. *in Revue d'Histoire des Religions*, 1931, et *Le Zoroastrisme, religion de la vie bonne*, Payot 1939.

la vie des Parsis en Inde dans la deuxième moitié du XIX° siècle : *Bodhlu* ; *Abbysinia-no Habsi* ; *Chandra Chal* ; *Rezia Begam et Bhai-ke Bharthar*. Ses livres : *Court poets of India and Iran* 1938 et *The evolution of local self-government in Bombay* et *History of local self-government in India*, restent des classiques sur l'histoire du progrès politique indien.
— J.R.P. Mody, *Jamsetjee Jejeebhoy, the first Indian knight and Baronet* (1783-1859), Bombay 1959.
— R.B. Paymaster, *Early History of the Parsees in India*, Bombay 1954.
— D. Naoroji, *From Zoroaster to Christ*, Edinburgh 1909 (écrit par un parsi converti à l'anglicanisme).
— H. Furber, *Bombay presidency in the mid-eighteenth century*, London 1965.
— M.D. David, *History of Bombay 1661-1708*, Bombay 1973.
— Jagadish M. Surlacar, *1857 in Maharashtra*, thèse de doctorat, Bombay 1964.
— Piloo Nanavutty, *The Parsis*, National Book Trust, India, New Delhi, 1977, 1980, remarquable ouvrage documentaire sur l'histoire récente des Parsis.

Piloo Nanavutty est aussi l'auteur d'ouvrages de catéchismes pour enfants parsis : Zarathushtra (Book I) ; The Navjote (Book II) ; The Kusti Prayers (Book III) ; Ahura Mazda and the Creation (Book IV).

TABLE DES MATIERES

Livre I
ZARATHOUSTRA/ZOROASTRE, PROPHETE DE LA SAGESSE DIVINE

Introduction	9
Les textes mazdéo-zoroastriens	19
Origines du Sage de l'ancien Iran	25
Vie et vocation de Zoroastre	41
Le nouvel ordre du monde	53

Livre II
LA TRADITION ZOROASTRIENNE

L'héritage zoroastrien	89
L'universalisme mazdéen	105
Les Perses et les Grecs	115
L'éclectisme des Parthes	121
La religion des Sassanides	135

Livre III
LES PARSIS

Guèbres et Parsis	155
Les Parsis en Inde	173
L'Iran contemporain	203
Le Parsisme moderne	207
La tradition aujourd'hui et demain	247

Livre IV

PHILOSOPHIE DU RENOUVEAU DU MONDE

Une lumière dans les ténèbres	255
La société aliénée	271
Annexe I	313
Annexe II	315
Bibliographie	317

Achevé d'imprimer le 29 novembre 1983
sur les presses de la SIMPED à Evreux
pour les Editions du Rocher à Monaco.
N° d'édition : CNE, section commerce et industrie Monaco : 19023 ;
Dépôt légal : décembre 1983 ; numéro d'impression : 7407.